爱与自由

父母必修的16堂课

张宏涛 著

作家出版社

世间所有的父母都有一个共同的心愿，那就是期待自己的孩子能健康快乐地成人成才。

但在养育孩子时难免会遇到许多问题，家长为孩子操碎了心，却事与愿违。

于是家长们感慨：教育孩子真的太难了。

但真的是孩子"难教育"吗？其实未必。

如果读懂了张宏涛老师的这本书，家长就会发现：教育其实并不难。

在这本书中，张老师用心理学理论与生活事例相结合的方式来告诉我们如何读懂孩子，从而有效地教育孩子。

在我看来，这是一本养育难题查阅手册。它不仅能促进家长对孩子的理解，也能带给读者愉快的阅读体验。

——《与其教育，不如去爱》作者：永远的赵小姐

张宏涛先生是家庭教育指导师、心理咨询师，同时也是在全国百余家期刊发表过上千篇文学作品的省级作家。他以二十多年在文学创作中历练出来的写作功力，和十多年从事家庭教育指导工作总结出的经验与案例，共同成就了这本书。对为人父母者了解正确爱孩子的方式，解决家庭教育中遇到的常见问题，以及培养人格独立、身心健康、有良好学习和生活习惯的孩子，有非常重要的指导作用。

——鲁迅文学院首届残疾人作家研修班学员、河南省作协会员：李红都

毫不夸张地说，接触到张宏涛老师的文字，改变了我甚至整个家庭的命运。

在那之前，我是个会自我攻击、不知道如何和孩子相处、因为育儿经常和妻子甚至家人闹矛盾的人。

张老师的文字温情又逻辑清晰，"爱与自由"四个字，一下子把我心里的大石头卸去了，让我不再因为"溺爱""什么都不管"而自我攻击，别人怎么说我也不在乎了。

孩子每天都在健康成长。儿子上一年级了，他乐观开朗，因为"爱与自由"的教养，他内心强大，能对妈妈的嚷嚷"置之不理"；女儿两岁半，人见人爱。

张老师倡导家长鼓励孩子做自己、爱自己。爱与自由，不只是针对孩子，更是做父母的我们应秉持的人生观、价值观。

希望张老师用自己的理念，影响更多的人。

——球队管理：承相

认识张老师六七年了，让我受益太多了。张老师博学多识，善于思考，同时又有多年理论和实践结合的经验，所以看问题全面又精准，分析深刻到位。

张老师就像一个无价宝藏，他的育儿文章非常好。既有尹建莉、李雪等老师理念的精华，又有自己的创新，且特别接地气，容易理解和接受，实操性强。

一直盼望着张老师出书，帮助更多的家长。

——剑桥妈妈：静静的林涛

认识宏涛十年有余了。他曾是一个文学青年，后来投身于心理咨询和家庭教育工作。对他来说，这不仅是一份工作，更是他的理想和事业，是他真正喜欢并为之付出全部热情和精力的职业。

他能力和水平的提升是飞速的。他汲取中外教育专家理论之精华，又有自己独到的观点和见解，还有多年的家庭教育咨询实战经验。作为他的朋友和读者，同时也是一名一线教师和班主任，他的育儿观常给我耳目一新的感觉，他对家庭教育问题一针见血的分析又时常让我茅塞顿开。

俗话说，听君一席话，胜读十年书。宏涛的这本育儿书，就是育儿宝典，不论你在育儿的哪个阶段，不论你迷茫或者清醒，走进他的书，都会不虚此行。

——一线小学班主任、家庭教育指导师：宋晓黎

宏涛兄以特别的表达方式，用分镜头的形式像一个个电影片段，让旁观者清；用一件件小事，让大家看到不同方式育儿的走向。

本书梳理了自由与界限的关系，父爱与母爱的方向，鼓励、赞美与批评对人格的影响等。其中让我印象最深的是家长应该培养孩子的元习惯，而不是表层习惯。

这16堂课，以深刻的剖析阐述家庭教育的正确理念，开卷有益！

——家庭教育指导师：袁瑰盈

张老师一直践行"爱与自由"的理念，鼓励和引导家长们"育儿先育己"。我很庆幸加入了张老师有爱、有温度的学习群，并在张老师温和坚定的分享和落地有效的实践指导中，学到了育儿的新方法，看见了孩子。更开心的是，我在陪伴孩子成长的过程中，看见了童年的自己，疗愈了自己。

《爱与自由》这本书有趣、有用、有品、有料，让我们在成为好父母的这条路上，走得更远、更坚定。愿张老师的理念能影响更多的父母，从育己开始，更好地育儿。

——作家、心理咨询师：苗君甫

认识宏涛大约在十年前，当时他已经开始通过网络表达他的一些育儿理念了。他时常描述一些很常见的、大家熟视无睹却细思极恐的育儿场景，也经常发表一些一针见血的看法，那些看法的底层逻辑很专业，这让我觉得这个年轻人在教育方面非常棒，有这方面天赋。

到宏涛有了孩子，他更是对育儿这件事有了更多的思考，并且用育儿日记的形式公开分享他的看法和做法，还带动了不少家长跟着一起写育儿日记，总结育儿经验教训。同时不断地为家长们答疑解惑，实实在在地践行着知行合一的教育理念。

多年前，我就鼓励他多写一些文章，到他开始记录自己养育孩子的心得时，我认为他将来可以出一本育儿书，分享那些鲜活的观念。

现在，他真的要出书了，为他高兴，也希望有更多的家长能从中受益。他的这些文字，有助于新手家长少走弯路，未雨绸缪。已经走了弯路的家长，也可以用书中的方法改善和孩子的关系。

书中的核心理念虽然说起来还是那几个字：爱，自由，尊重——这是教育学中永恒的精髓，但具体到生活中，很多人一下子找不到抓手，难免南辕北辙。宏涛在他的书中就如何养成好习惯、消除坏习惯，如何批评、如何鼓励和夸奖，如何对待孩子吃零食和看电视等，都有角度新颖且实用的答案，但始终不离爱与自由这个轴心。

书中有很多案例，这是非常值得肯定的写作方式，案例实际上具有比理论更能有效传达观点的功能。我注意到里面大量出现这样一些名字：东东 / 冬冬、楠楠、茜茜 / 熙熙、北北 / 蓓蓓，等等。宏涛告诉我，这是东西南北的谐音，意思是：案例里这些孩子，代表的是东西南北全中国各个地方的孩子。

这些案例前面的标签也很有意思，有的是【黑镜头】，有些是【白镜头】，黑镜头代表的是错误的教育方法，白镜头代表的是他提倡的教育方法，让人一目了然。

这本书是他践行爱与自由育儿法的呈现。他的女儿晴儿在一天天长大，他的书也"十年磨一剑"地问世了。这是他用爱写下的女儿的成长记录，也是他用爱给全天下孩子们的祝福。

希望更多的家长能看到这本书。

尹建莉

知名教育专家

《好妈妈胜过好老师》作者

这是家庭教育领域里既专业又接地气的一部著作。

家庭教育，通常是指在家庭生活中，由家长（其中首先是父母）对其子女实施的教育。即家长有意识地通过自己的言传身教和家庭生活实践，对子女施以一定教育影响的社会活动。

家庭教育是大教育的组成部分之一，是学校教育与社会教育的基础。家庭教育是终身教育，它开始于孩子出生之日（甚至可上溯到胎儿期），婴幼儿时期的家庭教育是"人之初"的教育，在人的一生中起着奠基的作用。孩子上了小学、中学后，家庭教育既是学校教育的基础，又是学校教育的补充和延伸。家庭教育是人生整个教育的基础和起点，是对人的一生影响最深的一种教育，它直接或者间接地影响着一个人人生目标的实现。

尤其在2022年1月1日《中华人民共和国家庭教育促进法》正式实施之后，家庭教育的重要性上升到了一个前所未有的高度。这意味着家庭教育由过去的"家事"变成了新时代的重要"国事"，也明确了家庭教育的责任主体是家长，明确了家长实施家庭教育的法定责任，对其提高家庭教育能力、营造良好家庭环境均提出可参照的要求。

但是家庭教育的现状却不容乐观。

中国儿童少年基金会发布的《2016年中国亲子教育现状调查报告》认为，我们应警惕家庭教育中存在教育过度、教育异化问题，家长需要补上"爱"的教育这一课。家庭中的教育焦虑问题不可忽视，87%左右的家长承认自己有过焦虑情绪，其中近 20% 有中度焦虑，近 7% 有严重焦虑。

教育过度主要表现在过早、过多、过快地灌输知识；为孩子设定过高的目标；过长占有孩子的玩耍时间；过密的言语和讲道理等。教育过度会造成教育异化。因为教育过度所引发的亲子冲突与家庭焦虑已经在相当程度上构成了社会问题，需要广大家庭深刻反省。

中国青少年研究中心公布了一项历时十年的中国少年儿童发展状况调查报告，约 36.9% 的少年儿童表示从不或很少和父母说心里话，20.0% 表示父母从不或很少了解自己的需要。

调查发现，随着年龄增长，孩子与父母之间的不一致和冲突逐渐增多。16.0% 的初中生经常与父母看法不一致，是小学低年级时（5.8%）的三倍，50.4% 的初中生有时与父母看法不一致，是小学低年级时（21.4%）的两倍多；29.7% 的初中生经常或有时与父母争吵，是小学低年级时（13.3%）的两倍。

进入青少年期之后，亲子沟通也变得更加困难。数据显示，只有 28.2% 的初中生经常和父母说心里话，较小学低年级（39.3%）下降了约 10 个百分点；只有 35.8% 的初中生觉得父母了解自己的需要，较小学低年级（58.4%）下降了 23 个百分点。

我从 2004 年成立心理咨询工作室专职从事心理咨询、家庭教育工作至今，已整整二十年的时间了。

心理学里有一个底层规律：就是几乎所有成年人的心理问题，追根溯源都可以从他的童年成长经历当中找到蛛丝马迹的影响和因果联系。说得直接一些，所有成年人的心理问题，根子都在生命早期。

因此，固然要去帮助那些已经有了心理问题的成年人，可更应该去帮助的，是那些处在迷茫和创伤中的孩子、无知和无助中的父母。

家庭心理教育的重要性在于：一、解决当下的焦虑，二、消除未来的隐患。所谓解决当下的焦虑，是指很多家长在教育孩子的过程当中，只是出于先天的本能，而不是后天的学习，这样的话就会走弯路，无效果，就会在母慈子孝和鸡飞狗跳之间不断切换，让父母和孩子彼此都疲惫不堪。而家庭心理教育的开展和普及，就会让这些家长掌握和孩子成长规律相关的心理知识，继而能够更有效地与孩子沟通和互动，减少这种家庭中的矛盾和摩擦。消除未来的隐患，是指我们现在的内心冲突减少了，和谐度增加了，那么对于未来成年之后，再出现心理问题的概率就会降低。毕竟所有成年人的心理问题，追根溯源都是早年人生经历当中的一些不良影响，尤其是不良的家庭教育环境所带来的影响。

在孩子小的时候，父母能够按照符合心理发展规律的方法来对待孩子的话，就会避免很多的隐患，降低成年之后心理问题出现的概率。因为孩子的问题 90% 以上与父母的家庭教育方式有关，只要父母调整对孩子的教育方式，孩子的状态就会迅速改善。

如果你为人父母，而且正处在如何教育孩子的迷茫甚至焦虑当中，张宏涛老师的著作《爱与自由——父母必修的 16 堂课》就是你的及时雨。它紧贴实际，以家庭生活中常见的场景为背景，紧抓父母在教育孩子过程中的痛点来逐一解析。比如：该如何批评孩子？该如何给孩子立规矩？如何培养孩子的好习惯？如何改变孩子的坏习惯？如何对待孩子的磨蹭？如何看待孩子的撒谎？如何解决孩子的厌学问题？等等，甚至通过"黑镜头"和"白镜头"的对比，让大家印象更为深刻。

更能让我们感受到张宏涛老师的真诚的是，在本书中他举了大量的自己成长中的真实经历和心路历程，不回避、不掩饰。在流行打造所谓"人设"的今天，这种坦荡尤为可贵。

《孟子·离娄章句上·第五节》中说：天下之本在国，国之本在家，家之本在身。希望能有更多的人通过这部著作，成为更好的自己、更懂孩子的父母、更有方法的家长，让自己的家庭获益，继而能为国家、社会、家族培养更多优秀的孩子！

岳晓亮

河南省心理咨询师协会副秘书长、常务理事

河南省心协家庭教育心理专业委员会主任委员

《四感教育体系》创始人

我与家庭教育的缘分
（自序）

2006年，二十五岁的我参与编写一本家庭教育类的图书，为此我把市面上可以买到的家庭教育类的图书几乎都看了一遍。不得不说，好书虽然有，但大部分书里的事例都很陈旧，观念也跟不上时代的发展。

所以，我更多的是从自己和身边人的成长经历中，去感悟教育之道，并结合心理学来思考和写作。

后来这本家庭教育类图书获得了很高的荣誉；但以现在的眼光看，只是"山中无老虎，猴子称大王"而已。

不过，从那时起，我对家庭教育越来越有兴趣。我不断反思父母对我的教育方法，我很感激他们给我的爱；但我也意识到他们的教育在不少方面是有误区的。父母如何对待孩子，才是最好的教育呢？我开始主动和很多朋友以及网友探讨家庭教育问题。

生活中，我看到许多被父母简单粗暴对待的孩子。

后来，我加入了几十个很热闹的家庭教育类的QQ群，与数千个处于苦恼中的家长进行过深入交流，了解他们与孩子的矛盾，了解他们解决问题的模式和办法，了解他们各种无效的方法和弊端所在……

对家庭教育的现状了解越多，对家庭教育的领悟越深，我越觉得悲哀和痛心。那么多父母本来可以不必那么苦恼，那么多孩子本来可以更好地成长；但因为各种不恰当的家庭教育理念，导致父母与子女之间产生了太多本不该有的矛盾、冲突和痛苦。这样的双输局面应该停止。

明明有更好的双赢的办法，让更多的家庭更幸福！那就是爱与自由呀！小时候，我的几个坏习惯，都是在爱与自由的环境下，自然消除的。

于是，我开始尝试着帮助一些熟悉的家长朋友，也开始在一些家庭教育QQ群分享我对家庭教育的理解。很快，我的理念就受到很多家长的欢迎。在我的具体指导下，不少家长也转变了观念，改善了和孩子的关系，孩子的问题也自然得到了改善。

这些案例中的一部分，在经过家长的同意后，我写成文章，刊发在国内很多知名报刊上。

我创作的不少家教类文章在网上广为流传，很多网友表示被感动哭了，也有很多家长表示再也不简单粗暴对孩子了，《金陵晚报》《大河报》等媒体，都曾整版刊登过我创作的家教类文章、读者们的读后感，和教育专家的点评，还有不少杂志主编表示深为我的文章所感动……

我说这些不是为了炫耀，而是想表达：我文章里提及的问题，其实是大多数父母共同的问题，所以才会引起共鸣。能帮到家长们，能够让孩子们少受一点打骂训斥和不必要的痛苦，我很欣慰。

后来，我系统地学习了心理学和家庭教育的理论，掌握了更多婴幼儿、青少年的身心成长规律，也读了很多经典的家庭教育专著。学是为了用。那时候，我每天至少花上十个小时，泡在各种育儿群里，义务给求助的家长们解答问题，并和各种流派的专家和他们的拥护者，以及广大家长们交流讨论乃至辩论。

就这样，我收获了第一批粉丝。在大家的一再要求下，我建了自己的家庭教育分享群。又用了一年时间，免费在群里进行了五十多次不同主题的讲座，认真回答了家长们累计数千个问题，不断优化和完善我的家庭教育理论。

后来，我开始正式做亲子关系一对一咨询。

之后，我又建了亲子关系群，为期一年，每周分享一次家庭教育方面的话题讲座。讲的都是育儿路上必然会面临的问题。比如：孩子做错了，如何批评孩子？孩子做事磨蹭，我们该如何对待？孩子要吃零食，我们该怎么办？……

再后来，我建了亲子关系·育儿日记群，就是在亲子关系群的基础上，优化了讲座内容，并增加了一个育儿日记的功能。育儿日记是鼓励大家写出日常与孩子的交流互动和对孩子的观察。

我自己就是在女儿晴儿出生后，写了几十万字的育儿日记，里面记录了晴儿日常的喜怒哀乐，以及我们和晴儿的各种互动（包括各种矛盾及化解的过程）。陪伴孩子，并写作育儿日记的过程，让我对育儿有了更深的理解。

我非常钦佩的尹建莉老师说，她也写过不少育儿日记，如果不是翻看自己过去的育儿日记，《好妈妈胜过好老师》也不会顺利写出来。

群友们受我影响，也写了大量充满童趣和引人深思的育儿日记，也写出了育儿过程中自己的烦恼和无奈。在阅读大家的育儿日记时，我对当下儿童和家长的新特点，也有了更多的理解。我根据大家写的内容，分析了孩子的这些行为背后的心理因素，指出家长需要注意的事项，解答了家长的各种困惑。

本书，就精选自我在亲子关系·育儿日记群里分享的内容。

《好妈妈胜过好老师》的作者尹建莉老师、《当我遇见一个人》的作者李雪、《接纳孩子》的作者小巫等不少优秀的育儿专家，还有著名心理学家武志红老师、北大六院主任医师唐登华教授、四感教育体系创始人岳晓亮老师等人的育儿理念，都对我有很大的启发和影响。

他们的理论，其实还不算主流。大多数人所持有的家庭教育观念，还是传统的，存在不少糟粕；还有一些人学到的是西方传过来的糟粕，比如程序育儿法、定时喂奶、哭声免疫法等。

有很多类似《儿子，小时候不打你，将来你就会被社会毒打》《孩子，现在不逼你，将来生活不会放过你》之类对孩子咬牙切齿、怒目而视，主张对孩子严厉控制的文章，总是能引发很多家长效仿；提倡"家长督促孩子改变，自己却丝毫不用改变"的文章，总是能迎合众多家长的心意；还有很多似是而非、逻辑混乱、谬误百出的文章，也在网上广为传播，真是可悲可叹呀！

很多家长在孩子没出问题之时，总对孩子肆无忌惮地批评或漠不关心。

等孩子表现出问题了，又四处求医，急于寻找灵丹妙药，试图快速搞定孩子；而不是去反思自己的教育方式，耐心了解孩子的感受和需求。

因此，虽然尹建莉老师的《好妈妈胜过好老师》系列书籍是中国家庭教育类畅销的好书，不少我欣赏的好书销量也不低；但相比更多迷茫的家长来说，还远远不够。因此，我希望让多一点家长看到我的书，从而改变观念，改善孩子的成长环境。

我一直信奉这样的教育理念：养鱼重在养水，养花重在养土。

孩子的成长主要是受环境影响，如果孩子成长过程中出现问题，那么最好的办法就是：第一，去理解孩子的感受和需求；第二，改变孩子的成长环境，特别是家庭环境以及改变父母的状态。但家长们最常做的却是自己毫不改变，只妄图通过打骂和念咒语的方式，让孩子改变。比如念这样的咒语：你要好好学习！你要专心致志！你要勇敢！你要坚持……这些都只是一厢情愿，注定徒劳无功。很多严厉的控制方法，虽然可能短期地改变孩子外在的行为，但却会扭曲孩子的心灵，对孩子身心的健康发展是极为不利的。这些方法，都是南辕北辙。

我认为，孩子在充满爱与自由的环境中，才能身心愉悦地茁壮成长！爱与自由，也是本书的核心理念。

很多人说，爱与自由的理念很美好，但是太理想化了，现实中行不通。

而我十年来，指导众多家长的育儿经历，证明了爱与自由的理念，并不虚幻，它是可以落地的。本书就是要帮家长朋友们将爱与自由的理念运用到具体的育儿行动中。

最后，感谢作家出版社，感谢郑建华编辑、李雯编辑的大力支持，让本书得以面世。

感谢尹建莉老师在我写作过程中的指导，感谢武志红老师、岳晓亮老师、李鲆老师和朋友们对本书的推荐，感谢一路走来，那些信任我的群友们的支持！

感谢爱人和女儿晴儿！在陪伴晴儿成长的八年中，她给我带来了很多欢乐，并使我不断成长。

目录

第 11 课: 孩子不愿上学怎么办

第 12 课: 如何让孩子从厌学变得热爱学习

第 13 课: 如何对待孩子的作业

第 14 课：允许孩子看电视，会怎样？

第 15 课：不与零食为敌，畅快满足孩子的零食需求

第 16 课: 如何提升孩子的生命力

何为真爱？父爱与母爱的区别

教育技巧的全部奥秘也就在于如何爱护儿童。
——苏霍姆林斯基

爱是深深的理解与接纳。
——卡尔·罗杰斯

爱是为了促进自己和他人心智成熟，而不断拓展自我界限的一种意愿。
——斯科特·派克

1.你认为爱的定义是什么？按照你对爱的定义，阐述下你是如何爱孩子的。

2.你认为溺爱和真爱的区别是什么？你见过被惯坏的孩子吗？他们是如何被惯坏的？

3.你能做到无条件地爱自己吗？还是认为只有自己足够成功、足够优秀或颜值足够高的时候才值得被爱？你希望孩子无条件地爱你，还是在你表现好的时候才爱你？你给孩子的是无条件的爱，还是只在他表现好的时候才给爱？

4.你认为母爱和父爱有什么异同？你和爱人给孩子的爱，有什么区别？

一、两种截然相反的育儿理论

晚上该睡觉了，孩子不肯睡，是任其玩耍，还是命令他立刻去睡觉？

放学回来，孩子想先玩，不想先做作业，是不加干涉，还是劝他先做作业？

孩子不想去幼儿园了，是逼他上学，还是随他的意，不去就不去，一直不上幼儿园也行？

在很多问题上，父母和爷爷奶奶之间都有育儿观念冲突，夫妻之间也往往会有相反的观点。顺其自然，被说是太放纵；强迫孩子按规矩来，又被说控制欲太强、管得太严。

截然相反的两种育儿观念，初心都是为了孩子好，但从实际效果上说，到底哪种做法对孩子有利呢？又如何来衡量呢？

这个话题，在国外也有分歧很大的两派。

在美国，既有提倡哭声免疫法、定时喂食法、程序育儿法之类的控制派，也有提倡爱与自由的亲密育儿法。两种育儿方法，背后都有对应的心理学依据。前者的理论依据是行为主义心理学，后者的理论依据是精神分析和人本主义心理学。

人本主义心理学的创始人马斯洛原本学的是行为主义，并先后成为硕士、博士、博士后，深得当时最权威的几位行为主义心理学大师的赏识。但有了孩子后，他断然放弃了行为主义心理学，并说："我们的第一个婴孩改变了我的心理学生涯，他让我觉得从前为之如痴如醉的行为主义显得十分愚蠢，我对这种学说再也无法忍受。它是不能成立的。我敢说，凡是亲身养育过小孩的人，绝不会相信行为主义。"

然而，很多人依然信奉行为主义心理学下的育儿法。

3

著名教育家苏霍姆林斯基说：教育技巧的全部奥秘，就在于如何爱护儿童。也就是说：教育的前提和核心，是——如何爱孩子。

要谈如何爱孩子，首先就需要来确定一下"爱"的定义。

二、爱的基础定义

人本主义心理学另一位代表人物罗杰斯为"爱"下了一个被人广泛接受的定义——爱，是深深的理解和接纳。

父母要爱孩子，首先要尽量理解孩子。如果不能理解孩子，爱就落不到实处，爱的就不是孩子本身。

【黑镜头】

有个工程师朋友，一直很鄙视"感性"，他认为"理性"才是人的智慧的体现。他说孩子是无法理解也无须理解的，只要尊重和接纳就够了。

结果，孩子感觉不到被他理解，也就无法真正接近他。因此，他和孩子之间始终就像隔着一堵墙，亲近不起来。

孩子的心无法被父母感知，这会让他们很不踏实，内心会感到孤独无助和无力。

如果能被父母理解，他们就会生出无限的勇气和信心，因为他们知道，自己和父母的心是相连的，所以有底气。

一百多年前，鲁迅先生便在《我们现在怎样做父亲》一文中强调了爱孩子首先便是理解孩子。他说：

觉醒的人，此后应将这天性的爱，更加扩张，更加醇化……开宗第一，便是理解。往昔的欧人对于孩子的误解，是以为成人的预备；中国人的误解，是以为缩小的成人。直到近来，经过许多学者的研究，才知道孩子的世界，与成人截然不同; 倘不先行理解, 一味蛮做, 便大碍于孩子的发达。所以一切设施, 都应该以孩子为本位。

如何理解孩子呢? 就需要了解一些孩子的身心发展的基本规律, 比如看看《发展心理学》这本书。了解孩子在什么年龄段, 一般会有什么特征, 比如第一叛逆期的特征、秩序敏感期的特征、青春期的特征, 等等, 这样就比较容易理解孩子了。

理解孩子, 更要接纳孩子。父母要想心平气和地接纳孩子, 而不是抱怨孩子, 很不容易。

因为很多人总觉得孩子不能令他们满意, 觉得孩子不够聪明, 不够漂亮, 不够健康, 不会说话, 不够乖……

他们看不惯孩子, 因为他们心中有个十全十美的幻想中的孩子, 并不自觉地拿这个幻想中的孩子, 和现实的孩子对比, 所以, 他们经常会失望和生气。这样的父母, 往往也是无法接纳自己的人。他们不接纳自己, 是因为他们童年时, 也不被自己的父母接纳。于是, 他们不接纳自己, 也不接纳自己的孩子, 形成恶性循环。

有人说: 那父母不接纳的一面, 孩子改了不就好了? 但问题是: 父母越无法接纳孩子的某一方面, 孩子这一方面的问题就越突出。

为什么会这样呢?

当父母看不惯或想要改造孩子的某个行为习惯时, 孩子会不自觉地认为, 自己身上的每个特点和行为习惯都代表自己。父母不认可、不接纳这些行为习惯, 就等于不接纳他本身。所以他们会抗拒被改造, 甚至会夸大自己的某个行为习惯, 好让父母看见自己, 并以此保护自己的独立性和完整性。

即便在父母的强行改造下, 孩子的某些"毛病"消失了, 那也只是孩子把这些"毛病"压抑进内心深处, 而不是真的消灭了。父母只有接纳了孩子的各种问题, 孩子才有可能真正去面对和化解这些问题。

比如有些人小时候被父母压抑不准吃零食, 长大后却开始疯狂地吃零食。有些人小时候不被允许买衣服或玩具, 长大了, 自己买无数衣服堆在那里不穿, 买无数玩具堆在那里不玩……

还有不少孩子为了获得父母的爱, 不得不扭曲自己取悦父母。这样一来,他们的真自我就没有机会发展，而是发展出了为讨好父母的假自我，渐渐失去了自己的本真，甚至成了空心人……

很多父母以爱为筹码来要挟孩子，只有孩子在满足他们的条件（比如考95 分以上、听话等）时才给孩子笑脸，给孩子爱；否则就对孩子冷酷无情。这种有附加条件的爱只是一种交易，就像我们拿钱买服务一样，不能称作真正的爱。

真正的爱，是无条件的。

三、什么是无条件的爱

鲁迅先生一百年前写的《我们现在怎样做父亲》一文里，就提倡无条件的爱。他说：

> 尤其堕落的，是因此责望报偿，以为幼者的全部，理该做长者的牺牲……
>
> 只是有了子女，即天然相爱，愿他生存；更进一步的，便还要愿他比自己更好，就是进化。这离绝了交换关系利害关系的爱，便是人伦的索子，便是所谓"纲"。倘如旧说，抹煞了"爱"，一味说"恩"，又因此责望报偿，那便不但败坏了父子间的道德，而且也大反于做父母的实际的真情，播下乖刺的种子……殊不知富翁的杏酪和穷人的豆浆，在爱情上价值同等，而其价值却正在父母当时并无求报的心思；否则变成买卖行为，虽然喝了杏酪，也不异"人乳喂猪"，无非要猪肉肥美，在人伦道德上，丝毫没有价值了。所以我现在心以为然的，便只是"爱"。

下面这个流传很广的小故事，有助于我们了解什么是无条件的爱。

【白镜头】

有个少年因为成绩不好，被妈妈大骂一顿。他忍不住和妈妈顶嘴，被妈妈赶出了家门。

少年在外面转了一天，到了傍晚时分，又饥又渴。当闻到路边卖饭的小店飘来的香味时，他口水都流了出来，可是他身无分文。

饭店老板看他久久不肯离去，就问道："小孩，你是不是想吃饭？"

少年点点头，又低着头说自己没有钱。

老板热心地说："没关系，这顿饭我请你吃！"

一会儿，老板端来饭和菜。少年吃着吃着，眼泪掉了下来，对老板说："我们素不相识，可是你却对我这么好，我太感激了！可是我妈妈却把我赶了出来，叫我不要再回去……"

老板听了，反问道："你想一想，我不过给你一顿饭，你就这么感激我；你妈妈做了十多年的饭给你，你怎么不感激呢？怎么可以和妈妈吵架呢？"

为什么这个少年对饭店老板很感激，对母亲却不感激呢？是他真的没良心吗？

设身处地想一想，如果我们也有少年这样的遭遇，肯定也会感激饭店老板，而对母亲有意见。为什么会这样呢？因为饭店老板给的是没有交换条件的关爱的饭，也就是无条件的爱。母亲给的却是需要他用"听话"和"好成绩"来回报的有条件的爱。一旦他不听话或成绩不好，就会咒骂他，甚至让他滚，这饭和嗟来之食差不多。所以他不会感激母亲。

假如饭店老板给他饭时，嘲笑他："你考了第几名？你怎么这么笨？你以后要听话，不然饿死你个小兔崽子……"说不定这孩子宁可饿死也不吃了。即便勉强吃了，也绝不会感激他。

在现实生活中，我们经常可以看到类似的情况。很多父母以爱为筹码来要挟孩子达到他们预设的目标。他们认为成绩不好或者不听话的孩子，根本不值得爱。

【黑镜头】

茵茵从小跟奶奶长大，五岁以后才被父母接回家，与父母有些隔膜。爸爸为了让她跟自己亲近，就常买些零食回家，然后让她大声叫"爸爸"，还要跳着叫，叫得越欢越响，给得越多。

她很不情愿，但又不敢不叫"爸爸"，看着爸爸得意的模样，她觉得自己就像一条摇尾巴的小狗。

妈妈也总是要她听话，稍有不听话，妈妈就会说："再不听话就不要你了，还把你送到乡下。"

茜茜一点也感觉不到父母的爱，觉得自己活得好苦，很不开心，还常做噩梦。

【黑镜头】

楠楠每次过生日，想和母亲要一件礼物的时候，母亲总会和她谈条件："你要听话，期末考试要每门功课都 90 分以上、全班前三名，不然礼物我会收回。"

每次母亲这样说过之后，楠楠都会觉得兴味索然，心情沉重，生日礼物都不想要了。因为这生日礼物太重了，她承受不起，生怕将来考不好，母亲再说她对不起自己花钱买的生日礼物！

这些带着条件的"爱"，都不是真爱。

哪怕这些父母辩解说：我是为了孩子好，我是为了孩子好好学习……

这样做的结果必然导致很多孩子从小就学会察言观色，从小就学会压抑自己的情绪和自我，去做父母眼中的乖孩子，从而得到一点有条件的爱。

一个孩子如果无法从父母那里得到无条件的爱，就会在缺爱的环境下长大，就会缺乏安全感，活得不踏实，也不再相信会有无条件的爱，只相信利益交换，将来也很难有能力给爱人和孩子无条件的爱。于是恶性循环，一代传一代。

我的育儿日记群群友流光溢彩分享过：

【白镜头】

我大儿子六岁了，今年尿了三次床。我安慰他没事，换床单就可以了，下次睡前记得去尿尿。

第二天，小儿子做错事，不知所措。哥哥安慰他：你做错事，妈妈也会爱你的。你看我尿床，妈妈也没批评我。

无条件的爱：与有条件的爱相对，指"不期望，也不计较对方回报，不是因为对方做了什么才给予爱，而是不论对方做什么，都会一如既往地给予爱的一种恒定的感情"。

不是因为孩子某方面很优秀，符合我的要求，或者很听话，才爱他；仅仅因为他是我的孩子，所以我无条件爱他。不论高矮胖瘦，不论美丑，无论考试成绩好坏，无论聪明还是笨，无论疾病还是健康……我都爱他！

就像我女儿晴儿刚出生时，我对她就是《小苹果》的歌词里写的这种无条件的爱，"怎么爱你都不嫌多"。

相信在孩子刚出生时，每个父母都是这样的心情，只是随着孩子长大，特别是到小学以后，很多父母被考试成绩蒙蔽了双眼，忘了当初是怎么爱孩子的。

父母无条件的爱，可以奠定孩子一生的安全感，孩子会更自信、自立、自强，更积极勇敢地探索未知世界。

希望大家不忘初心，永远给孩子无条件的爱。

四、爱的深层定义

罗杰斯对爱的定义，是广义的爱、最基础的爱。在此基础上，我认为还有更深层的爱，是对伴侣、孩子和自己的爱。

被称为这个时代最杰出的心理学家、《少有人走的路》的作者 M. 斯科特·派克对爱的定义非常具有启发性和实用性。他说：

1. 爱是为了促进自己和他人（所爱的人）心智成熟，而不断拓展自我界限的一种意愿。

2. 我们付出的爱，不仅能让他人心智成熟，同样也能使自己获益。

3. 爱不是感觉，爱是行动！

对照上面的定义，我们需要思考这几个问题：

1. 为了更好地爱孩子，你是否在不断拓展你的自我界限？
2. 你付出的爱，能否促进孩子心智成熟？能否让你自己也获益？
3. 你对孩子做出了哪些爱的举动？

爱孩子，就要不断拓展自我界限。我们要教孩子学会爱自己，也就要教孩子不断拓展他们的自我界限，促进孩子的心智成熟。

所谓"自我界限"，就像是笼罩着我们的无形的笼子。每个人的认知和能力都是有限的，这有限的认知和能力构成了一个笼子，把一个人圈禁了起来，人们一般不会跨出这个笼子。一旦跨出笼子，就会觉得不安全，因为这脱离了自己的认知和能力，所以人们会自觉待在这个笼子里。

比如一个刚从山村出来的人，即便知道可以去豪华的酒店免费上厕所，也还是不敢进门。因为这超出了他的自我界限。

对年幼的孩子来说，这个笼子主要是被监护人套上的。为了保护孩子的人身安全，进行一定的限制是必要的，但是很多监护人因为恐惧，把孩子控制得太过严格了。

比如有的父母或爷爷奶奶，禁止孩子出去玩，不许孩子碰水（怕感冒），禁止别的小朋友来找自己孩子玩（怕影响孩子学习）。有的还会恐吓孩子，说外面的世界多危险，因此要求孩子除了上学，别的地方都不许去。这叫爱吗？

按照派克的定义，这与爱显然是相反的，因为他们的行为是在压缩孩子的自我界限，这将导致孩子囿于狭小的笼子无法站立，甚至可能从此蜷缩起来，心灵都因此而萎缩。

【黑镜头】

新闻：一位母亲因为自己的女儿太漂亮，怕被坏人惦记，就把六岁的女儿锁在屋里，十几年没让女儿出过屋。

虽然她一再说自己多爱女儿，但这显然与爱相反。

父母真的爱孩子，就应该让孩子"海阔凭鱼跃，天高任鸟飞"，而不是把孩子装在套子里，做什么都缩手缩脚。

【黑镜头】

有个年轻女孩，大学毕业时留在大城市，找了一份很不错的工作，但是父母担心她，逼她回老家。回老家后，她在县城找了份工作，工资特别低，活儿还特别重，不被领导和同事尊重，没有什么前途。她想辞职，但是父母却劝她知足常乐，不许她辞职，让她赶紧在本地找个对象结婚生孩子。而且，她每天下班必须立刻回家。如果要和同事聚餐或者加班，都要跟父母汇报，否则会被父母训斥……

已经三十多岁，还被父母如此限制，还被当小孩对待；当她还是个孩子的时候，她的自我界限被压制得更厉害吧！从小被压制，长大了自我界限也还是无法拓展。她的人生被严重压抑了。

如果按照传统的观念，会认为"可怜天下父母心""孩子不论多大，在父母眼里还是孩子""父母太溺爱孩子了"……

按照派克的观点，这些行为与爱是相反的，是在限制子女的自我界限，是在控制子女。

从孩子刚出生到两岁左右这个生命的最初阶段，父母是要帮孩子做很多事情的，但随着孩子能力的提升，父母就要一步步逐渐放手，给孩子空间，并创造条件，不断拓展孩子的自我界限，不要用一个人造的小笼子圈禁孩子。

我们是第一次做父母，此前并没有经验。如果爱孩子，我们也要拓展自己的自我界限，去学习如何更好地理解孩子、养育孩子，而不是凭着本能或朋友圈的文章来养育孩子。

由于人类自身能力有限，每个人都有自己达不到的极限，人人都有一个笼罩在自己身上的笼子，这是无法避免的，家长要做的是尽量将自己的笼子变大，并帮孩子把他们的笼子变大。比如通过各种方式让孩子增长见识和阅历，增强能力，扩展这个笼子，而不是因为家长自身缺乏安全感而主动给孩子套个小笼子。

父母的见识是孩子的天花板，就是这个原因。

妄图让孩子专心学习，两耳不闻窗外事，这同样是打压孩子自我界限的典型且普遍的现象。

如果你能做到真正爱孩子，不压缩孩子的自我界限，那么你的孩子就赢在了起跑线上。你的孩子将来会比那些自我界限不断被父母压缩的孩子，心智更成熟，更有能力和潜力。否则就等于让孩子练了葵花宝典，考试成绩可能上去了，但心理健康却被毁了，严重影响未来的幸福和发展。

【黑镜头】

"妄图让孩子专心学习，两耳不闻窗外事"——我一直以来，都是被这样教育的。

不知道这也是打压自我边界，经常退缩在自己的世界里，躲在家里不出门。

我的自我边界，原来一直都是萎缩的。直到三十来岁，才开始伸出手脚。

我经常发出这样的感慨：啊，还能跟宾馆服务员多要一床被子啊？

【黑镜头】

我高中的时候，一次在饭店吃面，厨师忘了放盐，但是我没吭声，只在心里很愤怒，决定以后再也不来了。我要是开口让他们加点盐，一点问题都没有，他们还得跟我道歉。但是我就是开不了口。

我大学时，有一次在街边买香蕉，问的是上面好看的香蕉的价格，但小贩给我称香蕉时，拿的却是一大串快要坏掉的、表皮都半发黑的香蕉。我可以说"那我不要了"，但是我没吭声，忍了……

为什么我这么能忍呢？就是因为，在家里，明明是我爸做得不对，但我要是开口说，他就会强词夺理地斥责我、镇压我。在家里，自我界限被压制得太狠了，还不能反抗。所以，在外面，我也习惯了压抑自己……

【白镜头】

我毕业后，家里已经替我找了实习单位，但大学老师又介绍我去北京工作。我问爸爸时，他告诉我：如果想去闯荡，就大胆去吧。

第二天我就出发去北京了。在北京几年的工作经历让我见识了很多，进步了很多，现在都感谢那时的决定……

♥五、爱孩子与爱宠物的区别

家长容易犯的一个原则性错误，就是把孩子当宠物来养，当宠物来"爱"。《少有人走的路》的作者认为，对待宠物的爱，不是真正的爱。真正的爱，是把孩子当成一个具有独立人格的人来爱。

很多父母把孩子当宠物养，对两岁以上的孩子，这很可悲，却是很普遍的现象。

不要把孩子当宠物来养，并不是说父母不该宠爱孩子，更不是说要严厉对待孩子。严厉对待孩子的家长，比如狼爸、鹰爸、虎妈之类，则是在把孩子当斗鸡、赛犬对待，这同样不是爱。而当宠物养，虽然温柔了一点，同样也没有尊重孩子。

为什么对待宠物的爱，不是真爱呢？

首先，对待宠物，不仅不会重视其心智的成熟，还会害怕和压抑宠物的心智成熟。

我们不希望宠物走向独立之路，希望它们一直依赖我们、听话、唯命是从（训练宠物就为了如此，越听话的宠物越受欢迎，不听话的宠物没人喜欢）。唯有如此，我们才会一直"爱"宠物。如果某只宠物突然变成了"一只特立独行的猪"，那就会被我们所不喜和抛弃。

我们对宠物的爱，绝非真正的爱，我们只是喜欢宠物对我们的依赖罢了。用养宠物的心态来养孩子就是在害孩子。

宠物的寿命普遍很短，你可以养它们一辈子；但你的孩子和孙子，会比你活得长久得多，你无法养他们一辈子。所以，你需要克制，克制你把孩子当宠物养的心理需要，从孩子的心智成熟的角度出发，创造适合的环境，促进孩子独立成长。

可惜，在几乎所有的家庭教育群，都会有很多家长诉苦：我的孩子以前很乖啊，多可爱，多懂事啊，现在怎么就变得这么不听话呢？烦死了，怎样让他听话啊！

所谓的听话，不就是"依赖"的典型特征吗？他们希望孩子像宠物那样，一直依赖他们。这样在无形之中，用各种手段压抑孩子的心智成熟，让孩子一直在他们的掌控之中，满足他们需要被依赖的心理需求，而不顾孩子需要独立的空间和心智成长。

驯兽法也许能把孩子训练得听话、讲礼貌，但绝对训练不出一个心智成熟的孩子。

其次，过于关注孩子的身体健康以及行为习惯，却忽视孩子的内心。

孩子的内心和宠物一样，不好观察，不像身体以及行为这么一目了然。他们太小，还不会表达，即便表达了，大人也往往不相信，觉得孩子小题大做或撒谎。

比如大人玩闹一样，轻轻踢或打了孩子一下，大人觉得是开玩笑的，不疼；对孩子来说，却很疼，很可怕。但孩子说了家长也不重视，还以为他们是想"碰瓷"要零食。

家长不觉得这么小的孩子有什么独立的心灵。他们认为孩子的心灵全是大人塑造的。就像我们对待宠物，都不认为它们有独立的意志，认为宠物听我们的就好了，乖巧听话就是宠物的最高美德。

还有家长觉得不需要关注孩子的心灵，只用看孩子的行为。如果孩子的行为不符合家长的预期，或者不符合常规，就认定是孩子出了问题，必须"教育"！他们丝毫不去探索孩子出现这些问题的原因，他们只在乎孩子的行为是否符合他们认为的常理。这和对待宠物也一样。

比如，很多父母因为孩子不按时睡觉而生气，甚至打骂孩子，继而四处寻求灵丹妙药，四处请教"怎样让孩子按时睡觉"。

孩子不是机器人，他们是自由的生灵，为什么必须一到父母认为该睡觉的点就能睡着呢？父母不去关注孩子为什么还不睡觉，不去关注孩子的内心在想什么，只关注孩子的行为习惯，只想让孩子按时睡觉，恨不得定时给孩子吃安眠药！如果科学界认为安眠药没有副作用的话，相信很多家长会主动花钱买安眠药给孩子吃。

在很多幼儿园，老师也会按规定要求孩子们必须睡午觉。有些孩子中午不困，也会被强令要求躺在床上一动不动，否则就会被批评。

教育专家尹建莉老师在微博上呼吁幼儿园的规矩不要这么死板，孩子们愿意午睡当然好，不愿意午睡的孩子应该允许他们到另外的房间玩或者安静地看书。

结果，不少老师和家长在微博上说她的呼吁是害人，说不午睡会影响孩子的身体健康。他们认为应该培养孩子午睡的"好习惯"。这种不尊重孩子的身体状态、不尊重孩子的自由意志，强迫孩子按时睡觉的观念，就是典型的把孩子当宠物来要求的观念，过分关注孩子的行为习惯，而无视孩子的内心。

【黑镜头】

在某个育儿群，有个家长为孩子不自己吃饭、非要妈妈喂而烦恼，说孩子今天不断喊着饿，就是不肯自己吃饭，非要妈妈喂。她求助怎样让孩子自己吃饭。

一群人出主意，有的说饿孩子一天就好了，有的说这样的孩子得揍一顿才行……大家的关注点全都在孩子的行为上，却没有人关注——孩子为什么今天突然要妈妈喂饭，为什么宁肯饿着也非要让妈妈喂？

这个妈妈强调说自己跟孩子讲了很多道理，各种威逼利诱也都用了，就是不管用。但那么多给她出主意的人，没有一个提出："通过耐心观察和倾听，弄明白孩子今天为什么一定要妈妈喂才肯吃。"

其实宁可饿着也不自己吃，哭着让妈妈喂，说明孩子不仅是身体饿，心灵也饿，孩子需要妈妈的爱，需要通过妈妈喂饭这个行为来感受妈妈的爱。

这个妈妈总觉得自己已经尽力了，是孩子有问题。孩子在那里声嘶力竭，她却始终看不见孩子。她只能看见孩子的行为不符合她的预期，却看不到孩子的内心，看不到孩子为什么在声嘶力竭地呐喊！

平时孩子出现某些"问题"时，你的态度是什么样的？是急于搞定孩子的"问题"，还是先去查看孩子"问题"的根源？

六、宠爱和溺爱的区别

1. 宠爱不会把人惯坏。

很多人认为宠爱会把人惯坏，但我不这样认为。

我的自传写作班里数百名群友，写了数千个家庭的故事，我发现那些从小被宠爱的孩子，长大后大都过得很幸福。那些从小缺爱的孩子，反而容易活得拧巴，幸福感很低。

什么是宠爱？有群友写道：

【白镜头】

冬天，我到姑姑家玩，晚上住在姑姑家。第二天早上准备起床时，还担心姑姑会嫌我起床晚，没想到我刚要起床，姑姑就把饭端到我跟前，热情地说：外面冷，不用起床那么早。

姑姑也给自己的两个孩子端饭到床前了，丝毫没骂孩子们懒。

我很震惊，这在我家是不可想象的。

姑姑一家人彼此都很亲密，家里欢声笑语不断，我很羡慕这样的家庭氛围。我在自己家中是绝对不敢这么"放纵"的，我家里沉闷压抑。

我姑姑家两个孩子后来都发展得很好。

我觉得，宠爱就是真心喜欢孩子，尊重孩子，愿意满足孩子的一切需求。哪怕这些需求在自己看来似乎没什么必要，没什么意义。比如孩子突然想要树上的一片树叶，你想办法把树叶给摘下来；孩子想要看蜗牛爬树，你愿意安静地陪着孩子，而不是觉得这样会把他惯坏，会太浪费时间。

2. 溺爱满足的只是自己的需求。

【黑镜头】

天气炎热的时候，小狗会自动脱毛散热；天气寒冷的时候，它们又会长出长长的绒毛来保暖。它们本身是有适应气温的能力的。可是主人们对它们的疼爱会带来什么后果呢？

热时，人类替它们剪去了绒毛；天气转冷，人类又替它们穿上了棉衣。

夏天给狗脱毛，冬天给狗穿外套，这些满足的其实都是狗主人自己的需求，而非狗的需求。他们只是打着爱狗的名义在溺爱自己。

这样持续几年，小狗自己脱毛和长毛的能力会受到严重影响。假如人类此时抛弃了它们，由于它们适应气温的能力被人为破坏，或许再也无法适应寒暑的变化。

当然，小狗的寿命只有十多年，人类可以养活它们一辈子。可是，如果我们对孩子的爱，阻碍了孩子的身心成长，我们能养他们一辈子吗？

这就是溺爱。

宠爱，以孩子的需求和发展为本；溺爱，以自己的需求为本。

宠爱好比孩子想要你抱，你就抱；不想让你抱，就不抱。我们关注的是孩子的感受，满足的是孩子的需求。

溺爱是孩子不想让你抱，你偏抱，怕他走累了，怕他摔倒……你给孩子的都是你想给他的，而不是孩子自己想要的。不是孩子的需求得到了满足，而是你的某种需求得到了满足。并且，你的做法还会压抑孩子，阻碍孩子的心智成熟。

溺爱好比用一个黄金做的笼子，把孩子圈禁起来，笼子上还镶着名贵的钻石。然后你告诉孩子：这个笼子都是用我的血汗钱买的，所以你应该珍惜这个笼子，待在里面别出来。

【黑镜头】

有个父亲带着小孩去商店，孩子说要一根芝麻糖（当时一毛钱一根），父亲听成了火腿肠（一元一根），就要了根火腿肠。孩子再次表示，要的是芝麻糖，不是火腿肠。

他却说：要什么芝麻糖，哪有火腿肠好吃！

说着，他把火腿肠硬塞给了孩子。孩子哭着抗议，被他拉走了，他还对孩子说：对你好，你都不知道对你好，一根火腿肠的钱，可以买十根芝麻糖了。

这个父亲不是不舍得给孩子花钱的人，但是他这样的行为，无疑不是宠爱，而是溺爱。他满足的是自己。就像《当我遇见一个人》的作者李雪举的例子：有些妈妈舍得给孩子买上千元一件的衣服，却不舍得给孩子买两块钱一张的小贴画。

3. 精神富养才叫宠爱，单纯物质富养不算爱。

很多人会以富二代败家之类的例子来证明溺爱会惯坏孩子，溺爱的确可能导致富二代败家，但宠爱不会。被宠爱长大的孩子，往往更优秀。他们从小就得到爱和尊重，在物质需求上得到了充分满足，然后就像马斯洛的需求层次论说的那样：底层的需求都满足了，自然会有更高的追求。比如求知需求和审美需求，自我实现的需求等。

而被溺爱和穷养的孩子，一生可能都在为底层需求的满足而挣扎。即便赚到了钱，获得了世俗意义上的成功，也依然是匮乏思维，永远担心钱不够花，永远不敢大方满足自己。他们不相信无条件的爱，因为他们从来没有得到过。

还有很多孩子，虽然父母很成功、很富裕，给他们提供的物质条件也很优越，但只限于物质。在精神上，他们却被穷养。

【黑镜头】

王大琪所著的《财富的孩子》这本书里，详细描写了多个富二代的痛苦。

他们普遍都极其渴望得到父亲的认可，却总被父亲骂得一无是处，活在父亲的阴影里——"他们出生于父辈的成就与荣耀，也就是出生于一台被调高了基准的秤上，一直处于称不出自己的分量的失重状态中……他们无法在那些已有的脚印上踩出自己的脚印，为了看见自己的脚印，他们几乎都曾挣扎于寻找一条新的出路，为此不惜刻意离开父辈的脚印；而这种寻找，在身边的人看来，是没有意义的，似乎抬腿便走就是路了。痛苦，就从这个地方开始。"

还有很多人忙于工作，很少陪伴孩子，甚至和孩子之间的纽带，只有金钱，而不是亲情……

所以，富养，主要指的是精神上的爱，而不单纯是物质。只给物质，却不给精神上的爱，那不算真正的爱。

4. "溺爱"很多时候都只是招牌和借口。

因为从事家庭教育和心理咨询，我经常与同行交流，经常与家长聊天，也会听一些家庭教育类的讲座，我发现成年人太"聪明"了。只要有谁说到家里孩子出现了什么问题，就会有一堆人以导师的口吻对他说："你这是溺爱，把孩子惯坏了！"

有些年轻的父母，对孩子稍微好点，也会有一堆街坊邻居或者家里老人过来指责他们，说他们对孩子太好了，会把孩子惯坏。如果哪个家长说自己从来不打骂孩子，他们就会在旁边指指点点："这孩子肯定会被惯坏的，你等着后悔吧！"

但实际上，我还真没见过被宠坏的孩子，却见过太多因为童年缺爱而产生各种问题的人。

【黑镜头】

有个比较富有的老板，中年得子。他觉得不应该溺爱孩子，不能惯坏孩子，要从小培养孩子吃苦耐劳的精神，于是他把还不到三岁的孩子送到了开车需要五个小时的名气很大的武术学校学武术，每年只春节接回家一个月。

孩子每次都哭得稀里哗啦，恳求父母不要把他送走，让他留在家里。但父母担心把他惯坏，还是坚决把他送回武术学校。

到了孩子十二岁那年，父母依然不肯让他回来。于是，孩子开始自残，自残了好几次，学校也害怕了……家长没办法，这才把快十三岁的他接回来了。

此时，他们发现：无法跟孩子沟通了。只要他们不满足孩子，孩子就会自残，家长就只能妥协。

他们还发现孩子的文化课一塌糊涂，虽然已经该上初一了，但文化程度还不如小学二年级的学生。家长把他送到辅导班，他也不肯好好学，对学习没有任何兴趣。他对玩耍很感兴趣，好像是要弥补幼年以来缺失的玩耍时光，但他几乎不知道玩什么，也不会和别人玩。

这是宠爱把孩子惯坏了吗？显然不是！这连溺爱都不是，这简直是虐待。

这样的例子我还见过不少。接触的案例越多，我越觉得，很多时候，所谓的"别把孩子惯坏了"，只是家长们强词夺理的借口而已。

【黑镜头】

老人喜欢喂饭，孩子不喜欢被喂饭。孩子吃了一点，吃饱了，就不吃了。但老人觉得孩子没吃饱，还要给孩子喂。

孩子不肯吃，哭闹。母亲看不下去，说："她不吃，说明吃饱了，别强喂了。"说着，把孩子抱走了。

老人在后面斥责："你会把孩子惯坏的！"

孩子出去玩，老人觉得孩子穿得少，要再给孩子穿一件。孩子不愿穿，老人逼孩子穿。孩子父母劝阻，说不用管孩子。

老人严厉训斥孩子父母："你们就是太娇惯孩子，孩子才这样不听话，你们这样会把孩子惯坏的！"

我很少见有惯孩子的，我见过的多是父母或者孩子的爷爷奶奶、外公外婆根本无视孩子的需要，在"惯自己"！

【黑镜头】

一岁多的楠楠有些艰难地拿着饮料瓶，想往自己的杯子里倒饮料。爸爸看到了，自然地接过饮料瓶，替楠楠倒。

没想到，楠楠不喝，直接倒掉了。

爸爸很生气。楠楠却继续给自己倒饮料。

爸爸又替她倒了一杯，楠楠再次把饮料倒掉了。

爸爸更生气了，看到楠楠还想继续倒饮料，爸爸怒了：我给你倒了两杯，你都倒掉了，你到底是想干吗？

显然，楠楠只是想体验自己独立倒饮料这个动作，但爸爸忽略了孩子的需求，剥夺了孩子做这个动作的权利。

如果有这样一对夫妻，一方以爱孩子为名，无视孩子的需要，拼命惯自己；另一方以不能惯孩子为名，摧残孩子，那孩子的身心还怎么健康成长？

现实中，父母尊重孩子，给孩子自由，并尽量满足孩子，容易被大家鄙视，说是溺爱孩子……想要爱孩子，就不得不承受很多这种世俗的压力，但这却是我们必须要做的。

5. 爱要遵循的两种原则。

第一，爱孩子，不能阻碍孩子的健康发展，不能阻碍孩子的心智成熟，不能压抑孩子的自我界限，不能限制孩子的发展空间。

【黑镜头】

孩子想做家务。

你说：做家务多累呀，别做了。

孩子想踢球。

你说：踢球多危险呀，被砸到怎么办？别踢了。

孩子一时心情不好，不想上学了。

你说：是啊，学习多苦呀，老师又不是爱与自由的教育，那咱就不上了，你就在家待着就好了，妈妈养你……

孩子生病了，却不肯吃药。

你说：我尊重你的决定，吃不吃药是你的自由。不想吃就别吃了。

孩子生病住院，医生交代，不能吃冰棍儿等寒凉的食物。

但孩子想吃。你说：想吃你就吃吧。这是你的自由，医生又不是警察，不能限制你的行为……

【黑镜头】

古代一个将军要选拔擅长潜水的人当水军，要求是能在水中憋气一百秒。一个少年很想参加，但是母亲测试发现他只能憋气九十秒。但母亲为了让孩子高兴，为了满足孩子的心愿，所以就虚报成绩，告诉孩子，你可以憋气一百秒。负责选拔的人是他父亲，就招他入伍了。

日常训练的时候，大家要憋气一百二十秒。但父亲不忍心孩子憋气那么久，每次在他憋气一百秒的时候，就说时间到。所以少年每次都比别人轻松。后来当水军打仗的时候，少年因为憋气时间不够长，被呛死了。

这些是爱孩子的表现吗？

不是，这些都违背了爱的第一条原则，是在限制孩子的发展空间，阻碍孩子的心智成熟，影响孩子的健康。

父母不能因为怕孩子受苦，就给孩子过度的保护，阻碍孩子的发展。有些苦是必吃的。

第二，爱孩子的同时，也必须爱自己。

我的自传写作班的一个群友讲了她自己难忘的经历，也说出了另一种悲哀。

【黑镜头】

她小时候渴望去吃麦当劳。那时麦当劳算比较贵，爸爸却答应了，她很开心。但爸爸给她点了一份套餐后，自己却一口不吃，就坐在那里看报纸，虽然他也没吃饭。她再三要爸爸吃，爸爸也不吃，她只好一个人吃，但却没有了那种快乐。

平时家里买水果，父母也都只让她吃，自己却一口也不吃。还告诉她：不用管我们，你自己吃就足够了……

也许很多人看到，会觉得：父爱多伟大啊，可怜天下父母心。为了孩子，父母宁可挨饿啊……但她的感觉，却是相当不舒服，很有负罪感。她很希望父亲可以和她一起吃，而不是让她带着负罪感独自吃。

孩子渴望要什么东西，父母也满足他了，但如果父母营造一种我为了满足你的欲望，不得不变得惨兮兮的氛围，那就会让孩子非常内疚。在孩子内疚时，怎么可能觉得温暖呢？他只会有负罪感。

爱孩子是好事，但父母如果不爱自己，总是牺牲自己去满足孩子，这种爱，也会给孩子造成伤害，比如导致孩子觉得父母在受苦，我怎么能够享福呢？我这样是有罪的吧？或者会导致孩子的认知出现问题，以自我为中心，认为父母就是不值得尊重、不值得爱，只用在意自己就够了。

在爱自己和爱孩子之间，要保持平衡。不要总是满足孩子，委屈自己；也不要总是满足自己，无视孩子。

【白镜头】

晴儿四岁时，有一次，我带她去小饭店吃饭。因为她吃得少，平时我们总是共吃一份面食。这次，她想吃热干面，我想吃牛肉烩面。这是完全不同的两种面食，怎么办？

我就问她：为什么想吃热干面，而不想吃牛肉烩面呢？

她告诉我，因为她的嘴太小了，牛肉烩面的面条太宽了，热干面是细面条，所以她要吃热干面。

我要吃牛肉烩面是因为有牛肉，而且带汤。

明白了晴儿的核心需求，我就让厨师用热干面的那种细面条，做一份牛肉面。

于是，皆大欢喜。

只要用心，大部分时候，都是可以双赢的。

当然，这是指涉及双方的事情。就像《PET·父母效能训练手册》一书所讲的那样，如果单纯是你自己的事情，或者单纯是孩子的事情，那我们应该遵守彼此的界限，不要越界。孩子的事情，孩子说了算。我们的事情，我们说了算。在涉及双方的事情时，则要争取双赢。

七、理想的母爱和父爱的区别

1. 理想的母爱。

罗杰斯说：爱是深深的理解和接纳。这在我看来，就是理想的母爱。理想的母爱，就是给孩子无条件的接纳、无条件的爱。

罗杰斯提出了心理咨询师对来访者的五个基本原则，分别是：真诚、尊重、热情、共情、积极关注。

这也是无条件的爱的具体表现。不过，大多数父母都做不到。很多父母对孩子做不到尊重和积极关注；少部分父母对孩子连热情都没有；还有更多的父母自以为是，根本不愿和孩子共情，不仅不积极关注，反而常盯着孩子的"问题"。

此外，比昂的容器理论，也阐述了理想的母爱状态：好的母亲，能够包容孩子的负面情绪，并把这个情绪净化后，再还给孩子。孩子就是这样在爱与包容的环境下，逐渐形成坚实健康的人格。

母爱如水，母爱主要体现在温柔的包容上，体现在理解和接纳上。母爱是给孩子充分的自由，不打扰、不干涉、不控制孩子。孩子求助当然要适当帮忙，但不会要求孩子去做什么。孩子做什么（只要不违反法律，不伤害自己或他人）母亲都支持，给孩子自由和无条件的爱。

2. 理想的父爱。

父爱如山，父爱是在尊重的基础上，更强调孩子的力量和发展。

斯科特·派克对爱的诠释，更像是理想的父爱。

理想的父爱是为了促进孩子的心智成熟，而不断拓展自己的自我界限，同时也带动孩子不断拓展孩子的自我界限，并积极主动地给孩子提供一些体验各种新鲜事物的机会。

母爱相对是被动的，孩子要什么给什么，玩什么支持什么。

父爱是主动的，主动带孩子去玩或学一些孩子自己见识所限、没能力看到的东西，及周边环境所无法提供的东西。

比如，孩子无论读什么书（除非是少儿不宜的书），文学书、百科知识类的书、娱乐性的漫画书、纯粹玩的书，母亲都不会去干涉，会允许孩子自由读书，孩子和母亲讨论时，母亲也可以参与。

父亲呢，会主动给孩子提供一些有助于开阔孩子眼界、提升孩子能力的书（这些书，以孩子的视野，可能接触不到），并鼓励孩子去读。

父亲还可以带孩子进行户外运动或其他有意义的活动。孩子未必会直接参与这些运动，但他至少可以在旁边看。

又比如，孩子要参加一个比赛，母亲的态度是给孩子做基础东西的准备，但不会对孩子有干涉。如果看到孩子紧张，会帮助孩子减压，会安慰孩子。

而父亲，会激励孩子以更积极主动的心态去参与挑战，去发挥自己最大的潜能，全力以赴达到目标。

成功之后，母亲会微笑着退居幕后；而父亲会和孩子一起大笑，一起庆祝这来之不易的胜利，使孩子对这场胜利记忆深刻，成为日后取之不尽的精神资源。

如果失败了，孩子沮丧地躲在房间里，不肯出来，母亲会给孩子做好吃的，会安慰孩子，告诉孩子：输了不要紧的，不要有压力；父亲可能会用温和的语言鼓励孩子振作起来，但也可能隔着门吼孩子：失败一次就屈了吗？你要做懦夫吗？从哪里跌倒，就从哪里爬起来！

也就是说，对孩子的成长而言，父亲比母亲更有指导性。但指导，不同于控制。鲁迅先生一百多年前就在《我们现在怎样做父亲》中讲过：

第二，便是指导。时势既有改变，生活也必须进化；所以后起的人物，一定尤异于前，决不能用同一模型，无理嵌定。长者须是指导者协商者，却不该是命令者。不但不该责幼者供奉自己；而且还须用全副精神，专为他们自己，养成他们有耐劳作的体力，纯洁高尚的道德，广博自由能容纳新潮流的精神，也就是能在世界新潮流中游泳，不被淹没的力量。第三，便是解放。子女是即我非我的人，但既已分立，也便是人类中的人，因为即我，所以更应该尽教育的义务，交给他们自立的能力；因为非我，所以也应同时解放，全部为他们自己所有，成一个独立的人。

这样，便是父母对于子女，应该健全的产生，尽力的教育，完全的解放。

罗杰斯提倡"成为你自己"，这更像是母爱。

母亲主要提供一个抱持性环境，无条件接纳孩子，让孩子觉得无论怎样做，无论自己多么失败或不上进，无论自己犯了什么错误，都不会被抛弃，都是被母亲无条件地爱着的。

母亲让孩子相信，无论怎样，他都是被接纳的，被允许的。因此，不论遭遇多大的挫折，孩子都不会自暴自弃，不会绝望。

只要孩子做自己想做的事情，成为自己想成为的人，对母亲来说，就足够了。

成为你自己，就是无条件地接纳自己，无条件地爱自己。

马斯洛则鼓励大家追求——"自我实现"，这更像是父爱。

自我实现，其实是建立在"成为你自己"的基础上，更进一步发挥自己最大的潜能，成就自己的梦想。父爱就是鼓励孩子自我实现的。

父亲提供一个激励性的环境，让孩子相信自己有能力发挥自己的潜能，追求自己的梦想，实现自己人生的最高价值。

父母尽量不要批评孩子。如果必须要批评孩子，最好由父亲出面，而不是母亲出面。父亲的批评，孩子会更重视。母亲是要给孩子抱持的环境，最好不要批评，给孩子内心一片永远的绿洲。

教大家如何做个好妈妈的专家和书很多，教大家如何做个好爸爸的书很少。

中国几千年的历史，好母亲的形象不少，好父亲的形象却很罕见。

希望未来，我们国家有越来越多的好父亲典型出现。

上面说的父母的分工，是理想化的。事实上，父母一方可能经常出差，或者是异地工作。还有一些家庭，父爱严重缺失。因此，所谓的父爱母爱，也不必这么严格区分。只是给大家提供一个思路。

如果妈妈是个激励派，爸爸更愿意做温和抱持派的话，也可以交换着来。

如果是单亲家庭的话，父母一方，也可以同时提供两种爱。

家庭中，要不要为孩子立规矩？

圣人处无为之事，行不言之教。
——老子

其身正，不令而行；其身不正，虽令不从。
——孔子

1.小时候，父母给你定过什么规矩？你当时是否认同？现在回头来看，父母给你定的规矩，哪些对你有益，哪些对你有害？

....

....

2.你认为父母是否要给孩子制定规矩？你给孩子制定了哪些规矩？依据和用意是什么？

....

....

3.你制定的规矩，孩子是否愿意执行？如果孩子不愿意执行，你会怎么办？

....

....

一、在家里给孩子树立规矩的八大弊端

大家都希望孩子成为一个守规矩的人。能遵守规则，当然是好事；但我们给孩子树立规矩，可能会产生很多弊端。这是需要大家警惕的。

1. 树立规矩，往往只是压抑了问题，并没有解决问题。

树立规矩，会压抑孩子情绪的自然流动。

情绪就像天气，心随境转，自然流动，来去自如。

小孩的行为，往往都是随心情而动的，不像成年人。小孩不会压抑自己，不会表面笑嘻嘻，内心咬牙切齿；不会表面悲伤，内心暗爽……

不过，如果父母树立了规矩，那么问题就来了。孩子的行为，就不再是跟随内心自然流转了。孩子开始压抑自己了。孩子的行为被规矩给限制住了。

比如孩子愤怒了，可是家长不允许。孩子想摔个东西，或者想怒吼一下，可规矩不允许。于是，孩子压抑了愤怒，把愤怒憋到了自己的心里。

大家觉得这愤怒发泄出来好，还是憋在心里好？

我小时候经常肚子疼，就是因为被父母气着了，但是我又不能攻击他们，不能发泄出来，于是这股怒气就只能憋到肚子里，转向自我攻击。所以就经常毫无病理性地肚子疼。

有的孩子愤怒被压抑了，于是开始咬指甲，于是父母又制定了一个新规矩：不许咬指甲。结果，孩子内心被压抑得更厉害了，只好采取更隐蔽的措施来释放自己的压抑。比如偷偷用拳头砸墙，甚至拿头撞墙，等等。但是父母看不到孩子外在行为的问题了，于是就满意了。

这就是我常说的，庸医把中箭士兵裸露在外面的箭头给剪断，然后贴个创可贴，就觉得治好了。

很多规矩，就是起这个作用。它只是把外在的行为给压抑、控制和掩盖了，并没有真正解决问题。

【黑镜头】

小时候我家养了一条狗。每次狗在院子里拉屎或撒尿，我妈就会训斥狗。后来，狗就不在院子里大小便了。我妈很得意，觉得自己管教有方。

后来有一天，我到我家平房顶上一看，我的天，满房顶都是大小便……

看不见，不等于不存在。小孩和小动物一样，如果你树立很多规矩，孩子就会把问题都压抑隐藏起来。父母看不到，很满意；但这绝不代表孩子就真的没有问题了，也许问题反而更多、更严重。

【黑镜头】

有一年，我爸不知道从哪里学到一句话，他可能觉得这句话很幽默，于是经常用。

我妈说：肚子疼。

他说：你不说谁知道？

我妈就沉默了。

我弟弟说：我头晕。

他说：你不说谁知道？

我弟弟就不再吭声了。

……

后来，我妈肚子越来越疼，实在受不了，到医院一检查，问题特别严重。

医生责备道：你怎么现在才来？再晚来几天，恐怕命都保不住了。

我弟弟忍了几年，实在受不了了，我爸才带他到市里医院，虽然不是大病，但却是很麻烦的慢性病。这病导致他头晕几年，没法学习……

否定问题的存在，并不能让问题得以解决，很多时候，反而让问题越来越大。

一个人身体有问题，但医生只给他吃了很多止痛药，感觉不到痛了。这能说病好了吗？这只是疼痛止住了，实际上病可能更严重了。

当孩子出现频发的严重行为问题时，也是伴随着心理上的创伤的。此时，应该做的是去观察和疗愈孩子的内心，而不是只在意孩子的行为是否违反规矩。

树立严格的规矩，往往会掩盖孩子真正的问题。而孩子不敢暴露问题，绝非好事。

2. 给孩子树立规矩，容易诱发孩子与规矩对抗。

有人说：家里必须要有规矩，比如必须尊重父母，不能打骂爷爷奶奶……

首先，如果是一两岁的孩子，打父母或爷爷奶奶，都是很正常的行为。因为他们的语言能力还未完全形成，只能靠肢体动作来表达心声。父母应该包容，做孩子的容器。

其次，如果是八九岁的大孩子了，你还担心他们打骂父母或爷爷奶奶，这也太看不起你自己的孩子了吧？而且你定这样的规矩，只会诱惑孩子在心情不好时，故意打骂父母或爷爷奶奶。孩子会为了引起你的注意或为了报复你，而故意和你作对。你的规矩，刚好就是他发泄的出口。

还有人说：必须制定个规矩，比如东西不许乱扔。

这同样是在提醒和诱惑孩子：原来父母不希望我这样做。那当父母惹我生气的时候，我就偏要这样做。

假如孩子故意摔打一个东西时，我们作为父母，应该关注的是什么？是这个东西，还是孩子本身？

我们不是这个被摔打的东西的父母，我们是孩子的父母。我们的关注点应该放在孩子身上，放在孩子内心的感受和需求上，而不是放在孩子外在的行为上。

如果我们看到孩子摔打东西，就火冒三丈地去训斥孩子，我们重视东西，为什么会胜过重视孩子的情绪？

如果孩子摔打的是成千上万元的珍贵易碎的东西，那训斥也是可以理解的。如果只是几块钱的东西，那你怒不可遏地训斥他，原因是什么？

是因为他胆敢忤逆你，伤了你的自尊？还是因为匮乏心理导致的重物轻人？

小孩的外在行为，表达的是他内心的感受和需求。我们需要透过行为的表象看到孩子内在的感受和需求，明白孩子为何会这样做；然后从根源入手，理解孩子的感受，满足孩子的需求。孩子自然就会变得平静。

3. 树立规矩，就会在孩子违规后进行惩罚，这违背了无条件的爱。

孩子是否每天必须要刷牙？很多人说，必须刷，不然孩子的牙不好。

孩子每天刷牙，当然是好事。但好事不是必须要定个规矩才能执行。

如果你的孩子非常抗拒刷牙，就是不肯刷牙怎么办？你是打他呀，还是骂他？还是把他关小黑屋，或者以不给他零花钱，不给他买玩具要挟？那这不和无条件的爱相违背了吗？

怕孩子的牙不好，然后强迫孩子去刷牙，这是只关注了孩子的表面行为习惯，而忽略了孩子的内心感受。以牺牲孩子的自尊心、自律性为代价，让孩子每天刷牙，这代价是不是太大了？

这个问题，尹建莉老师也回答过，她给了三个建议：

（1）父母做表率。

（2）制造成就感，比如弄个挂历本，孩子哪天刷牙了，就给画个小星星。但不要求孩子每天都必须刷，而是孩子主动刷了，就画个小星星。不刷了，也淡然处之，不因此批评孩子。（这句话最重要，这个方法，是行为主义心理学提倡的阳性强化法，就是孩子做错的时候，就当没看见；孩子做得好的时候，及时给予奖励或表扬。很多家长的教育方法往往是相反的，孩子做得好的时候，他们忽视；孩子做得不好的时候，他们立刻批评……）

（3）如果孩子就是不愿刷牙，那就顺其自然吧。牙刷没发明之前，人类也照样好好地活着啊。孩子大了，自然就刷了。

这三个建议，都不是强迫孩子的，都不需要制定什么家规。

我也没有把刷牙制定成家规。

【白镜头】

最初，晴儿也不喜欢刷牙。我就给晴儿讲故事，寓教于乐。

通过讲《牙齿大街的新鲜事》，让晴儿认识到，如果不刷牙，小恶霸哈克和迪克就会在我们的牙齿里干坏事。我还给她讲过很多我自己编的故事, 比如牙齿里有个牙齿公主, 如果不刷牙, 牙齿公主就会变得不漂亮了, 所以她需要你刷牙来帮她变白。还说一只小兔子太爱吃糖了, 不刷牙, 结果牙齿都变疼了, 胡萝卜也咬不动了, 只能喝水了……

这些故事, 潜移默化地让晴儿变得乐于刷牙了。

晴儿六岁后, 我开始让她用儿童电动牙刷。她非常喜欢电动牙刷刷牙的感觉, 从那以后, 她更喜欢刷牙了。

不用树立规矩就可以办到的事情, 为什么非要制定成家规呢? 立规矩后, 如果孩子违反了规矩, 我们要怎么办呢?

如果置之不理, 那就等于立了个废规矩, 让孩子发现父母定的规矩只是摆设, 没什么用, 就会缺乏敬畏规则的意识。

假如孩子违反了规矩, 我们就惩罚他, 不论是打手心、关小黑屋、冷处理、责骂等, 这又都违反了无条件的爱。

如果父母爱的只是一个不犯错的孩子, 那当孩子犯错了, 或者未来做错事遭遇挫折了, 他就不敢告诉父母, 会向父母隐瞒。

树立规矩, 然后孩子违反就惩罚, 这会破坏孩子和父母之间的亲子关系, 也会导致孩子缺乏安全感, 让孩子认为父母不再是自己的保护神了。这是很可悲的事情。

尹建莉老师说过: 爱就是无条件的接纳和支持, 有条件的爱都不是真爱。

只有无条件的爱, 才能让孩子觉得父母是自己的避风港。

4. 树立规矩, 会压制孩子的内驱力。

【黑镜头】

小学四年级时的一个周末, 我正打算去找同学张三玩。

我妈说: 你去张三家玩吧! 你们是朋友, 朋友得多联系……

听了这话, 我就不想去了, 还感觉非常憋屈。

因为这本来是我自己打算做的事情, 被我妈这样一说, 仿佛我是在执行她的命令。我做事的独立性被剥夺了, 变成了被命令、被要求了, 于是, 那种想去的感觉就荡然无存了。

【黑镜头】

一个小孩，看到表姐了，正准备去喊"姐姐"。

这时妈妈说：快喊"姐姐"，要做个有礼貌的孩子。

听了这话，这个小孩就不想喊了。

因为他本来是出于对姐姐的喜欢而自发喊的，但被妈妈这样一说，他就似乎变成了不懂礼貌的孩子，要靠妈妈指挥，才知道去打招呼。

孩子刷牙也是这样，特别是年纪小的孩子。如果你把刷牙定为规矩，孩子刷牙的主动性就被扼杀了，孩子刷牙的成就感和快乐也就消失了。

我们可以创造条件，让孩子喜欢上刷牙，习惯每天刷牙，但是我们不要把每天刷牙制定为规矩，并强迫孩子执行。

把一些原本可以自发去做的行为制定成规矩，会降低孩子做这件事的主动性，这和我们的初心相悖。

另外给孩子设置很多不必要的规矩，就等于给孩子头上套了一个又一个的紧箍咒，让孩子的大脑里多了一层层束缚，并且也是对孩子的不信任。套的紧箍咒越多，孩子也就越不自由。身上都是绳索的话，还怎么"天高任鸟飞"？

所以，老子说：多言数穷，不如守中。（政令繁多反而使人困惑，不如保持虚静。）

5. 树立规矩，会导致父母"看不见"孩子。

我一直提倡，父母要把心放在"看见"孩子的感受和需求上，而不是只盯着孩子外在的行为和言语。

【黑镜头】

上初一的北北偷偷抽烟，被父母发现了。

爸爸火冒三丈，把北北严厉地训斥了一番，要不是妈妈拦着，他甚至想揍北北一顿。

他给北北看吸烟有害健康的资料，并痛心疾首地表示：你怎么能做出这种事？我太失望了，你完了，你这辈子没希望了。

这个可能是大多数家长的反应吧？

【白镜头】

如果我发现孩子偷偷抽烟了，我心里可能也会略有些不爽，但这是次要的，我主要在意的是：孩子遭遇了什么，让他小小年纪就开始抽烟了？

所以，我会去询问他最近是否遇到什么人生难关了，是不是有什么难解的心事。

如果他告诉我了，我会认真倾听、共情，并帮他分析。至于抽烟的事情，我提都不会提。因为相比孩子遇到的难题，抽烟实在算不上什么。抽烟也许只是孩子一时解忧的手段。

如果他一切都很好，这时，我再提抽烟的事情，询问他抽烟的原因。

如果他欲言又止，我会告诉他，我不会因为他抽烟批评他，我只是担心他抽烟是因为遇到什么难过的坎儿了。我会鼓励他有什么心事，放心说出来，我不会批评他。

如果他只是一时好奇去抽烟，或者其他小伙伴都抽烟了，他也想尝试一下，我会和他交流抽烟的感觉和危害……

我们制定的规矩，无疑都是针对外在的行为或言语，而不是孩子内心的感受和需求。所以，过于看重规矩，就等于舍本逐末，不可避免地会僵化刻板，"看不见"孩子。

《父母效能训练手册》这本书提过一个有意思的观点：

很多人会说：我接纳你，但我不接纳你的行为。

这种说法，并不会让孩子感觉好。孩子依然会感觉你在排斥他。

因为你没有真正看见孩子，你的注意力，依然是在外在的规矩上，而不是在孩子内心的感受和需求上。

也就是说，你更在意规矩是否被遵守，而不在意孩子身上发生了什么事情。

我们应该做关心孩子的父母，而不是规矩的守护者。

【黑镜头】

一个拿着汉堡的小孩，看到前面的充气城堡很开心，他一边回头喊妈妈，一边快步往充气城堡那里跑。结果被绊了一下，摔倒了。他刚爬起来，就被妈妈说了一顿……

小孩听妈妈一直在唠叨他，生气了，把汉堡扔了。小孩妈妈非常生气，因为小孩违背了她定下的珍惜粮食的规矩，所以她罚孩子抄写"锄禾日当午，汗滴禾下土"十遍。

这个妈妈看见了孩子外在的行为，看见孩子违反了她制定的规则，却没有看见孩子的内心感受。孩子把手中的汉堡给扔了，这自然是不好的行为；但孩子扔汉堡，是不知道"谁知盘中餐，粒粒皆辛苦"吗？不是的，他是因为内心很愤怒，所以才扔掉手中的汉堡发泄。如果手中是玩具，他也一样会扔。

父母需要关注的是孩子为什么愤怒，而不是只在意他的具体行为表现。当然，先理解和接纳了孩子的愤怒，再顺便教孩子如何用更好的方式表达愤怒更好。

6. 树立规矩，会导致孩子成为他律而非自律的人。

用规矩来教育孩子，有什么好的效果呢？

无为教育创始人周宝军认为：用规矩来教育孩子，对父母有两个好处：

（1）化解自己的内疚。不是我想惩罚你，规矩就是这么定的。我也是迫不得已，我也不想打你，但是不得不打你。

（2）降低孩子的愤怒。早就告诉过你，做什么会有什么样的后果，你明知故犯、咎由自取。要怪就怪你自己吧……

但这样做，显然对孩子未必是好事。它会让孩子学会不为自己负责：我不想玩啊，但是朋友们都叫我去……

周老师认为：不假思索地听话，是盲从，甚至是屈从。它表明你不能做自己，做自己不安全。经过判断之后，听话，则是听从自己的话，是从善如流。让孩子听话，无疑是违逆天性的。

古往今来，能做出一番成就的人，都是勇于打破陈规，而不是死守规矩的人。

从小要孩子遵守你定的规矩，结果就是孩子形成了他律，而不是自律。

周老师认为：

自律是建立在移情的基础上，就是换位思考，我这样做，会给他人带来伤害吗？

他律则是只考虑自己：这样做，对我有什么好处？对我有什么坏处？别人如何他是不在乎的。比如在规则森严的地方，他会收敛；规则松的地方，他就会肆意侵犯别人了。他考虑问题，只看自己会不会受到惩罚，会不会有利益，而不考虑别人。

自律的人，则是不论是否有规则，是否有惩罚，都只做自己认可的、不会伤害他人的事情。

下面是我亲子日记群一个群友提供的例子，也形象地说明了这一点：

【黑镜头】

这两天我家里来了一个非常守规矩的很温和的孩子，我对这孩子第一印象非常好。但是过了三四天，我发现这孩子特别喜欢损坏玩具，家里玩了很长时间都没坏的玩具，都被他弄坏了。

我发现他对待玩具很暴力，把玩具放在自己的对立面，去摔打折磨，嘴里还念念有词。后来我还发现这个孩子和小朋友玩的时候，先后打了好几个小孩。

他爸爸很不解，很不好意思，说：孩子在家都是很守规矩的呀！

我觉得这个孩子就是典型的守规矩，但是他的内心有愤怒，所以在其他地方就表现出来了，比如摔打玩具、打人。他的问题，比不高兴就简单哭闹的孩子要严重，孩子的爸爸在跟其他大人道歉，总是叮嘱孩子不许打人。但是孩子如果不打人了，也许新的问题又来了。

这个孩子就明显是他律，而不是自律。

过于严格的规矩，会导致孩子内心积压很多愤怒无法释放，于是就会迁怒到玩具或其他孩子身上。这孩子都开始念念有词了，如果不赶紧给孩子松绑，允许孩子在家里释放愤怒，还继续严格控制孩子守规矩的话，孩子的压抑会更深，未来堪忧啊。

作家桑榆晚也说过：

自律的基础，不是延迟满足，不是内心秩序感强，而是对自我价值的认可。

能够自律的人，必然是高自尊的人。懂得自尊自爱的孩子，才有能量去对抗人性，克服惰性。长期的逼迫，反而是对自尊的伤害；真正的尊重，才是自律的第一步。

7. 要求孩子死守规矩，是思维僵化的表现，也会损害亲子关系。

心理学家曾奇峰有个观点：

严肃的父母是坏父母，因为他在内心深处跟儿女界限不清。严肃是对爱、亲密和快乐的防御。严肃还可能是智力障碍的一种表现形式，在幻想层面以情绪上的收缩来弥补智力的不足！

当我们一本正经给孩子制定了规矩，孩子违反了规矩，我们严肃地批评孩子时，不就是缺乏爱、缺乏智力的表现吗？

有什么话不能心平气和地说呢？当我们一脸严肃，甚至凶神恶煞地用一张扭曲的脸对孩子咆哮的时候，孩子感受到的只有恐惧，而不是什么规矩。

咆哮完，家长认为孩子应该认识到了错误，记住了教训。但其实，孩子往往并不会认识到错误，反而会有劫后余生的感觉。至于刚才父母说了什么，他们一句也记不住，只知道父母发火了，而自己吓得瑟瑟发抖，什么都听不见。

另外太强调规矩，就是无视人的自主性和自由，把人搞得僵化了。

【黑镜头】

有个人给儿子定了个规矩——每天起床后必须立刻叠被子。

有一天，上小学四年级的儿子起床晚了，快迟到了。饭也没顾上吃，赶紧往学校跑。

他起床后，照例先到儿子的房间巡查，发现被子居然没叠？！

他勃然大怒，骑着电动车赶到了儿子学校门口，不顾保安阻拦，一脸杀气地闯进儿子的教室，硬生生地把儿子拖出来，只留下目瞪口呆的一众同学和正在讲课的老师。

他要求儿子必须立刻回家叠被子！

儿子央求说：我正在上课，等放学回家再叠，好吗？

但他说：规矩必须遵守，绝对不能破例，否则就功亏一篑了！

他不顾儿子的哀求和反抗，强行把儿子扭送回家……

儿子回家叠完被子，又郁郁寡欢地去学校了。

他却很自豪：我为培养儿子守规矩和叠被子的好习惯真是煞费苦心啊！

也许有一天早上，这个强制儿子叠被子的人突发心脏病，跌倒在床下的时候，他刚起床的儿子是立刻去救他呢，还是先把被子叠好再说？

还有这样一个新闻：

【黑镜头】

一位扬州的妈妈认为，必须珍惜粮食，不能剩下一粒米。但有一天，她上高三的儿子怕迟到，饭没吃完就急匆匆去上学了。这个妈妈就跑到学校，当着众多同学的面，把儿子硬拽了出来，要求儿子必须回家，把饭吃完了再上学。

儿子深感被羞辱，于是红着脸，含着泪，回家吃完剩饭后，没有再上学，直接离家出走了。

这些看起来很荒诞的故事，却不是虚构，都是真实的新闻。这些过于讲规矩的家长，做事太僵化了，一点灵活性都没有，而且他们丝毫不在意孩子的尊严，太可悲了。

这种只着重训练孩子遵守规矩的做法，就等于在驯兽，显然会破坏孩子的安全感、亲密感和成就感，是得不偿失的。

8. 给孩子树立严格的规矩，是在切断孩子与身体的天然链接。

比如最简单的吃饭、睡觉和大小便的问题。

有无数家长认为，孩子吃饭必须管，睡觉必须管，大小便必须管。

他们认为如果孩子吃得太少，不利于健康，也有家长认为吃得太多影响健康；还有很多家长认为孩子必须按时睡觉，否则对健康不利；甚至有一些家长认为，如果不强制训练孩子大小便，孩子就会一直尿床……

如果我们只看暂时的情况，这样的理论就很有迷惑性。但如果我们用长远的眼光来看，就会发现这样对待孩子，无疑是错的。

下面是"爱自己·与身体链接群"群友的分享：

【黑镜头】

（1）我小时候被父母控制饮食，两三岁的时候，因为吃得慢或吃不完会被打。长大后，我有持续多年的饮食障碍，无论如何都不能接受自己剩饭，哪怕是吃到撑，吃到胃痛。

（2）我老公也是，不仅自己吃得一粒不剩，连我和孩子剩的，他都要吃完。

（3）小时候家里管得太严，不让我多吃饭，以及我的需求总是不被满足，导致我对于吃总是特别饥渴。明明不饿，却总想吃，但一吃就吃撑的情况，常常发生。

从这些群友的经历中，我们可以发现，家长设定的这些规矩，都是在控制孩子，都是在割裂孩子与身体本能的天然链接，让孩子无法正常地对待饮食。

还有这样近乎段子的故事，在很多家庭上演：

【黑镜头】

孩子吃了一碗饭后，问：妈妈，我饱了吗？

妈妈：你没饱。再吃一碗。

孩子：可是我真的不想吃了，我好像饱了。

妈妈：我说没饱就是没饱。你再吃一碗。

要求孩子按时睡觉的家长，也同样如此。表面上看似乎是让孩子养成好习惯，其实也是割裂了孩子与身体的链接，导致孩子未来入睡困难或迟迟不愿睡觉。

【黑镜头】

有对父母，认为孩子如果从小就养成放学回家先做作业，做完作业再吃饭的好习惯，后续会轻松很多。于是，他们就制定了这样的家规。

孩子也非常配合，总是先写完作业，才吃饭。哪怕有点饿，也会忍着。父母为此非常自豪，觉得自己的孩子很懂事。

后来随着孩子年龄增长，作业也越来越多，孩子吃饭的时间也越来越晚。父母开始心疼孩子，就让孩子先吃饭，吃完再接着做作业。

但是孩子不肯吃饭，非要做完作业再吃。父母又极力劝说她先吃饭，后来她得了厌食症……

孩子的厌食症，和父母制定的这个不合理的家规，是密切相关的。在孩子年幼、作业还少的时候，先做完作业再吃饭，影响不大。但如果这个变成了固定的家规，那随着时间的推移，副作用就会越来越大了。

我还看到一篇文章，认为必须对两岁以上的孩子进行如厕训练。父母要孩子跟赶场的明星一样，一看到厕所就赶紧撒尿……这显然是会打破孩子与身体的链接的。不少孩子都有大小便被严管后失控的问题。

还有小孩的尿床问题，孩子一尿床，父母就很紧张，把孩子打骂一顿，孩子就会更担心和紧张，于是就更容易尿床了。很多问题其实原本都是小问题，但是家长太过重视了，特别是采取了错误的教育方法，比如打骂孩子，然后反而变成大问题了。

给孩子制定规矩的弊端还有不少，不列举了。

我前面讲了那么多立规矩的弊端，肯定会有家长问：那不设规矩，是不是孩子随便怎样都行，家长都无权干涉了？

当然不是。因为即便我们不给孩子制定什么规矩，也还有学校和社会的规矩，还有法律法规。

二、幼儿园和学校的规矩

有很多人说，你不给孩子树立规矩，但孩子到了幼儿园，幼儿园会强调孩子必须遵守规矩呀？

没错，幼儿园的确有不少规矩，比如说话要先举手，上厕所要排队，必须午休，等等。这些规矩是学校为了便于管理而制定的，不代表在哪里都要遵守。这些规矩，孩子在幼儿园遵守就够了。让孩子在幼儿园之外还遵守，那就是对孩子的摧残了。

比如有的幼儿园，厕所太少，还有点远，于是制定了一个校规：每十五分钟，男女生轮流去上一次厕所（哪怕孩子并不想上）。除了这个时间外，不许上厕所（不然老师忙不过来）。

这样做，可以最大限度地避免孩子们尿裤子，方便幼儿园的管理；但不代表这样对孩子的身体发育更好，因为它打乱了孩子自己大小便的正常节奏。

只是幼儿园条件有限，老师也有限，没办法照顾得那么精细，只能这样凑合了。但在家里是完全没有必要规定孩子必须十五分钟或半小时大小便一次的，应该尊重孩子自己的节奏。

又比如学校要求学生发言前，先举手，这个规矩也是为了方便老师管理，不至于大家一起发言太乱；但你在家里无须给孩子制定个"说话前先举手"的规矩。

幼儿园需要规则来方便老师们的管理，家庭需要规则方便家长管理孩子吗？不，家庭需要的是给孩子提供适合他们成长的环境，需要让他们放松，自由地舒展和释放。

所以，幼儿园的规矩，在幼儿园遵守就已经够了，无须在家里也刻意要求。

我们可以给孩子解释，为什么要遵守幼儿园的规矩，为什么在家里不需要执行这样的规矩。这样孩子理解了，就更容易发展合作能力了。

幼儿园的规矩，一般情况下我们需要让孩子遵守，但在特殊情况下，也可以不遵守。因为规矩是为人服务的，不能与孩子的身心健康发展相冲突。

【黑镜头】

晴儿上幼儿园的时候，每天是坐校车上下学的。有一次放学回来，我看到她很不高兴，就问她发生了什么事情。

她说：在校车上，一个同学老掐我。

我问：那你反击了吗？

她说：没有，老师不让打架。

我问：那你告诉老师了吗？

她说：没有，老师不让我们在校车上说话……

晴儿这就是太遵守规矩了，以至于自己受了欺负，却只能默默忍受。

我赶紧告诉她：规则是为了保护我们的，不是为了限制我们的。老师说不让说话，是指在没有意外的情况下，不要说话。如果发生了意外，比如不小心摔倒了，或者老师带大家下车时把你遗忘了，或者被某个同学打了，你都可以大喊。你的人身安全，才是第一位的。

孩子需要了解这些规矩，尊重这些规矩，但不是必须把这些规矩放到至高无上的地位。他们自己才是最重要的。

三、公众场合的规矩

再来说说公众场合的规矩，这是约定俗成的，是为了方便大多数人的，所以一般情况下，我们都需要遵守。

但在特殊情况下，即便是公众场合的规矩，也不是必须时刻遵守的。因为规矩是死的，人是活的。规矩是为人服务的，人不是规矩的奴隶。

比如公众场合，有"不要大声喧哗"的规矩。但是，当孩子在公众场合，被坏人挟持或伤害的时候，就不必遵守公众场合不要大声喧哗的规矩。当孩子不小心被一个桌子压在下面的时候，也是可以高声呼救的。就像晴儿在校车上被同学掐的时候，也是可以违反老师"校车上不许说话"的规矩的。

如果孩子明明不是特别急，还非要在公众场合大小便怎么办？

我不会像某些极端的"爱与自由"派那样，认为孩子是自由的，公众场合可以随意大小便。但我也不会认为应该不问缘由，就因为这些行为，去惩罚孩子。

如前所述，大小便，只是外在的行为，我们首先需要了解的是孩子的内在心理。内在的问题解决了，外在的行为就自然消失了。而刻意制定这个规矩，只是让孩子把外在的行为压抑到内心或更隐蔽的地方了而已。

四、法律和涉及生命安全的规矩

1. 孩子或许不懂，但监护人必须遵守法律法规。

法律形成的规矩，是为了保护我们的人身财产安全，并震慑坏人。所以，我们需要了解法律法规，这样才能更好地保护孩子。类似的规矩还有医生的医嘱等。

红灯停、绿灯行，违反了这一法规，就可能出现人身伤亡，所以，这些是我们和孩子，都必须遵守的。

【黑镜头】

2010年的一天，美国亚利桑那州某私人飞机坠毁。警方立刻赶到，看到了飞机残骸和五具尸体。直升机主人是亿万富翁托马斯。

是意外，还是谋杀？

警方花了三年时间，都没调查出真相。还好，三年后，黑匣子修好了，真相这才浮出水面。

原来，托马斯一家在上飞机时，五岁的女儿执意要坐副驾驶的位置。飞行员告诉她，小孩子不可以坐副驾驶位，很危险；但小女孩坚持要坐副驾驶位。最终，老来得女的托马斯对飞行员说："没问题，我抱着她坐副驾驶位好了。"

后来，小女孩开始乱踢乱动，托马斯数次警告坐在膝盖上的女儿不要乱动，但女儿不为所动。

面对任性的女儿，托马斯只能无奈地笑着说："这丫头一点不像当年的我。"突然，托马斯对她大叫："你想找死吗？给我待着别动。"紧接着，飞行员大叫："糟糕，操作系统失灵！"一阵杂音之后，飞行员又大叫："飞机要坠毁了……"原来这起悲剧的原因居然是调皮的孩子一脚踢坏了驾驶系统。

这个结论，推翻了警方的各种猜测，令所有人都唏嘘不已：原来真相就这么简单，也这么令人遗憾！仅仅是因为这个富翁溺爱孩子，没有遵守规则，让女儿坐上了副驾驶位，就造成了无法挽回的悲剧。

孩子年龄小，有时候不可避免地会任性，会不愿遵守必要的规则。但父母作为监护人，必须要遵守规则。这个事情，表面上是孩子不遵守规则，实际上是大人因为溺爱，违反了规则。如果大人不违反规则，不让孩子坐副驾驶位，就让孩子坐后面，那即便孩子还是哭闹，也绝不会导致机毁人亡。

监护人必须尽到监护的责任。

我让晴儿看过不少交通事故的小视频，也让她看过马路上被轧扁的刺猬、蚯蚓或其他小动物，让她明白过马路要注意来往车辆。所以，虽然我没有严厉地要求晴儿，但是她却非常自觉地遵守交通规则。

我也让她看过不少人踩井盖导致的悲剧，所以，她走路也很注意绕开井盖。

【黑镜头】

一个孩子因为要做全麻手术，医生特意交代：十二小时内禁止饮食，六小时内禁止饮水。

快进手术室的时候，孩子说了句"有点饿"。

奶奶心疼孙子，就偷偷给孙子喂了一些食物，怕医生说，就没告诉医生。

结果，孩子没下手术台。

孩子说"饿"正常，但是破坏规则的，不是孩子，而是孩子的奶奶，是她违反了医生的禁令。涉及孩子人身安全的事情，我们必须遵守规则。

孩子饿，我们可以鼓励孩子，再忍耐一下，等手术后可以进食的时候，带他吃最喜欢的东西……画饼充饥，相信孩子是可以接受的。

一项研究表明：六岁前的孩子，还没有污染的概念，在可乐里放一只蟑螂，他们会拒绝喝，但把蟑螂拿出来，他们就愿意喝。六岁以后，把蟑螂拿出来他们也不喝了。三岁前的孩子，则是可乐里有蟑螂，也照样喝。只要不碰到蟑螂，他们就不介意。

六岁前的小孩没有污染的概念，也还不太具备判断力（地上的食物是否能吃），又关乎生命安全，所以监护人应该负起这个责任。

在晴儿小时候，我给她说过一条我自己制定的"规矩"：不要捡地上的东西吃，因为有些可能是有毒的。

我曾见她捡起地上不知谁掉的糖果要吃，所以我急忙制止，并用讲新闻故事的形式告诉她，地上的食物可能有毒或过期了。我并没有强调必须遵守这个规矩，我只是告诉她，地上的东西，可能是有毒的，吃了会生病，会肚子很疼……晴儿就自愿接受了这个规矩，不再捡地上的东西吃了。

这只是暂时性的规矩，等她稍大一点，自然就不会再随便捡地上的东西吃了。

2. 利用规则，保护孩子。

学法律，包括学交通法规和其他规则，都是为了最大限度地保护自己，也避免伤害他人。随着孩子长大，我们要给他们讲相关的法律。他们不需要死守什么规矩，但他们需要了解和敬畏法律法规。

就像我们要让孩子了解火和电，不是为了让他们恐惧和远离火与电，而是学会运用火与电来更好地服务自己，并避免伤害自己和他人。

怎么了解呢？比如让孩子感受下暖水壶的瓶塞，他们就不会再靠近暖水瓶。而那些不适合孩子直接体验的呢？可以借助一些视频或小实验来让孩子感受。

网上有不少这样的短视频：让孩子看到鸡蛋从桌子上滚下来摔碎了，孩子就不上桌子了；让孩子看到苹果被门缝给夹碎了，手自然不往门缝塞了……

法律法规和家长制定的规矩有什么不同呢？法律规则，不是家长自己制定的，是国家制定的。不是只有孩子要遵守的，家长同样是必须遵守的。家长和孩子在法律法规面前，是平等的。所以，孩子也更容易接受。

也就是说，孩子遵守规则，不是听父母的话，而是大家一起遵守规则。

五、无为而治与放任自流

除非严重影响到孩子的身心健康，否则，我不赞成家长单独再给孩子立什么规矩。但不立规矩，不代表就是纵容孩子，认为孩子做得都对，或放任不管。

老子倡导"无为而无不为""圣人处无为之事，行不言之教"。落脚点在"无不为"和"教"上；既不是放任自流，也不是提倡和自然较劲。

四感教育创始人岳晓亮老师提倡：要无为而治，而不是放任自流。

这两者有什么区别呢？岳老师认为：

放任自流是：无方向、无边界。
无为而治是：有方向、有边界。

无为而治的关键点是"治"，意思是，只要孩子沿着正确的方向走，没有走偏，在一定的边界内，那他们走得快一点还是慢一点，都是没关系的，无须去干涉。但如果方向偏了，就是需要去干预的。

比如孩子在公园玩，怎么玩都行，家长只要在旁边看着就行。他需要支持了，我们给予支持，不需要支持我们也不用管，这叫无为而治，也是爱与自由里的自由。但是如果孩子跑到喷泉边了，或者要跑到公园外面了，那家长就得赶紧跟上去。

很多人把爱与自由理解偏了，他们把自由理解成放任自流了，就是没有预设任何方向，没有边界，走到哪儿算哪儿，孩子怎么发展全看天意。孩子不想上学，那就不上吧。孩子生病不想吃药，那就不吃吧。孩子想辍学去网吧玩游戏，也允许孩子这样做……

这就是放任自流，不负责任了。

一个正常的孩子，会走错方向吗？有可能会。因为孩子年龄小，一些具有迷惑性的东西，是容易让孩子走偏的。家长作为监护人，是需要负起责任的。

吃到有害或过期的垃圾食品，交错一个朋友，看错一本书，误入某个有害的网络社群，都可能把孩子带偏。

有个十四岁的女孩，新交了一个朋友。朋友拉她到一个文身群，里面很多人都文身了，还在秀各种文身的照片。朋友也忽悠她去文身，说这样很酷。青春期的女孩，带着叛逆和渴望得到归属感的心理，也吵着要去文身。

这时候，家长是放任自流，还是制止孩子的行为呢？

显然应该制止，并告诉孩子文身的危害。比如文身了，长大会影响找工作，大多数单位都不招收有文身的人。有些人后悔了，想要洗掉文身，却因为过程实在太痛苦了，只能作罢。即使少数人忍受了这种痛苦，也会留下一片丑陋的伤疤。

孩子还是未成年人，我们必须负起监护的责任。要晓之以理，动之以情，而不是直接以打骂或断绝关系来威胁孩子。我们要先去了解孩子为什么想去文身，只有找到原因，才能对症下药。

监护，不是控制和指责，你只能控制一时，却不可能一直盯着孩子，孩子当下越压抑，后面逆反得越厉害，所以我们要从孩子的角度出发，先去理解和接纳孩子的情绪感受（不要批评）和内在需求，并且要透过孩子的需求看到他欠缺什么。

如果她是渴望被关注、被肯定、被赞美，那我们要先及时地满足孩子的这种心理需求，去关注、肯定、赞美孩子。告诉她，我们理解她的爱美之心，我们也一直觉得她很美，文身对她来说，是画蛇添足，是在珍珠上绣花。

如果她是渴望有归属感（比如她没有朋友，但在文身群，她觉得如果自己去文身了，就会有一堆朋友了），我们也需要先去共情和接纳孩子的这种感受，告诉她：每个人都渴望有归属感，都渴望有朋友。这种需求是没错的。只是，要获得归属感，有很多方法，有些方法，对现在和未来都有好处，有些方法只是暂时有好处，长远来看却有危害。引导孩子去思考，有哪些方法，既可以得到归属感，又没有副作用。

如果她是被文身群的人洗脑，误以为文身才是美，文身就等于是把美和自身绑定了，那就要用让孩子容易接受的故事和道理，来改变孩子这个误解。让她意识到美有千万种，世界也很大，不要只看到文身群这个小群体，也不要只看到身体这一点地方。

之后，如果孩子还是坚持走偏，那我们可以这样告诉她：一些可逆的错误决定，我们可以让你自己做选择，因为你哪怕犯错了，也会吃一堑长一智，长远看是好事。但文身属于不可逆的，等你长大了再后悔也来不及了。所以，我们必须阻止。因为你还是未成年人。这是我们监护人的义务。等将来你成年了，能自食其力了，那时候，如果你还坚持要文身，我们就不会再阻止了。

这个女孩当时已经走火入魔了，非要立刻就文身，父母生怕她偷偷去文身，又无计可施，就发动亲友想办法。姑姑建议让她选个文身贴体验一下。还告诉女孩，直接文身，只有一种图案，想换个图案都没可能；而用文身贴，可以随心情变换图案，比文身有趣多了。

女孩接受了这个提议，选了个文身贴。

刚开始她觉得文身贴也很酷，但很快就感受到了同学们异样的眼光。不久，新鲜感一过，她也觉得文身不好，就洗掉了文身贴，退出了文身群，和那个朋友也绝交了，再也不提文身的事情了。

六、要培养孩子的规则感，而不是要孩子听话

教育，绝不是让孩子学会听父母的话、听权威的话，而是从小培养孩子

独立思考及合作精神。

德国心理学家海瑟研究发现：两岁到五岁的孩子，如果具有强烈反抗的精神，成年后，其中 85% 的人会成为意志坚强、具有判断力的年轻人。而童年很听话乖巧的孩子，成年后，意志力强的，只有 24%；大多数都沦为没有判断力、缺乏独立人格、依赖他人的人。

【白镜头】

我和晴儿玩的时候，会随心所欲创造很多新奇的玩法。我会把游戏规则和晴儿说明一下，但我并不会强求她遵守。她认可了，就和我一起玩这个游戏；不认可，那我们就换个游戏或换个游戏规则玩。我不会强求她必须遵守我制定的规则。

结果就是，晴儿大部分时候都很认可我制定的规则。另外她也发明了很多新游戏，这些游戏的规则都是她自己制定的。我认可她的规则，和她一起玩了很多她发明的游戏。

晴儿很善于制定规则。在和比她大三四岁的女孩一起玩的时候，大家也会根据她制定的游戏规则玩。如果对方不认可她的规则，她也不会生气，而是换个对方容易接受的新规则……

在晴儿身体不舒服或者心情很不好的情况下，我会给她请假，而不是要求她坚持上学，甚至带病上学。

所以，我相信晴儿未来不仅不会被规则束缚，还会擅长创立新规则。她的适应能力会很强。

岳晓亮老师很重视"规则感"，他认为：

规则感不是让孩子听父母的话，而是让孩子懂道理、讲规矩。

要衡量一个孩子的心理健康水平，就要看孩子的安全感、亲密感、成就感和规则感如何。但这四个，又都不是孤立的。比如亲密感好的孩子，规则感往往也不错。而安全感不足的孩子，往往难有什么规则感。

很多孩子表面上是规则感出了问题，但根本原因却是家长没有注意培养孩子的安全感、亲密感和成就感。而这三感强大了，才能够真正促进孩子规则感的建立——促进孩子自律，而非他律。

比如你是希望孩子因为和其他同学关系好，才不打人；还是因为怕被老师训斥才不打人？你是希望孩子因为热爱学习而用心做作业；还是希望孩子怕被老师批评，才不得不写作业？

【黑镜头】

小乐有些调皮，这天，他不顾父亲立的规矩，到处捣乱。

爸爸发怒了，狠狠地打了小乐一巴掌，还指着他威胁道：再这么调皮，你就给我滚出去，我不要你了！

小乐吓得都没敢哭，颤抖着向爸爸求饶，说自己以后再也不捣蛋了。

小乐此后果然变得守规矩多了，不再那么调皮了。

但是小乐再也没有以前活泼了，他整天闷闷不乐，甚至晚上经常做噩梦。

为了让孩子守规矩，却让孩子和父母疏离了，安全感也变得不足了。这显然不是家长们期望看到的结果吧？

因此，岳老师也强调：培养规则感的时候，绝不能以损害孩子的安全感、亲密感和成就感为代价。

他认为帮助孩子形成规则感有三种方法：尊重地提醒，及时地表扬，让孩子感受到遵守规则带来的好处。

比如约定好的事情，到时间了，孩子还没开始做，我们可以提醒。但要以平等的、尊重的态度去提醒；而不是怀着怨气去指责孩子，以免引发孩子的逆反心理。

当孩子遵守约定了，我们要及时表扬，强化孩子遵守规则的意识。

当孩子遵守约定，做出了一些事情，可以一起分析，因为他们遵守了规则，赢得了哪些好处。比如因为遵循了先完成某项任务才出来玩的规则，他现在可以毫无心理负担地尽情玩；因为他遵守了在某个场合保持安静的规则，让大家都佩服他、夸奖他。这同样是让孩子明白，遵守规则，不是为了限制他，而是在帮助他，让他可以活得更好。

和孩子做约定，是建立在平等的基础上的，不是让孩子单向听话。

比如我们可以和孩子约定：在我们打电话的时候，除非发生大的紧急的事情，那么孩子需要保持安静。同样，孩子在打电话的时候，我们也不去吵孩子。

当我们在工作的时候，如果没有紧急事情，孩子不要打扰我们。孩子要来我们卧室，需要敲门；我们去孩子的房间，也要先敲门。

这个约定是我们大家一起制定的，要一起遵守，也是灵活的，不是僵化的。比如一般情况下要先敲门，但危急的情况下，可以不敲门。

相反，给孩子制定规矩，则是单方面的，是专门为了控制孩子的，是固定且僵化的，而且一般伴随有惩罚或恐吓。

因此，双向的约定比单向的规矩，更容易培养孩子的规则感。

约定往往是阶段性的，无须一直要求。比如孩子小时候，我们可以告诉她：不要在床上尿，要去你的小马桶那里。但这只是阶段性的约定，无须变成规矩。

古往今来，谁家的家规上会写着不许在床上大小便呢？

七、做家长的最高境界

培养孩子的规则感，很重要的一条是：言传不如身教。

孔子说：其身正，不令而行；其身不正，虽令不从。

我们希望孩子成为什么样的人，那我们自己就要以身作则，先成为这样的人。

父母谈吐文明，待人接物彬彬有礼，对孩子仁爱尊重，那么孩子也自然会成为这样的人。父母谈吐粗俗，对孩子非打即骂，甚至常酗酒闹事，那即便他们给孩子制定一大堆苛刻的规矩，又有什么用？

做家长的最高境界是什么？两千五百多年前，老子就阐述过：

太上，下知有之；其次，亲而誉之。其次，畏之。其次，侮之。信不足焉，有不信焉。悠兮其贵言。功成事遂，百姓皆谓：我自然。

老子的这段论述，阐述的是国君应如何对待百姓，我们完全可以借用来阐述家长对待孩子的态度。最高明的家长，孩子知道他们存在，他们的存在让孩子感到安心，但家长不干涉他们；次一点的家长，孩子会觉得他们特别好，会赞誉他们；再次一点的家长，孩子畏惧他们；更次的家长，孩子看不起他们。家长威信不足（没有担当、说话不算话等），孩子才不相信他们。高明的家长，悠闲自在，很少发布什么规矩，孩子获得了成绩，会认为这都是我自己做的。

老子下面的这段话，同样阐述了家长的最高境界：

生而不有，为而不恃，功成而弗居。夫唯弗居，是以不去。

养育了孩子，却不占有孩子，不把自己的意志强加到孩子身上；促进了孩子的成长，却不夸耀自己的功劳；孩子长大了，可以独当一面了，家长就得体地退出；正因为家长不控制孩子，所以孩子会一直尊敬父母。

希望大家都可以成为这样的家长。

最好的批评，是不批评

真正有爱的人，绝不会随意指责孩子，他们竭力避免给孩子造成傲慢的印象。真心爱孩子，就会承认孩子是与自己不同的、完全独立的个体。

——《少有人走的路》作者斯科特·派克

一旦发现他人出现错误，我们很多人往往首先想到的就是如何批评，使之改正。但事实上，批评不但不会改变事实，反而常招致愤恨。鼓励则容易使人改正错误。

——美国成人教育之父卡耐基

1.你平时常批评或惩罚孩子吗？你常因为哪些原因批评或惩罚孩子？

2.批评或惩罚孩子后，孩子一般什么反应？能达到你的预期目的吗？

3.从小到大，你常被父母批评或惩罚吗？你小时候对父母的批评和惩罚是什么态度？恐惧，委屈，不服，愤怒？还是觉得父母批评得对，自己应该被批评或惩罚，并且很受益？

4.你印象中，自己最受益的一次批评或惩罚，是什么样的？

5.你的孩子被你批评后是否会受益？让孩子试试举一两个被你批评后还受益的例子。

一、现实生活中的"批评"，大都是指责和攻击

狭义的"批评"，"专指对缺点和错误进行分析并提出意见"。

但现实生活中，这种"批评"很少见，父母很少因为孩子的缺点或错误进行理智的分析和提出意见。他们大部分的批评都是——指责、抱怨，甚至是人身攻击。

比如下面这些生活中常见的"批评"：

【黑镜头】

你怎么这么不懂礼貌，刚才为什么不跟叔叔打招呼？

你怎么这么小气，不给小伙伴分享玩具？

你怎么这么自私，东西都自己一个人吃？

这么简单的题都不会？我就没见过你这么笨的孩子！

别唱了，这么难听，嫌不嫌丢人？

你怎么这么磨蹭？快点喝，你是蜗牛吗？

你怎么天天要吃零食，你看你胖得还有人样吗？

你怎么还不睡觉，你是耗子呀？

你怎么还不起床，你是猪啊？

……

这些，显然，都是人身攻击！

孩子的"错误"，有些是无心之失，谁都会犯这样的错误，比如不小心碰坏了什么东西，或者丢钱，丢钥匙，家长对此包容即可，批评无济于事。如果我们为此严厉批评孩子，是想达到什么效果呢？你希望孩子以后变得谨小

慎微，生怕碰到东西，生怕丢钱吗？那孩子该活得多累？

有些"错误"是故意的。广陵曲有误，引得周郎顾——比如一个妈妈批评孩子的衣服领子不展，可孩子并不是不注意，而是特意的，他希望他喜欢的老师帮他把领子理顺……

还有的孩子故意犯错，是为了转移父母的注意力，为了让父母不再吵架，他宁愿父母一起批评他。

所以孩子出现错误，父母不要急于批评，需要先看看孩子为什么会出现错误，并反思一下，孩子这样做，会不会和家长有关。

孩子真正犯了错误，父母也不应该人身攻击，不应该指责抱怨，可以像"批评"的释义说的那样，理智地帮孩子分析。

很多时候，父母冷静思考的话，会发现：他们之所以指责孩子，不是因为孩子犯了什么错误，只是孩子的表现，不符合他们的期待罢了。因此，这时是不应该指责孩子的。

正如《少有人走的路》作者所说：真正有爱的人，绝不会随意指责孩子，他们竭力避免给孩子造成傲慢的印象。真心爱孩子，就会承认孩子是与自己不同的、完全独立的个体。

二、你因为父母的批评受过益吗？

我在讲家庭教育的每个话题前，都会提倡大家回忆一下：我们小时候是如何看待这个问题的。当我们回顾自己的人生经历，吸取经验教训后，能够更深刻地认识这个问题，更容易理解孩子。

因此，在讨论这个问题之前，我们先回忆一下童年时，父母批评我们的情景。你还记得哪些？你是否因为哪次批评受益了？

很多人认为：批评使人进步，不批评会惯坏孩子。

但我的观念与此相反。

我问过很多人，很少有人能回答出一个被批评后受益的例子。事实胜于雄辩呀。

不过也有人说：我小时候偷东西，被父母打了一顿，然后再也不偷了。但我认为这个不算。正常的人，长大了不再偷东西，功劳不能算在被父母揍了一顿上。

我见过不少偷钱，但没有被父母批评，后来也一样没成为小偷的人。育儿日记群一个群友就讲过她的例子：

【白镜头】

小时候，我有一次偷了家里的钱。

父亲知道后，并没有批评我，反而对我说：以后需要钱了，和我说一声，我都会给你的。

我这才从忐忑不安的状态中解脱出来，内心踏实了。

从此再也没偷拿过钱。后来，每次想起这件事，我都觉得很温暖。

我也见过因为偷东西，被父母打骂惩罚，甚至吊起来打，却越偷越厉害的孩子……批评打骂很多时候会适得其反。

大家可以仔细思考这个问题：在你的人生中，有哪一次因为被父母批评而受益了？

我想了很多年，却从来没想起过任何父母对我有益的批评。

下面是我亲子关系群一些群友对这个问题的回应：

【黑镜头】

如水：

我小时候家长一般都不批评，直接揍一顿，我到九岁时，已经不怕挨打了！

我很少打女儿，但常会批评她。比如这次考试考得不好，我就会说：让你背书就不背，说你什么你都不听，看看你的成绩！

直到把她批评哭了，才会停。等到自己冷静下来，感觉孩子挺可怜。第二天就会给她道歉和她讨论换个适合自己的学习方法。

我现在已经意识到了，尽量不再说那些对孩子没益处、只能伤害孩子的话!

平安:

我母亲骂我多了,没有什么受益的。母亲说的话,我从来没有放在心上;相反我父亲说话,我会听的,因为他从来不批评我。

【白镜头】

宁静:

我小时候,爸爸批评我,一开始是怕,再后来他批评时,我是左耳进右耳出,不在意了。

还是我哥的话有力量,我也愿意听他的。我哥说了啥具体我也想不起来,但是感觉特别好,就是包容、留面子,话根本不重,但却很让我触动,我很愿意听他的。

其实,孩子做错事,他自己就知道错了。

结婚后,有件事我做得不对,我老公挺包容我,挺感动,但不是批评。几次不是批评的,都让我印象非常深刻,很受益。

流水:

我母亲对我采取的是激将法,贬低打击以促我上进,造成我很多年都自卑。

不过有次犯错,邻居没有批评我,我反而很受益。

那次,我在小伙伴的怂恿下去偷邻居伯伯的桃子,刚进地就被发现了,怕得要死,那时我九岁,是个品学兼优的好学生。

那时我父母不在家,跟着爷爷奶奶过,我很怕他骂我,更怕他找老师。但他不仅没有这样做,反而在桃子成熟后,主动送给我八个。

我心里认为很严重的过错,就这样过去了。自那之后,我这辈子都不愿再做任何意义上的"贼"了。

最后这个故事真温暖啊,如果邻居伯伯把她臭骂一顿,甚至拉着她到处宣扬,到学校找老师公开批评,恐怕会给这个小女孩留下可怕的心理阴影……

我做过很多次相关的讲座,问过上千人,他们也提供不出被父母批评后受益的例子。被老师和其他人批评后受益的例子,也极少。

如果我们自己都想不到受过什么有益的批评,那凭什么认为我们的批评,会对孩子有益呢？我们还有什么理由去批评孩子呢？

还有些父母会出于怕孩子骄傲的心理，有事没事总会批评孩子一下，防止孩子翘尾巴。但这样的批评，同样是有百害而无一利的。

管理学家吉姆·柯林斯在其著作《从优秀到卓越》中提到：当老板处罚和羞辱员工时，公司的整个氛围就会发生改变。所有的一切都开始围着老板转，员工忙着哄老板开心。

同样，当父母处罚和羞辱子女时，家庭的整个氛围就会发生改变。所有的一切都开始围着父母转。孩子忙着哄父母开心。孩子的真自我开始退位，发展出取悦父母的假自我。

唠叨和批评差不多。尹建莉老师说：

给孩子自由，主要是管住自己的嘴。唠叨不会让孩子变得更好，只会磨损孩子的心理。经常性、下意识的无用提醒，会形成这样的因果关系：多吃点—厌食；少吃点—肥胖；多看书—厌烦阅读；写作业—厌学；要礼貌—对他人敌意……

所以，绝大部分批评和唠叨，都要不得。

当然，这并不是说，我们要对孩子不好的一面视而不见；而是说单纯的批评，无助于我们达到目的，我们需要采取更有效的办法。

三、孩子最怕什么样的批评

【黑镜头】

茜茜上小学五年级，经常考第一名。这天，班主任老师让大家投票选举学习委员。全班四十三个同学，她得了四十二票，只有她没投自己的票，可以说是众望所归。因此，她很开心，兴奋地笑了。

没想到，她的笑引起了老师的极大反感，老师顿时拉下脸训斥她："不就是得了四十二票吗，有什么值得骄傲的？"

然后老师特意指定另一个同学做学习委员，老师不仅无视自己此前的承诺（按投票结果选学习委员），还把她批评了一顿，说她骄傲，说她上课时小动作太多……

在全班同学面前，被老师这样当众批评，她深感羞耻和委屈。回家后，她跟父母哭诉，没想到，父母也嘲笑了她一番。他们认为这点小事，至于吗？不当就不当呗，有什么大不了的。

茜茜从此经常低着头，不敢抬头了。即便取得了好成绩，她也诚惶诚恐，不敢露出笑脸。

【黑镜头】

有个女孩，参加数学竞赛时，题特别难，她觉得自己没考好，有不少不会做。等成绩出来后，果然不出所料，她只得了六十八分。但让她没想到的是，老师表扬了她，因为的确是考题太难了，大多数同学都不及格，她是全班第一名，老师还给她发了奖状。

她很开心，回家就和妈妈说了。结果妈妈当时就把她训斥一顿："就考六十八分，你还高兴成这样，你怎么这么没羞没臊啊？"

这还不算，妈妈还四处宣扬："我闺女只得了六十八分，还好意思说自己考得好，你说她怎么这么不知羞耻呢？"

妈妈的这种举动，让她不愿再出现在街坊邻居面前。从此大部分时间，她都宅在家里不出门。即便出门也是低着头，生怕别人嘲笑自己。

古人说七不责，第一条就是——当众不责。

在大庭广众下，不要责备孩子，要给孩子尊严。

但很多家长的做法正好相反：在家里，家长往往宽松一点；在外面或有外人的情况下，家长往往会比平时严厉得多。

看到孩子出问题或犯错误，他们往往会热血上头，很愤怒地对孩子瞪眼睛，甚至打耳光、用脚踹……一是嫌孩子给他们丢脸，二是怕别人说他们娇惯溺爱孩子。

因此，很多孩子遇到问题不敢和父母说，最怕父母知道。父母不是他们的靠山，而是他们最大的恐惧源。这是做父母最大的失败。

一般人有两个特点：一是越亲近的人对自己的批评越不能接受，比如父母、爱人；二是越是亲近的人，批评起来越肆无忌惮、毫不留情，比如父母对孩子、妻子对丈夫或丈夫对妻子。因此，很少有人能举出被父母严厉批评后受益的例子。

四、批评会摧毁孩子的自尊，并损害亲子关系

我们把批评分成两种。

一种是孩子没犯错，或者这种错误原本是可以包容的，只是父母在外面心情不好，回来找借口拿孩子发泄负面情绪。这类批评，实际上不算是批评，纯粹是迁怒和攻击。毫无疑问，这种批评会摧毁孩子的自尊。

在我看来，父母日常对子女的绝大多数批评，都是缺乏足够理由的，大都是情绪发泄。

比如孩子不小心把碗打碎了，尿床了，不小心把钱弄丢了，不愿听父母的某些话，或者想要某些玩具父母不想买……

这些事情，大都不算是错事，不少是因为孩子年龄还小，所以没发展出相应的能力，或是一时疏忽导致。父母的批评，不过是出于条件反射，顺嘴就说出来的，并不是为孩子好。因为孩子本身没有什么不好，这个批评只是父母的情绪发泄，只会对孩子的身心发展不利。

比如尿床的孩子，越被批评，越容易尿床，甚至会形成心理疾病。

尹建莉老师的书中举过一个例子：

【黑镜头】

有一个女孩子小时候无意间尿了一次床，父母用非常夸张的语气在街坊邻居那里说，导致女孩特别羞耻，也特别紧张，一紧张就尿床，如此恶性循

环，最后这个女孩完全垮了，读大学的时候都不敢在宿舍里睡觉。

我的自传写作班里，也有很多类似的故事，不少人因为小时候尿床，被父母夸张地批评，乃至恶狠狠地打骂，以至于尿床持续到了成年期。

你对孩子的很多批评，是否因为心情不好，看孩子不顺眼，或者对孩子的状况感觉不满，想发泄下自己的坏情绪？你可以问自己两个问题：

第一，在你准备批评孩子时，突然得知自己升职加薪了，或者突然得知彩票中奖了几十万。你还会批评孩子吗？

99% 的可能是不会。这说明你批评孩子，主要是因为压力大、心情不好。

第二，犯同样"错误"的人，是你的好朋友，你还会批评他吗？

你不会的，你会忍，或者你会尽量委婉地和朋友交流。你为何不能用同样的态度对自己的孩子呢？是因为孩子不值得尊重吗？还是因为孩子软弱可欺？

另一种是孩子的确犯了某些品行方面的错误，或者表现不够好，导致父母的批评。这种情况也不要不分青红皂白就批评，还是要先弄清楚事情的来龙去脉，并给孩子一个解释的机会。

此外，我们还需要明确，批评孩子的目的是什么？

是为了惩罚孩子吗？显然不是。

我们的目的是希望孩子向好的方向转变，对吧？

那用批评的方法，可以达到目的吗？

我们自己，都记不起什么批评对我们是有益的，那我们凭什么就认为我们的批评，可以让孩子变好呢？

【黑镜头】

一款新型智能学习机上市了，宣传说它的教育方式非常像家长，所以很多家长都买了。

然后孩子们发现，当他们在做题的时候，如果答对了，学习机会说：这有什么了不起的？大家都会。如果答错了，学习机就会说：你真笨，我就没见过你这么笨的孩子……

没多久，这些学习机都被孩子们砸坏了。

这是"四感教育法"创始人岳晓亮老师上课讲的故事，家长们都哈哈大笑，也都认为这是学习机的必然归宿。现实中孩子们是没有机会反抗家长这个"学习机"，更不敢对家长发怒，只能忍着，听父母怒吼着批评。

而这种批评，显然是会打击孩子的自尊，并损害亲子关系的。

还有的孩子，虽然弱势一点，不敢和父母顶嘴、反抗；但会因为父母的批评，对父母关闭心门，再也不和父母坦诚交流。这自然也是父母不想看到的局面。

因此，批评不仅达不到我们期望的目的，还会有非常大的副作用。比如降低孩子的成就感，也损害我们和孩子之间的亲密感。

孩子考试考得不好，我们批评孩子笨得像猪，这属于典型的辱骂。把批评孩子的话重复好几遍，甚至上纲上线，说孩子这辈子都不会有出息，这叫人身攻击和发泄情绪，把自己的焦虑转嫁到孩子身上。哪怕仅仅是批评孩子不上进、不努力，也同样只是在表达我们的焦虑，不是真正有益的批评。

如果出于让孩子变得更好的目的，每天对孩子的各种缺点批评三次，结果会怎样？

孩子会因此把缺点都改掉，变成一个完美的孩子吗？显然不是。在这样的批评下，孩子会认为自己一无是处，认为你很厌恶他，认为他不配活着。他内心会很自卑、痛苦，自我价值感极低，并导致亲子关系受到严重损害。

五、批评容易让人退缩和防御

【黑镜头】

东东一岁八个月才开始说话，但是说话的时候，有些吐字不清。

小孩吐字不清本来是正常的，但是妈妈觉得，吐字不清应该从小纠正，等长大了就晚了。

所以每次东东吐字不清的时候，妈妈就急忙捂住他的嘴，告诉他：你说得太不清楚了，想清楚再说。

这样几次之后，东东就变得不爱说话了。不是实在没办法，他就一个字也不说。

后来到上幼儿园的时候，他也说不出几个字。关键是，他也不想说。

妈妈捂嘴的行为，就相当于批评，而这个批评，并没有让东东的吐字变得更清晰，反而让东东不敢说话，也不愿说话了。毕竟说得越多，错得就越多。

不仅年幼的孩子如此，大学生也一样。被誉为"欧洲巴菲特"的舍费尔，在《财务自由之路》一书中，写了自己学生时代一段很典型的经历：

【黑镜头】

在体育课上，我们总是要进行长距离的赛跑，从更衣室跑到操场。有一次，我的体育老师刚好跟在我后面，他对我喊道："舍费尔，你不是要用脚在地面上踏出洞来，应该跑起来，大象的步伐都比你的轻盈，你踩踏地面发出的吧嗒声，足以吓跑方圆五公里内的所有动物。"

他一路上大概连续说了我十分钟，全班同学都被逗得哈哈大笑，当时我的自信心还没有强大到可以和大家一同开怀大笑，从此我开始讨厌跑步。我觉得跑步真的很愚蠢……

年复一年，这个信念就在我的心里根深蒂固，发展成为深深的信仰，这也导致我当时的身体状况不太好。

【白镜头】

直到我前几年在夏威夷认识了斯图·米德尔曼。当时他刚刚四十出头，已经赢得了我们能想象出的所有马拉松比赛，并创造了多项世界纪录。

当我告诉他，我讨厌跑步时，他露出了一种传教士般的表情，然后给出了一个让人难以置信的建议："穿上你的跑鞋，我们一起来跑步。我从你走路的姿势看得出来，实际上你可以跑得很好的。"

我无力地提出抗议，现在已经是中午了，九十六公斤的我在火辣辣的太阳下坚持不了五分钟……然而他的决心改变了我的想法。

我们开始跑步了，舒适地慢跑。开始几分钟，斯图分析了我的跑步方式，逐一指出我做得好的方面，此外他给出了大量建议，包括呼吸方式、摆臂动作和脚着地的方式。令人惊讶的是，我真的不再感觉累了，我们一共跑了两个半小时。跑步使我感到有趣，对此我十分自豪。

此后我坚持每天跑步，这些年我一直保持七十八公斤的体重，健康有活力。现在的我理解不了，怎么会有人不跑步？跑步使人充满活力、精力充沛、身强力壮……

舍费尔是个很有思想和智慧的成年人，然而，大学时，在被体育老师语重心长地指出错误所在，诲人不倦地用对比和夸张等修辞手法来强调他的问题后，他并没有变得更好，反而自暴自弃了。

传统的教育观念，会认为这个老师很有责任心，舍费尔应该虚心接受批评，并感恩老师……

可惜那种皆大欢喜的局面，往往只存在于虚构的故事中。真实的故事往往是相反的，被指出错误的人，往往会恼羞成怒，然后破罐子破摔，再也不想做这件事了。

一个很有思想的大学生尚且如此不能接受老师的批评，以至于对跑步的厌恶持续到四十多岁，处在青春叛逆期或年纪还小的孩子，怎么能欣然接受父母的批评？他们非常讨厌父母指出自己的缺点。就像心理学家汉斯·希尔说的那样——更多的证据显示，我们都害怕受人指责。

还好，后来舍费尔遇到了擅长鼓励的马拉松健将斯图·米德尔曼，这才从厌恶跑步，变得热爱跑步。

【白镜头】

晴儿两岁的时候，偶尔还尿床。当我说她又尿床了的时候，她就会很不高兴，然后对妈妈告状：爸爸又说我了，不要让爸爸说我……

有一次，晴儿还说梦话：我不要尿床，我不要尿床……

越是紧张，越容易尿床。

晴儿的梦话，让我很内疚。我告诉她：爸爸妈妈在你这么大的时候，也尿床，小孩子尿床是正常的，大部分孩子都会尿床的。以后我们再也不说你了。

晴儿的表情明显放松了下来。从那以后，尿床的情况，很少发生了。

像孩子尿床或考试成绩不好这些问题，都不是孩子主观希望的。因此，我们需要做的是鼓励孩子，让孩子放松下来，坦然面对，并进行适当的帮助；而不是焦虑紧张，批评孩子。

批评会导致孩子焦虑紧张，大多数时候，对改善现状一点好处都没有。

【黑镜头】

电视剧《虎妈猫爸》中，虎妈和上司各自带着孩子在亲子手工课上做面包，两个大人不断批评孩子。

孩子水放多了，父母批评：这不是游戏，这是任务……

蛋壳掉进去了，父母批评：鸡蛋壳都进去了，你吃吗？吃个给我看看。

孩子手没扶好碗，父母批评道：你那是假肢吗？

原本对做蛋糕非常有兴趣的两个孩子，都兴味索然……

也许你会说：我批评孩子的时候，孩子没有反抗。那孩子可能只是压抑了自己的感受，但并不是孩子不厌烦被指出错误。

精神分析学派常强调一个词，叫"防御"。《心灵的面具：101 种心理防御》里有这么一段话：

精神分析，或者说心理动力学，其研究的核心之一，就是自我的防御机制。一个人使用哪些自我防御机制，直接呈现了这个人的人格的强度、稳定度和成熟度，笼统地说就是健康的程度。

有一些人，由于成长的道路过于坎坷，使他们在成年后还持续使用早年学会的低级而落后的"护心术"，无法学会更加高级而先进的手段，所以他们也许会终身处在心理的疾病状态上。

上面这段话的意思就是：小时候，我们常因某些事情被批评的话，就会回避这种事情。比如常被人批评不会说话，我们就会变得沉默寡言。和人交往时，我们常受人欺负的话，就会自闭。我们的沉默寡言、少做事、自闭都是防御的一种形式。撒谎，也是常见的防御形式。之所以防御，是因为我们担心受到伤害。

如果小时候得到的是无条件的爱，得到的是包容和自由，我们就不会防御心太重。

比如下面这个例子：

【黑镜头】

有个女孩，小时候被父母送到乡下姑姑家，被一圈人嘲笑欺负，于是她从一个活泼爱笑的姑娘，变成了沉默寡言、自闭懦弱的小女孩，这就是她为了自保进行的防御。后来她长大了，环境也变了，但她依然保留着童年那种沉默寡言、自闭懦弱、不善沟通的性格。

还有人发现被批评指责时，只要哭闹或者发脾气，大家就不再说他们了，所以他们的防御方式就是哭闹或发脾气。哪怕已经是成年人了，还是延续这种方式，显得很不成熟。

一个人小时候得到的爱越多，越敢于坦诚地与人相处；得到的批评越多，越会像寒风中的老人那样，裹紧大衣，封闭自己。

平时教育子女，很容易出现这样的情况：一旦父母的态度稍微冷淡一点，或者严厉一点，就会激起孩子的防御，原本要说的心里话不说了，原本要道的歉不提了……

这样，即使我们的目的再好，我们说的话再有道理，都没有用了，因为对方内心已经竖起了屏障，对方已经用盔甲将自己保护起来，油盐不进了。

再犀利的寒风都比不过温暖的阳光。前者让人封闭自己，后者让人敞开心扉。所以，我们要用温和的话语、无条件的爱，让孩子放下防御，坦诚面对我们。

六、鼓励比批评更有效

【白镜头】

我有个忘年交，叫老韩。他以前是小学老师。儿子小韩上小学的时候，很调皮，没有一节课不捣乱，成绩也很差，没少挨他的打骂，但屡教不改。他就给儿子的班主任（也是他朋友）说：这孩子没脸没皮的，你帮我管严点，不行就揍。不信他改不过来。

班主任就对小韩特别严厉，经常提问，经常当着全班学生的面骂小韩。后来只要是他的课，就不让小韩坐自己座位了，小韩就得坐在讲台边上。学生们除了能在讲台上看到老师，还能看到在讲台边的小韩。但小韩依然屡教不改，还常对同学做鬼脸。

这样过了一年，小韩不仅没进步，反而更加破罐子破摔了。

转眼，小韩上到五年级了，遇到一个新班主任。

新班主任很喜欢小韩，夸这孩子有礼貌、乐于助人。小韩第一次被老师夸，很激动，一下就喜欢上老师了，在老师面前表现得特别好。于是，又被老师表扬，小韩就更喜欢老师了，形成了良性循环。

过了一个月，老师又让他做劳动委员，并夸他认真负责。

小韩不仅不违反课堂纪律了，对学习也变认真了。后来，考试成绩突飞猛进。最后考上了北京的一所 985 大学。

老韩感慨地说：真想不到，我儿子居然能考上好大学，原本以为他初中都上不完呢。

我说：如果五年级的班主任，还继续严管孩子，恐怕他就真的初中都上不完了。

小韩就像前面的理财专家舍费尔一样，都是被批评后，逃避、破罐子破摔；被鼓励后，逆转了。

孩子是我们最亲密的人，他们值得我们花费更多的时间和精力，去考虑如何表达，才能更好地让他们接受。

在近一百年前，美国成人教育之父戴尔·卡耐基就在他的名著《人性的弱点》一书中强调：

一旦发现他人出现错误，我们很多人往往首先想到的就是如何批评，使之改正。但事实上，批评不但不会改变事实，反而常招致愤恨。鼓励则容易使人改正错误，并且更容易让对方去做你所期望的事情。

如今，老师们都在想着如何与时俱进，如何更好地与学生沟通。作为家长，更不能懈怠，要学习更好的沟通方法。不然过不了几年，就会被孩子从内心开除。

【黑镜头】

一个小男孩，很喜欢玩积木，拼了很长时间拼成了，但是一不小心，碰倒了。孩子哭了，说不拼了。

家长用寒风的方式，对他说：你是个男子汉，怎么这么㞞，这么懦弱？怎么这么输不起？积木倒了就哭，丢不丢人？重新拼不就得了，你怎么还哭？再哭把你积木都扔了！

这样说，有利于孩子变得坚强，有利于孩子养成输得起的性格吗？有利于孩子的心理健康吗？

答案显然是否定的。

【白镜头】

家长采用阳光的方法，对他说："哎呀，宝宝辛辛苦苦拼的积木坏了，这个可是花大劲才拼好的，太让人难过了。妈妈帮你一起拼吧？"

孩子听了这话，哭声变小了，也不闹了，情绪稳定了。接下来一起拼的时候，其实都是他自己拼，妈妈只是帮他递积木而已。

但孩子很有耐心，很快拼好了，然后又变得很开心了。

【黑镜头】

有朋友问：对待犯错误的孩子，就不能批评吗？

我问她平时是如何处理的，效果如何。

她说，平时发现孩子犯错误，会采取讲道理、批评的方式，无效就发火。

孩子对待她"教育"的应对方式主要有两种：一种是哭，哭得让父母不知所措，草草收场；一种是发脾气，用近乎撒泼的方式拒不接受父母的批评。

其实，孩子的应对方式和她的教育方式，是有因果关系的。因为批评和讲道理孩子是听不进去的。和孩子最好的交流方法是共情。只有重视孩子的感受，才能真正理解孩子，也才能和孩子建立良好的亲子关系，孩子才乐意和你合作。

你的道理讲得再对，孩子不愿听，你讲的也就成了废话。批评，也只是打击孩子的自尊，让孩子的心与父母更疏远而已。

只有在共情的基础上，多倾听孩子，理解孩子的感受，尽量满足孩子的需求，孩子才会更好地改变。改变的过程是痛苦的，只有给予孩子充分的爱，孩子才有动力和毅力去改变。

爱是孩子改变的动力；讲道理和批评，不是！

七、为什么尽量不要批评孩子？

老师可以在必要的时候，严肃地批评学生，以高效地保障课堂纪律和教学活动；但父母不同，父母理应给孩子无条件的爱，做孩子的避风港。如果父母严肃地批评孩子，会损害亲子关系，还会让孩子感觉不安，有不被爱的恐惧。

以降低孩子的安全感和亲密感为代价，去换取孩子行为的改良，这代价太大了。捡了芝麻，丢了西瓜。所以，古人提倡"易子而教"。

就像我的育儿日记群里一个群友提到的：

【黑镜头】

父母对我的批评，我基本都不服，觉得我没错。即便是在我确定犯错的时候，我在感情上也还是有点不能接受，因为我真的很害怕那种被否定的感觉。在我被批评的当下，我的大脑非常混乱，眼泪也常常很不争气，因为一点点的委屈就会夺眶而出。

另一个群友说的也很有代表性：

【黑镜头】

小时候经常被母亲批评，母亲批评我时，我脑子里一直在想："我是对的啊，为什么批评我？"我还记得被母亲无休止地批评时，躲到厕所伤心流泪的经历。

现在父亲有时候也会批评我家里乱什么的，我就觉得很烦。他们越批评我，我越不想去做他们要求我做的事情。

当看到孩子有品行或其他方面的问题，父母不需要装聋作哑，可以指出来，但不要批评。《阳光和寒风》的寓言告诉我们：阳光才是最好的选择。

不管是为了自己人生的幸福，还是为了爱人和孩子的幸福，我们采取寒风的姿态，都会是双输；采取阳光般温暖的姿态，才会双赢。

八、孩子做错事了，更需要理解和帮助

有一个小孩把家里的电视砸了，父母火冒三丈。这要不要批评？

别急，先弄清楚原因。原来孩子看到光头强在欺负熊二，然后他就正义感爆棚，想去帮熊二。孩子虽然做了错事，但不是有意的，是他不懂电视节目和现实的关系。所以，此时我们更需要帮助孩子弄明白这些，而不是急着去批评孩子。

又比如，三岁多的孩子在一个很重要的证件上，画了一张全家人都很开心的画像。证件被毁，补办很麻烦。但此时，我们要去批评孩子吗？

实际上是我们没注意把重要证件放在孩子拿不到的地方，所以应该吸取教训的是我们。只需要告诉孩子，哪些东西是不能碰的，如果碰了，会带来哪些麻烦。孩子需要教育，而不是批评。

小孩由于很多事情都还不懂，所以常会好心办错事。此时，批评他们，毫无益处，我们更需要去理解和帮助他们。

九、真正有益的批评

回顾我的人生经历，我记得的只有两次让我受益的批评，都发生在初二。当时，我进入了青春叛逆期，一向听话懂事的我，突然不想做好学生了。

1. 最难忘的批评。

【白镜头】

初二时，不知是因为学习一直很好，骄傲了；还是到了青春期，开始叛逆了，总之，我想做一个不一样的我，不想再做乖学生了。

我喜欢和学习差的学生一起玩。上课的时候，也不再认真听课了。主科都如此，副科更不必提了，几乎都是在看课外书或者想入非非。

一天上地理课时，我正在看课外书，地理老师让大家自己读书背书，单独叫我到外面谈话。

她是一个四十多岁的女教师，同时还是副校长。

她先亲切地叫我的名字（不带姓），然后问我："我是不是哪里做得不好，你对我有意见啊？如果有的话，你说说，我一定改。"

我蒙了，这从何说起啊。我急忙摇头。

她又关心地问："那你是不是家里有什么困难了？或者你遇到了什么麻烦事？有的话，你跟我说，我会尽量帮你解决。"

我更晕，急忙说："没有，啥事都没有。"

她这才严肃起来，但还是带着关心和一点痛心，说："我发现你最近上我的课，老是心不在焉的；我还听一些老师提起你，说你多好的学生，怎么突然像变了一个人一样，大家都很担心你，不知道你遇到什么难事了。我不忍心看着一个好学生突然就变成这样了，如果你有什么麻烦事，一定要跟我说呀！"

要知道，她只是副科老师，也不是班主任，我以为她根本不会在意我的，或许她都不知道我的名字，可是她居然说出这样一番话。我首先是感动，感动于她对我的关心和尊重；其次是惭愧，乃至羞愧，几乎无地自容。我低头了很久，才抬起头向她保证：以后一定会好好学习，认真听讲。

从那以后，我在学习上的叛逆期就结束了。这也是她单独跟我进行的唯一一次交流，但是真的改变了我，让我到现在都记得，还深为感动。

2. 为什么这样的批评让我受益？

首先，老师没有一上来就指责我："你怎么学坏了？你怎么上课老不好好听讲，是不是骄傲了？"她先从自己身上找原因。这样一来，不管她后面批评我什么，我都不会有抵触情绪了。

其次，她又从客观方面找原因，关心我是不是遇上什么麻烦事，才导致不好好听讲。这份信任，让我很羞愧。

再次，她还采用借助第三者的方法，指出其他老师也如此评论我，说明不是她对我的偏见。

最后，表达了她的期望。她没有用一个负面的词来评价我，充分做到了心理咨询师应该做到的五点：尊重、热情、真诚、共情和积极关注。

我觉得，任何老师和家长，如果能像她这样和孩子沟通的话，几乎是战无不胜的。

3. 这番"批评"，家长有哪些可借鉴之处呢？

首先，从关系入手，从自己身上找原因。

有时候孩子故意不遵照父母的指示做，不是不知道父母说得对，而是因为对父母有意见，故意反着来，以此和父母对抗。

因此，父母讲任何道理都没用，道理再正确也无效，因为一个人根本不愿听从自己反感的人的话。所以，当孩子做错某件事，父母应该首先问问是否是亲子关系出了问题。

如果亲子关系没问题，孩子能感受到父母的关爱，就更容易接受父母的批评；如果有问题，父母要做的首先是修复亲子关系，孩子的错误可以先抛到一边。修复了亲子关系，孩子会主动认错的。

其次，关心孩子是否遇到了什么麻烦。

不要就事论事，要询问孩子是否有什么麻烦事或苦恼的事情，导致他无心犯错。如果是，先协助孩子解决困扰他的麻烦事。如果不是，孩子同样会感受到父母的关心和爱，有助于他主动改变。

再次，借助第三者。

很多批评会损害关系，如果因为批评孩子，导致亲子关系受损，得不偿失。既能批评孩子，又不损害亲子关系的一个妙法是，借助第三者。

借助第三者之口，来提及孩子的一些缺点，孩子更容易接受。还可以借助讲故事，点评故事里某人的某个行为，来侧面提醒有同样问题的孩子。

最后，真诚关心，表达期望。

孩子成绩不好，孩子欺负小同学，孩子上课捣乱，孩子偷钱……无论是哪种情况，都可以在经历了前面三个步骤后，再真诚关心孩子的身心健康和前途，而不是关心自己的面子。最后，表达对孩子现状的担忧，和对美好未来的期望。同时，克制自己的负面情绪，尽量不要用负面词汇去评价孩子。

这样孩子会非常感动，且愿意主动改变。

4. 被组长批评的经历。

除了这次老师的批评，我还受过一次组长的批评，也让我很受益。这个事情和前面的事情发生在同一时期。

【白镜头】

我们值日是四人一组，两男两女。其中一个女生是组长，另一个男同学北北，学习差，上课喜欢调皮捣蛋，关键还偷奸耍滑，每次值日都逃跑，从不干活儿。我很向往他随心所欲、为所欲为的状态。于是，我决定也不做值日了！

轮到我们小组值日时，北北直接溜了。我决定也像他一样不扫地，但我不打算偷偷溜，我要理直气壮地离开。所以我特意从组长面前慢慢走过。

就在我要离开她的视线时，"站住！"女组长提醒我，"今天该我们组值日了。"

我说：知道，但我不干。

她问：你为什么不干啊？该我们组了。

我说：我就不干。你看北北就没干，每次他都不干，凭什么要我干？

她很失望地说：难道你要向他学吗？

她的这句批评，像闪电一样划过我的脑海。我突然惊醒了。是啊，我为什么要向这样一个老师和同学都看不起的偷奸耍滑、不负责任的同学学习呢？我是一个品学兼优的好学生呀！

我二话不说，就开始做值日了。

她这句话在很大程度上改变了我当时的状态。

她这句批评，不带任何侮辱和攻击，甚至还暗含褒奖（你是品学兼优的好学生啊，不要向那个差生学啊……），所以，我接受了。

如果她当时说：你真懒！你们男生没一个好东西……

我可能会沾沾自喜，而决不改变。

再强调一下，批评孩子最有效的办法是什么？

就是不批评。重视亲子关系，尊重孩子的人格和感受，比任何批评、说教都更能让孩子受益。

十、沟通专家、教育专家、心理学专家，都不赞成批评

人本主义心理学大师罗杰斯有两个高足。一位是《父母效能训练手册》的作者、获得三次诺贝尔和平奖提名的"沟通之父"托马斯·戈登，另一位

是《非暴力沟通》的作者、地球村"和平之桥奖"的获得者马歇尔·卢森堡。他们俩都一致在其代表作中反对对孩子进行任何批评。

美国成人教育之父戴尔·卡耐基更是很早就公开建议：不要批评任何人。

行为主义心理学家斯金纳通过动物实验也证明了：因好行为受到奖赏的动物，其学习速度快，持续也更久；因坏行为而受处罚的动物，则速度和持续力都比较差。

所以，行为主义心理学也不提倡对孩子进行批评，认为要鼓励其好的行为，忽视其不好的行为（阳性强化法）。

看了这些，你还坚持认为，应该像以前那样，经常批评孩子吗？

第 4 课
不恰当地夸努力和
聪明，都有很大的弊端

鼓励能让我们的世界更美好。做人出线有法律管束，法律不禁止的行为偏差靠鼓励纠正，效果最佳。

——童话大王郑渊洁

称赞对温暖人类的灵魂而言，就像阳光一样，没有它，我们就无法成长开花。但是我们大多数人，吝啬于把赞许的温暖阳光给予别人。

——心理学家杰斯·雷尔

1.你平时常夸奖或鼓励孩子吗？举两个你夸奖或鼓励孩子的例子。

2.你是否赞同不要夸孩子漂亮，要夸孩子礼貌？你小时候希望被夸漂亮吗？现在呢？

3.你认为夸奖孩子聪明和表扬孩子努力，各有什么利弊？

4.从小到大，你常被父母夸奖或鼓励吗？你小时候最希望如何被父母夸奖或鼓励？

5.问下你的孩子，他得到的夸奖或鼓励够不够多？孩子最希望在哪方面被夸奖或鼓励？

一、为什么"不能夸孩子漂亮"是错的？

作家毕淑敏的文章《请为你的夸奖道歉》，流传很广，广受好评。但我认为，这个观点有问题。

【黑镜头】

文章讲一个朋友到北欧某国做访问学者，在当地教授家中做客时，她夸奖教授五岁的女儿真漂亮、可爱。结果教授严肃地说："你伤害了我的女儿，你要向她道歉。"

原因是："你是因为她的漂亮而夸奖她，而漂亮这件事，不是她的功劳，这取决于我和她父亲的遗传基因，与她个人基本没有关系。但孩子还很小，不会分辨，你的夸奖就会让她认为这是她的本领。而且她一旦认为天生的漂亮是值得骄傲的资本，就会看不起长相平平甚至丑陋的孩子，这就给孩子造成了误区。"

夸奖一个小女孩漂亮，居然需要道歉？这真是北欧人的风格？夸外国女性漂亮，不是一种礼貌吗？何况这位朋友只是说小女孩很漂亮（这是事实）、很可爱（代表对女孩的喜欢），并没有说别的啊？

夸孩子漂亮，孩子就会看不起长相平平的孩子？这不过是以小人之心度儿童之腹罢了。

别人家孩子常被夸漂亮，你自己的孩子从来没被夸过漂亮，那么孩子就会认为自己不漂亮。因为自己父母都没夸过自己漂亮。等孩子渐渐长大，意识到漂亮的重要性时，就会越来越自卑。

一个人的容貌，与自我认知有很大的关系。

一个小孩，小时候认为自己很漂亮，就容易越长越漂亮。如果她认为自己很丑，就会自卑，不敢大大方方地展示自己，低着头走路，长此以往就容易越来越丑。

无论虚伪的成人多么否定容貌和外在形象的重要性，外貌的重要性在全世界范围内，都是客观存在、无法忽略的。

有些女孩，其实很漂亮，但是她们却为自己的容貌自卑，因为父母从来没夸过她们漂亮，反而经常故意说她们长得丑。比如鼻子不好看，嘴巴不好看……结果她们就无法接纳自己的容貌，自我价值感低下，不敢追求自己真正热爱的好工作，不敢追求特别喜欢的人，觉得自己配不上。

还有一些男生，也因为被父母说长得丑而自卑。实际上他们不丑，但父母却从不夸奖他们长得帅，只说他们长得丑。即便父母不说孩子长得丑，但夸别人漂亮，而不夸自己的孩子漂亮，就等于在说自己的孩子丑了。

我看到无数读者为这篇《请为你的夸奖道歉》叫好：

【黑镜头】

"太好了，我以前都陷入误区了，以后再也不夸孩子漂亮了……"

还有个妈妈洋洋得意地评论说："我经常带女儿出去，也有人这样说，我每次都跟宝宝说，要成绩好、顶呱呱才叫漂亮，要不然就不漂亮的。"

这样的妈妈才可怕，让孩子从小就承担这么重的学习压力，还必须"顶呱呱"，否则就一无是处了。她的孩子也太可怜了。

这就好比很多妈妈常说的：你考试成绩不好，动手能力再强又有什么用？你考试成绩不好，打球、唱歌、绘画再好，又有什么用？

妈妈强行把两个不相关的东西绑到一起，并且贬低孩子擅长的领域。那孩子在妈妈看重的方面成绩不好，就等于没有价值了。

这妈妈是多想让孩子自卑啊！没有人是十全十美的，也没有人一无是处。孩子在某些方面不擅长，某些方面擅长，知道自己有优点，也有不足，就既不会骄傲自大，也不会沮丧自卑。

父母很少夸孩子擅长的方面，只否定孩子不擅长的事情，会导致孩子认为自己擅长的不值一提，不擅长的却这么重要，想不自卑都难。

而原文里的教授说：要夸微笑和礼貌，不要夸天生的东西。

天生的东西被夸了，孩子会认为自己生来就是有价值的，是优秀的，可以活得更加理直气壮，有什么不好？

如果不能夸天生的东西，只能夸微笑和礼貌；那就会让孩子为了获得夸奖，而不得不面带微笑表现得有礼貌（哪怕孩子不想）。这是有条件的爱，是变相地控制孩子。孩子会发展出社交性假笑，失去真诚，也就失去了魅力。

【黑镜头】

在一个 TED 的演讲里，有个女学者讲不要夸孩子漂亮，要夸孩子懂礼貌。

但是在讲座开头，她却讲到小时候常被亲戚说长得丑，所以一直对自己的容貌很自卑，长大后别人夸她漂亮，她都认为是反讽。

她自己的人生体验就是从小没有被夸漂亮，而是被说丑，造成了长久的自卑；但她却还反对大家夸孩子聪明和漂亮……

她多年的苦，算是白受了。

在孩子小时候，要适当地夸孩子漂亮（帅气），夸孩子聪明，这样有助于孩子接纳自我，让孩子内心更有底气、有力量。

你小时候希望被人夸漂亮吗？现在希望被人夸年轻、漂亮吗？如果希望，为什么不愿意这样对孩子呢？

二、夸孩子聪明有弊端，夸孩子努力同样也很糟糕

几十年前，我们的父母及祖父母都特别喜欢贬低孩子，吝啬于夸奖孩子。哪怕孩子考了第一，父母也决不表扬，生怕孩子变骄傲了、退步了……如果孩子成绩差，父母就更觉得没有表扬的理由，会恨铁不成钢，各种羞辱，试图用激将法来刺激孩子知耻而后勇……

再后来，国外的赏识教育开始在国内流行，于是很多家长开始动不动就

竖大拇指夸孩子真棒。

到了今天，主流观念似乎又演变成："夸孩子努力，而不是夸孩子聪明……"

这种观念，是斯坦福大学著名发展心理学家卡罗尔·德韦克和她的团队，用十年时间，对纽约二十所学校、四百名五年级学生做了长期的研究，得出的结论：被夸聪明的孩子更可能回避挑战性的题目。因此，他们认为，不要夸孩子聪明，要夸孩子努力。

这个结论被很多报刊及网络媒体转载，一时间成为教育界的主流观念。

但在我看来，这一研究成果，依然是片面的。人心是复杂的，受很多因素影响，这个实验结论并不是放之四海而皆准的。多夸聪明和多夸努力，都是不可取的。

这一点，我在少年时代就有反思。

【黑镜头】
夸奖毁掉了两个"第一名"!

初一时，我们班同学阿宇每次大小考试都是第一名。我一般是四五名，每次考试我都会特意做错几道小题，我害怕考第一。

不出我所料，阿宇果然压力很大，老师们对他的评价大同小异："你的成绩都是努力学习取得的，不要骄傲，不然其他同学随时可能赶上来。"

老师们却常常夸成绩中等的小柴，说他是天才，很聪明，就是不好好学习。如果肯把心思用在学习上，考第一肯定没问题。

我知道老师们对阿宇施压，以及对小柴鼓励的用意，是希望他们都努力学习，争取考出更好的成绩。不过，老师们的苦心并没有起到好的作用。

老师表扬努力和表扬聪明分别带来了什么后果?

经常听到老师们公开在课堂上夸小柴是天才的阿宇，心理受到了很大的伤害。

有一天阿宇对我说，他再也不愿当第一了，因为大家都认为他的第一完全是靠他的勤奋、努力，靠他比别人多花时间学习得来的；都认为小柴只是没用心学习，只要他用心，随时可以夺了第一的宝座。

换句话说，他在大家眼中，就是那个龟兔赛跑中的乌龟，只要兔子愿意努力，随时可以赢了他。即便他每次都得第一，也改变不了老师们的看法，也换不来老师夸他聪明，只能加深大家对他很努力的刻板印象。

老师从不夸他聪明，一来怕他骄傲；二来夸聪明，不利于为其他同学树立榜样。为了鼓励其他同学，老师甚至把他当勤能补拙的典型。

少年最在乎的其实不是学习成绩，而是父母、老师和同学们对他的评价：自己是聪明，还是笨？

一味夸成绩好的学生努力，等于变相在说他笨。不承认孩子聪明，等于不认可孩子的智商和未来。

我想跟他说，第一名确实不好当，我就是故意不做第一名的，但这样说更伤害他，只好简单劝了几句，说老师只是怕你骄傲，才故意这样说的。

小柴呢？我也和他交流过。我问他："所有老师都看好你，你为什么不努力一次，考个前几名呢？"他表情复杂起来，过了一会儿，才叹了口气，说："我不能努力！"

见我很惊讶，他解释说："大家现在都认为我很聪明，也认为我成绩不好只是因为没有把心思用在学习上，还说只要我努力就能考第一。这样不挺好吗？大家已经认可我了。如果我现在努力了，大家也都知道我努力了，但我却考不了第一名，那我不惨了？没有人会再相信我是天才，我会沦为大家的笑柄，我何苦呢？"

我不知道该怎样劝他，也答应保守他的秘密，没有跟任何人提起。

到了初三，阿宇的成绩已经大不如前了，因为他恨"努力"这个词，他不愿意被人认为自己是靠努力才成功的。但是老师们都这样说，又让他产生了投射性认同：认为自己就是靠努力才行，不努力就完蛋了，别人只要努力就能超过他。

这样矛盾的心理状态，导致他不自信，导致他很痛苦和纠结，他越努力，成绩越好，就越验证了老师们对他的评价。而当他成绩差的时候，也似乎同样证明了老师说的，他只是努力并不聪明，所以他潜意识里很纠结，心里也变得混乱……

而小柴成绩也一直徘徊在中等，他也不敢努力，甚至不敢让自己的成绩进步多一点，因为那样就证明了他不是天才。除非突然一下考个第一，但这显然是不可能的。

后来，他们俩的中考成绩都不好。

从我两个同学的经历中，可以看出：不论是单一夸聪明，还是夸努力，都可能产生很大的弊端。夸奖是药，需要因人而异，对症下药。孩子缺什么给什么，而不是相反。

比如阿宇，他不缺"你很努力"的称赞，他需要的是"你很聪明"的夸奖，他渴望自己的聪明才智被老师们认可。

小柴呢？正好相反，他不需要再被夸聪明了。他需要被告知，能专注学习的人，才是真聪明；天才也没有一蹴而就的，聪明人面对逆境不会沮丧，而是会吸取教训，不断进步。同时，也不应该夸奖一个未成年人是天才。这样容易把对方架得太高，等于捧杀。

群友 Lily，也有类似的人生体验：

【黑镜头】

我小时候学习成绩挺好的，属于"别人家的孩子"，但是父母总是夸我努力（认真），而总夸我弟弟聪明，说他要是有我一半努力，那他成绩肯定会比我更好。虽然我能理解父母这样是对弟弟的激励，不过于我确实是一大遗憾，以至于长大后，我一直觉得自己不够聪明。

《暗时间》的作者刘未鹏也反对这个片面结论，他说：

在 Dweck 的实验中，导致孩子回避挑战的"有效因子"，真的是被夸"聪明"吗？你不妨试试，在孩子尝试挑战性项目的时候，你只要在旁边一脸紧张、虎视眈眈，都可能让孩子退缩……

聪明程度是一个客观存在的现象，而且从小就可以看得出来，聪明的孩子为何不可以知道自己是聪明的？这对他的自我构建难道没有好处？至于担心一件事情没做好，从而"让别人觉得我不聪明"，那是另一个问题，不能搅和在一块来讨论，因噎废食。没有经历过常被夸聪明的人，也会担心没做好而回避风险，和"聪明"无关，自然也无法通过"避免夸孩子聪明"来解决。

能不能不夸？能不能把自我评估的过程留给孩子自己？一个常常有空间

去自我评估的人，难道不比总是受到外部评估的人，更有内在稳定感？

这种教条性质的亲子沟通法，有没有局限了人与人之间对话的自然性和多样性？受此影响，会不会变得和孩子连话都不会说了？孩子明明没花什么努力时，非要说"你很努力"，不是很奇怪吗？孩子明明很聪慧，你可着劲憋着内心的情感，一个一百八十度的大拧巴，会不会很生硬？

……

说到这儿，想起来，育儿心切的父母们得此法宝后会不会用"夸努力不夸聪明"全面占领孩子有兴趣的一切领域，从而把本来好玩的事，变得味同嚼蜡呢？

毕竟，当代家庭环境的特点就是孩子能脱离父母视线的时间越来越少，而当父母看到孩子兴致勃勃地做一件事情，还做得不错的时候，能忍住那点"锦上添花"的小心思，别来一句"你真努力"吗？

刘未鹏说的这几点，也很值得注意。当家长热衷于夸孩子努力的时候，也就意味着，孩子的兴趣和乐趣被剥夺了，学习成了一件苦大仇深的事情了，要咬牙切齿地努力、坚持下去了。

事实上，当孩子对一件事情感兴趣的时候，是自然可以沉浸其中、乐此不疲的，根本不需要努力。他们靠内驱力去做事，是很享受的。父母夸努力，会导致他们被外驱力所控制。

发自内心地夸孩子聪明漂亮，这夸的是先天的，也就是对孩子本身的认可和赞美；夸听话和努力，才是出于控制！因为这夸的是后天的行为。孩子们都希望得到父母的夸奖，他会因此取悦父母，压抑自己。

另外，如果孩子取得了好成绩，却只被夸奖努力，而不被夸奖聪明，那么潜台词就是夸他是龟兔赛跑里的乌龟。这实际上不但不是孩子们想要的夸奖，反而是在变相地说孩子笨。如果孩子没有取得好成绩，还被父母夸努力，说："你已经尽力了。"这更是在说孩子笨。这同样会让很多孩子内心对自己失望，甚至绝望，会更害怕和逃避学习了。

所以，夸努力，很多时候，副作用更大！

相信大家的学生时代，都听过老师们无数次说这样的话："成绩不行，只是天分不够；但不努力，就是态度不端。前者可以理解，后者必须惩罚。"

这种话制造了无数虚假勤奋的场景，很多学生都因此学会了虚假努力。

我见过很多假装勤奋、假装努力的人，他们的确是在忙碌，但却劳而无功，因为他们忙的都是没什么价值的事情，而且效率非常低，但他们却乐此不疲。

为什么呢？因为在学生时代，他们就是靠这种低效努力，获得了老师和家长的认可，很多学生做作业要到深夜；所以成年后，他们依然用这套生存法则来对待工作。

但工作中，大家是不接受这种低效努力的。职场要的是结果，而不是勤奋的表象。没有功劳的话，再多苦劳都是白费的，甚至是做得越多，错得越多，比如努力地制造了一大堆有瑕疵的产品。这也是我不赞同一味"夸努力"的原因。

三、能不能夸孩子"你真棒"？

还有很多人反对夸"你真棒"。他们认为夸孩子要夸得具体，不要含糊，不要让孩子觉得敷衍。这是没错的，但是不能教条主义，认为绝不能夸孩子"你真棒"！我就经常夸晴儿真棒。

【白镜头】

晴儿三岁时和妈妈去白马寺玩，带的水喝完了，晴儿有点渴了，妈妈就带她去了白马寺里面的止语茶舍。

进门前，妈妈说：这是止语茶舍，在里面不可以说话。

晴儿点点头，表示明白了。

妈妈带她进去，给杯子灌满了茶水。还拿了两个茶碗，和晴儿一人一碗。

里面很多人，大家都没有说话，有的在静静喝茶，有的在看佛经或相关的书。

这时，有一个中年妇女，在那里接电话，声音还有点大。

晴儿觉得很奇怪，用几乎听不见的声音，附在妈妈耳边问：妈妈，她为什么说话呀？

妈妈也非常低声说：她太不自觉了，你不要像她这样。

她们在里面待了二十分钟。

出了茶社，晴儿才对妈妈说：妈妈，我现在可以大声说话了吗？

妈妈说：可以啦。

晴儿说：刚才我在茶社都没有说话。

妈妈说：你真棒。

晴儿坦然接受，说：嗯，我做什么都很棒！

回到家，我和晴儿一起摆放几百个小珠子饰品的时候（需要非常耐心和细心），我成功摆放了好多，所以我情不自禁地对晴儿说：我好厉害啊。

晴儿说：嗯。

我说：我们俩都好厉害。

晴儿说：是的。

如果晴儿平时很少被夸奖和肯定，那么当我说我自己很厉害的时候，晴儿就会心理失衡，会认为我的潜台词是她不厉害，她就可能会哭闹抗议：我厉害，我才厉害……

但是因为晴儿平时都不缺夸奖和肯定，所以当我自我夸奖时，晴儿很淡定地认可了。当我补充说"我们俩都很厉害"的时候，她也坦然接受了。

有人说要夸孩子勤劳、努力或听话，不要夸孩子很棒。我觉得这是限制性思维。怎么夸，不要教条，要根据孩子的情况和当时的情况，具体问题具体对待。

夸孩子很棒，只要孩子听得懂，乐意接受，那就是有益的。它会让孩子有被认可的感觉，变得自信。

四、夸奖要建立在理解孩子和真心对待孩子的基础上

【黑镜头】

有群友说：我妈妈每次夸奖我后，我都感觉她不是发自真心的，有浮夸和假的成分，所以我很反感她夸我和妹妹。

为什么会这样呢？我告诉她：因为虚伪的夸奖，对孩子来说，就像反讽。

她赞同地说：对对对，我妈妈的夸奖就让我觉得是一种讽刺。而且她心口不一。尤其青春期的时候，明明不欣赏我的衣服，也会很虚伪地说我怎么怎么好看。

我觉得我妈很虚伪，我不会对我女儿这样，欣赏就欣赏，欣赏不了就尊重或者互相讨论。虚伪的夸奖真的很讨厌。

【黑镜头】

还有群友说：我小时候常被爸妈夸奖，但每次听到他们的夸奖，我就压力特别大，浑身不自在，非常怕听他们夸奖。

为什么会这样呢？因为他父母的夸奖，不是发自真心的夸奖，而纯粹是为了控制他而已。

比如，考试前，父母会这样夸他：爸妈相信你是最聪明的，你也一直很努力，爸妈相信你这次肯定能考第一，相信你不会让爸妈失望。

又比如，父母想让孩子做一些他不想做的事情，就会说：你一向最懂事了，我们都知道你是个好孩子，相信你不会拒绝父母。

这实质上是控制！

《当我遇见一个人》的作者李雪说：

当我投入一件事情废寝忘食时，有人夸我很努力，我只会觉得反胃。当我想出一个我自己觉得很妙的主意，你听了也发自内心赞叹我聪明，我会很开心呢。真诚和看见，是最好的沟通。

的确，夸奖孩子，需要建立在看见孩子的基础上，而不是试图去隐形地控制孩子。

五、批评与鼓励，哪个促人向上的力量更强？

【黑镜头】

刚上初二的时候，我们第一次交作业，政治老师和生物老师都给我的作业批了个"差"字。不少同学的作业都是"差"，只有少数女生的作业是"优"。不是我们没做对，而是老师嫌我们字迹潦草。

第二次，我就很用心地写作业了，相对工整多了。等作业发下来，我发现政治老师给我批了个"优"，生物老师还是给我批了个"差"。

第三次，我更加认真地写作业，已经尽我最大的能力去写工整了。政治老师给我批的依然是"优"，生物老师却还是给我批了个"差"。

从那以后，政治作业我就认真地写，生物作业，我就随便写了。反正不论我用不用心，都是给个"差"！

也许在生物老师看来，他对我们严格要求，是为我们好。但他的标准实在是太严苛了，或者说，他太吝啬于夸奖了，哪怕他给我批个"良"，也能让我看到点希望呀。但他总是批"差"，于是，我就怀着怨气放弃了。

像我这样的同学，还有很多。我算是学习比较自觉的了，而且是全班前三的成绩，但我尚且会因为老被批"差"而破罐子破摔，那些成绩差的同学，就更是如此了。

心理学研究证实：当我们想让孩子做某件事情，或者学习某种知识时，如果太容易了，孩子们会觉得无聊；太难了，孩子会放弃；如果难度适中，孩子努力一下，可以达到，就比如跳起来能摘到桃子的话，孩子是最容易积极持续下去的。

郑渊洁说：鼓励能让白痴变成天才。这句话虽然夸张了点，但鼓励的力量，的确远比我们想象的要大。

【白镜头】

一个朋友说，她儿子曾经非常调皮捣蛋，时常会闯祸。有一次，他在学校不小心把学校的窗户玻璃碰碎了，被老师批评和叫家长后，孩子才回到家。

吃晚饭的时候，他问爸爸：有我这样的儿子，你感觉怎样？

爸爸说：感到失望。

他又问姐姐：有我这样一个弟弟，你感觉如何？

姐姐说：感到丢脸。

然后他又桀骜不驯地问妈妈：有我这样一个儿子，你有什么感觉？

妈妈说：我为你骄傲。虽然你有些调皮，但调皮一点也没什么不好。在我心中，你一直都是让我骄傲的孩子。

没想到，这话说完后，儿子居然泪奔了。

大家都惊呆了，没想到这个一向调皮捣蛋的孩子，居然会因为这句话感动成这样。

从那以后，他就像变了一个人，还是很活泼，但很少再捣乱，学习也变得认真了。

还有个群友听了我的分享后，感慨地说：

【黑镜头】

我以前说我老公太虚荣，做一点事情，就希望别人都知道，想要得到夸奖。

现在才知道是因为他的父母从来没有夸奖过他，他想要被夸奖、被认可的需求，一直都没有满足过。真是童年阴影呀。

这些例子，都证明了卡耐基的观点：

如果你告诉自己的孩子或爱人，他在某件事上真是愚笨，他对某事没有天赋，或者他做的都错了……那么你就差不多消除了他要作出改进的各种动力。

但如果我们用相反的办法，宽容他人，鼓励他人，使事情好像容易去做，使对方知道你相信他有能力去做，他对这事有尚未发掘的才干——他为了要争胜就会终夜练习。

心理励志作家黑幼龙提出了具有影响力的五大原则：

1. 引发他人心中的渴望。
2. 真诚地给予他人赞赏和感谢。
3. 聆听并鼓励别人多说自己的事。
4. 衷心让别人觉得他很重要。
5. 不批评、不责备、不抱怨他人。

这也是在说鼓励、赞赏要比批评、责备更能影响他人，更能促人改变。而要做到这几条，不需要多高的文化和学历，小学生都可以做到。但为什么很多父母都做不到，甚至反其道而行呢？

我想原因应该是：他们缺乏一个好的榜样，他们小时候也没有被这样对待过。此外他们更享受自己高高在上的感觉，更享受压制别人的快感，而不愿意花费心情和精力让别人心服。

但爱孩子的父母，应该对孩子多鼓励、少批评。

六、有些夸奖会扭曲孩子的内心，打击孩子的内驱力

很多人认为不要夸奖孩子的人格，要夸奖孩子的行为。我觉得这种观点

值得商榷。因为夸奖孩子的行为，那就等于是在诱惑孩子持续这样的行为。这不就是有条件的爱吗？

比如下面这个例子：

【黑镜头】

贝贝上幼儿园了，老师说，大家要听话、懂事，这样就能得到一朵小红花。小红花是荣誉的象征，只有得到表扬的小朋友才能得到小红花。

几天过去了，很多同学都得到了小红花，可贝贝还没得到。这天，他发现老师的纽扣不小心掉了一个，就急忙跑过去捡起来交给老师，于是得到了一朵小红花。从此，贝贝天天盯着老师，虽然老师的扣子没有再掉，但老师认为他认真听老师说话，所以又给他一朵小红花。

后来，他还将自己的钱悄悄丢到地上，再捡起来交给老师，好获得拾金不昧的表扬，从而再得到一朵小红花。

豆瓣网友冰冰在一篇书评中说：

【黑镜头】

她为表扬付出了代价：强迫自己去做不喜欢的事，因而永远不知道自己爱做什么，缺乏真正的兴趣爱好，对人际关系疑心重重，很难与人相处。

在谈到自我价值时，她总是强调对家庭的贡献，对她来说，我们肯定她就有价值，否定她的某个行为，就"摧毁"了她的自尊心。当我意识到这些，我发现表扬并不比批评好。虽然善于表扬别人的人通常受人喜爱，但对孩子来说，过多的表扬则会使他们上瘾，成为没有表扬就无法做事的人和在权威面前放弃立场的人。

这段文字描述的现象非常典型，但第二段的结论，显然是错误的。文中的"她"没有自己的独立人格，不是因为被过多的表扬给害了，而是被有条件的爱给害了。

表扬礼貌，夸奖努力、懂事等，很多时候，都是有条件的爱！

很多人认为：经常能够轻易得到表扬的人，会为了得到表扬而取悦父母。

但这个观点，我认为刚好说反了。可以轻易得到表扬的人，不会太在意别人的表扬。就像不渴的人，不会嗜好喝水。

那些很少得到表扬的人，才会像常常口渴却喝不到水的人一样，比常人更渴望得到夸奖。为此，他们会努力地取悦父母，去做父母想让他们做的事情，而这样的结果是，他们容易丧失真自我，发展出假自我。

孩子去学习或做某事，本应出自兴趣，出自天生的好奇心和求知欲，而不是为了得到父母的夸奖。但如果父母太喜于夸奖孩子，孩子就会顾不上什么好奇心和求知欲，把取悦父母当作最重要的事情。这也是马斯洛的需求层次论提到的，要先得到父母的认可，才容易发展出求知需求。

七、用感谢代替夸奖

【白镜头】

晴儿两岁时，常会积极主动地帮我忙。比如会帮我递书、搬凳子等。每次，我都会对她说：晴儿真棒，真厉害，都会搬凳子了！

晴儿很开心。有一天，晴儿妈妈对我说：我觉得你对晴儿说"谢谢"，比单纯夸她更好。

我想了想，的确如此。夸她真棒或懂事，是居高临下式的夸奖，而表达感谢，是把她当成和我平等的人来尊重。于是，我就改用"谢谢"了。

晴儿听到我说"谢谢"之后，眼神都变得闪亮了。当然，除了说谢谢，还可以表达孩子真棒，能做的事情又多了。这两个并不是截然对立的。但说"谢谢"更重要。

后来我看到李继荣、张一凡母子俩合写的书《爱让我们彼此听见》中，也谈到了这一点：

【白镜头】

儿子一凡小时候，常帮我和客人倒茶。往常的客人要么夸我教子有方，要么夸一凡乖巧懂事。

但有一天，来访的客人，却对一凡真诚地表达了感谢。这让一凡特别开心，他开心得像要飞起来一样。

为什么会如此呢？显然，表达感谢，是把一凡当平等的人来尊重了，所以孩子更开心。而此前，我从来没想过，还需要对孩子表达感谢。我过去认为感谢是孩子对大人表达的，大人无须对孩子表示感谢。没想到，感谢也是双向的，对孩子也那么重要。

八、用鼓励取代表扬

斯坦福大学那个心理团队认为："要用鼓励代替夸奖。"这句话没错。但他们认为"夸孩子努力是鼓励，夸孩子聪明是夸奖"，这点我不赞同。

我认为：不论是夸孩子努力，还是夸孩子懂事，都是夸奖，而不是鼓励。夸聪明、漂亮这类天生的特质，则属于认可。

有条件的夸奖和批评是一个硬币的两面，都是在刻意影响孩子向你希望的方向发展。我赞同以鼓励代替表扬，但什么才是鼓励？

我认为，在孩子想做某些事，却缺乏勇气时，遭受挫折，不敢再尝试时；遭遇困境，快要坚持不住时，我们通过话语或行动，激励孩子变得勇敢、坚强，持续地去做自己想做的事情，这个叫作"鼓励"。

夸奖带有明显的引导性，容易让孩子为了得到夸奖去讨好父母师长。

孩子做事的成功和失败，其实都是他自己的事情，父母不应该干涉，不应该期望孩子一定要做成什么，要允许孩子试错；否则容易让孩子为了持续得到夸奖而视野变狭窄，专注于父母所夸的项目和他暂时擅长的项目。

鼓励，是要激发孩子去探索他们自己感兴趣的未知领域（在保障安全的前提下），而不是我们期望他们探索的领域。

为了孩子的身心健康和全面发展，我们应该鼓励孩子听从内心的声音，去做自己想做的事情，由他自己承担探索的结果，大人尽量不要去表扬或批评，不要干扰孩子内在的驱动机制。

鼓励是水，要经常用；夸奖和批评是药，要慎用。用得不对，或长期用，就会有副作用。

鼓励并不是单纯喊"加油"，不是不顾孩子的实际情况，对孩子喊："你可以的，我相信你！"而是在了解孩子的基础上，唤起孩子的勇气。

我主张用鼓励取代夸奖和批评，这是对内心没有被破坏过的孩子说的。如果孩子过去一直被批评笨，那么就需要适度夸奖孩子聪明，把笨的标签撕掉……

泰勒·本·沙哈尔（被称为哈佛"最受欢迎的导师"）在《幸福的方法》一书中提到：做父母的最高境界是——尽己所能支持鼓励孩子成为最好的自己，也以身作则支持孩子成为真正的自己。

我所说的鼓励，就是鼓励孩子勇敢去探索未知，成为真正的自己。

九、一心为对方好的鼓励，为何会没效果？

1. 什么是错误的鼓励？

【黑镜头】

儿子：妈，我不想去参加朗诵比赛了，我都背不会。

妈妈：儿子，自信点，妈妈相信你！

儿子：我背了一上午了，真是背不会，我不去了吧？

妈妈：只要你自信，一定可以的。妈妈为你加油！

女儿：他们都说我在元旦晚会上唱得不好。

爸爸：他们不可能说你不好。

女儿：他们说我只是长得漂亮，但没有一副好嗓子，声音小到只有第一排的人才能听到。

爸爸：他们胡说，我就听得到。

女儿：你坐第一排。

爸爸：对，可是你唱得很棒，别太在意批评。你得早点习惯，我也经常被批评。小时候我……

女儿（生气）：我说的不是你，而是我！我喜欢唱歌。

爸爸：我只想说，你不能感到气馁！要相信自己，再接再厉……

女儿（抓狂）：我不想听大道理，我希望你了解我的感受！

爸爸沉默了，他不知道自己哪句话说错了，也不知道该怎么做……

高一后半期，我遇到一个相见恨晚的女同桌。我们俩关系很好，无话不谈。但有一天晚自习时，我们也有了一点小小的不快。

当时我在做数学函数题，不知怎么脑袋木了，怎么都不会做。于是，我让她给我讲讲题。平时，她都会放下手边的事情给我讲。但那天她可能有别的事情需要忙，所以就直接把她的作业本递给我，让我自己看。

这不是我想要的，于是，我面无表情地拒绝了。拒绝她之后，我又陷入了苦思冥想的境地，但百思不得其解，这种状态让我很痛苦。

她见我这样痛苦，于心不忍，又担心我生她的气，不理她，所以她给我写了张字条，递给我。我看到字条上写的是：笨鸟先飞！

这下我更生气了，直接把字条给扔了。

然后她又递给我一张字条，上面写着：笨鸟先飞你已经做到，这些题其实很容易的，我相信你很快就能摆脱困境。

我不得不说，她的字条丝毫没有减轻我的压力，反而让我更焦虑了！

第一个案例中，母亲鼓励孩子，看得出这位母亲很积极阳光，也深爱她的儿子。儿子也很看重妈妈的看法，但妈妈的鼓励无效。

第二个案例中，爸爸也爱女儿，女儿也看重爸爸的想法，但爸爸的鼓励也无效。

第三个案例中，我和同桌关系非常好，彼此也非常信任，她也是个情商很高的女孩，但她那次的鼓励对我也无效。

由此可见鼓励之难。

大家都知道鼓励是好事，来自关系好的人的鼓励，也更容易发挥作用。但为什么在这三个案例中，鼓励都是失败的？

原因是没有接纳和理解对方的情绪，没有和对方共情。孩子向父母谈论自己的问题，是想得到倾听和理解，但父母却直接给出了劝告和建议。我同学对我的鼓励，也是如此。

2. 正确的鼓励方式。

有效的鼓励，要建立在共情之上。

《PET 父母效能训练手册》的作者戈登也谈过这个问题，他说：

当孩子遇到问题，我们应该抛开自己的想法和情绪，专心倾听，然后鼓励孩子充分表达他们的情绪和想法。我们只做陪伴者，而不是做参与者。当孩子的情绪被我们接纳了，当他们的想法被我们听到了，他们自己就会有更合适的决定，不需要我们给建议。

只是大部分父母，总会忍不住直接给孩子劝告或建议，甚至给孩子命令。于是，孩子很难接受，心智也难以因此得到成长。

回到上面的案例中，要如何回应，才是有效的鼓励呢？我来模拟一下，供大家参考：

【白镜头】

儿子：妈，我不想去（参加比赛）了，我都背不会。

妈妈：儿子，你很焦虑、紧张？

儿子：嗯，我害怕，我背不会。

妈妈：你怕上台后，面对很多人，背不出？

儿子：是啊，我背了一上午了，可能太紧张了，就是背不会，我不去了吧？我怕到时候背不出来太丢脸了。

妈妈：儿子，我理解你的心情，妈妈也经常遇到你这样的情况，有时候会选择勇敢去面对，有时候也会选择逃避和放弃。所以，不管你做什么决定，妈妈都支持你！

妈妈在遇到很重要又想逃避的事情时，总是用一句名言鼓励自己：没敢去做和做砸了，看似结果都是失败，但前者让人更懦弱，后者让人更智慧！

儿子：那我去！丢脸也是一种难得的体验，丢过一次脸也许就不怕第二次了。

女儿：他们都说我在元旦晚会上唱得不好。

爸爸：他们怎么说的？

女儿：他们说我只是长得漂亮，但没有一副好嗓子，声音小到只有第一排的人才能听到。

爸爸：你怎么看待这种评论呢？

女儿（沮丧）：我觉得他们说的好像没错。

爸爸：我不知道后面的观众如何，不过我可是听得很清楚，我觉得你唱得很棒！

女儿（欣慰）：谢谢爸爸！

爸爸（拥抱）：女儿，我知道你现在心情不好，我不知道该做些什么能让你开心点。不过，我永远都是你最忠实的听众，只要你想唱，我就愿意听。

还有我想说，没有人天生就是歌唱家，大家都是要多多练习，才熟能生巧的。我相信你将来也可以。

女儿（感动）：爸爸，你能这样听我说，我感觉好多了！

她见我这样痛苦，于心不忍，又担心我生她的气，不理她，所以她给我写了张字条，递给我，我看到字条上写的是：你现在是不是很痛苦、很迷茫、很无助？

我对她点点头，然后在字条上写了一句：我不知道为什么会变成这样，我觉得自己好笨、好失败啊！

她又递给我一张字条：这些题确实不容易，越是焦虑越会陷入困境，要不你先放松一下，做点别的。等明天你心情好点了，我们一起研究一下这些题？在我心里，你一直都是很棒的，只是暂时被这些题给困住了。我相信你是那种不飞则已、一飞冲天，不鸣则已、一鸣惊人的人。

她的字条让我热血沸腾，深感欣慰，焦虑一扫而空。

这些不是标准答案，只是供大家参考，如何运用共情式鼓励，希望大家可以举一反三，灵活运用，达到更好的沟通效果。

俗话说，三岁看大，七岁看老。

著名心理学家武志红说：性格，浓缩着我们童年的一切人际关系。

小时候，孩子如何被夸奖、鼓励，对孩子的性格有着一生的深远影响。恰当的夸奖，让人愉悦；在共情基础上的鼓励，让人更有勇气和信心。

第 5 课
如何培养孩子的好习惯

少成若天性，习惯成自然。
——孔子

心若改变，你的态度跟着改变；态度改变，你的习惯跟着改变；习惯改变，你的性格跟着改变；性格改变，你的人生跟着改变。

——人本主义心理学创始人马斯洛

【思考】

1.你有哪些好习惯？这是从小父母培养的，还是你自己养成的？

....

....

2.你的孩子有哪些好习惯？是自然形成的，还是你特意培养的？

....

....

3.你想培养孩子哪些他们还没有的好习惯？打算如何培养？

....

....

....

一、完美主义不是好习惯

【黑镜头】

楠楠的父母从小就想把她培养成一个完美的人。所以，从小对她要求特别严格，不许随便出去玩，不许看电视，不许看闲书，只能看课本和名著。每天早起必须去跑步。

不管做什么事情，爸爸的准则都是——必须有用。只能做有用的事情，不能做没用的事情，不能说没用的话（闲话）。

父母多年如一日地培养楠楠的各种好习惯。

楠楠也成了品学兼优的人，考上了名校。

但到了大二的时候，楠楠突然得了精神分裂，她觉得自己的脸没有了……

楠楠的自我，完全被她父母给扼杀了。所以，大家需要注意，孩子是人，是有血有肉有感情、需要人际交往和休闲娱乐的人。

大家可以培养孩子的好习惯，但是千万别像楠楠的父母那样，试图让孩子成为一个像机器人一样完美但却没有自我的人。孩子需要自由，需要空闲，需要不完美的个性。

二、念咒语培养好习惯，无效！

我看过很多"如何培养孩子好习惯"的文章和图书，发现他们的方法，和上千年来无数家长的方法一模一样，就是：念咒语！

比如天天对着孩子唠叨：

你要早睡早起！

你要热爱学习！

你要养成好习惯！

认真点、别马虎……

这些咒语有效吗？

没有！要不然，家长们也不会年年念、天天念、时时念、气急败坏地念！如果念咒语有用，哪还会有这么多烦恼的家长呢？

三、"21 天养成一个习惯"，不是大家想象的那样

有个大家耳熟能详的"秘籍"——培养一个好习惯，需要坚持 21 天。这个说法靠谱吗？

我们自己的经历就可以证明，这个说法不靠谱。我们上高中时，每天都跑早操，晚上宿舍统一熄灯后就睡觉。但这个早睡早起并跑操的"好习惯"，高考后就消失了。

为什么我们花了远超 21 天很多倍的时间养成的好习惯，到了大学，就消失了呢？因为这个习惯只是表层的行为习惯。而只有与内心一致的表层行为习惯，才能持久。大多数表层习惯，即便靠意志力持续长达二百一十天，也不会成为自动自发、可以一直延续的习惯。意志力稍一放松就前功尽弃了。

我们人类造不出永动机，也不会有无穷的意志力。不论什么事情，单靠意志力养成的好习惯，都只能是无根之木、无源之水，不会长久的。

21 天习惯养成规律是著名的心理学家、医学博士、整形外科博士后、整形医生麦克斯威尔·马尔茨通过长期对整形病人的观察得出，并随着他的名

著《心理控制术：改变自我意象，改变你的人生》一书发表，从而被全世界熟知。即"形成一个新习惯，无须意识努力，而主动自动完成某件事情，至少需要 21 天"。

作者说的习惯，和我们理解的习惯，不是一回事。他的本意是说：在你整形后，至少需要 21 天，你才能适应你的新面孔；或者天生六指的人，截掉多余的一个，需要过 21 天，才能适应现在是五个手指的现实。

是至少需要 21 天，也许 21 年也未必能适应。具体多久才能适应，要看和原来相比，改变的程度大小及当事人的适应能力强弱。比如截肢，那 21 天肯定是不够的。

很明显，他说的这个新习惯，是指外在条件发生改变后，我们需要多久来适应这个新状态，养成新习惯。比如一个少年近视了，刚佩戴了眼镜，他可能需要一段时间才能适应戴眼镜的新习惯。

我们说的习惯培养则是指：在外在没有任何变化的情况下，养成一个新习惯，所以这个难度和马尔茨博士的理论几乎没什么关系了。

因此，指望冲刺 21 天，养成一个新习惯，并持续一辈子，这是无稽之谈。现实中也总是得到反效果。

【黑镜头】

柳女士用西红柿减肥法，坚持吃了 21 天西红柿。然后第 22 天她开始暴饮暴食，用不健康的方法减下去的那点体重瞬间反弹了，而且身体素质也不如以前了。

【黑镜头】

王女士为了养成持续跑步的好习惯，她咬牙坚持 50 天每天早起跑步（例假期间都没停，说要坚持够两个 21 天），接下来，她八年都没再跑过步。

要养成好习惯，还是得循序渐进，细水长流，别搞这种冲刺。冲刺，是为了实现某个短期的紧急的目标；但就长远的习惯而言，需要的是持续，不是突击。

四、习惯的两个层次

自我管理系统构建专家易仁永澄讲过：习惯分两个层次。一个是表层的行为习惯，简称表层习惯；一个是深层的思维习惯，叫元习惯。前者如把东西摆好，早睡早起，每天跑步五千米，早晚一杯水，每天写日记，等等；后者有换位思考，积极主动，以终为始，双赢思维，要事优先，等等。

如果想培养好的元习惯，需要从表层习惯入手，表层习惯的培养有具体形式可以落地，比如每天跑多少米、读多少页书等是可以量化的。但是，我们不能为培养表层习惯而培养表层习惯，我们培养表层习惯的目的，是强化元习惯。

五、要培养好的元习惯，而非好的表层习惯

如果我们培养的表层习惯，达不到强化元习惯的目的，甚至会削弱元习惯，那就与我们的根本目的背道而驰，这个表层习惯的培养就应该立刻停止。

现实生活中，当我们努力去培养孩子的某个表层习惯时，往往会导致这个表层习惯和元习惯背道而驰。

比如，很多家长认为晚睡对身体不好，也显得不自律，希望子女早睡早起，培养孩子自律的好习惯。每天到了规定时间，孩子还不睡觉的话，家长就把孩子训斥乃至打骂一顿，逼孩子睡觉。

这样做，也许孩子会像监狱的犯人那样，养成了早睡早起的表层习惯，可早睡早起强化了孩子的元习惯吗？

早睡早起原本是要培养孩子自律和积极主动的元习惯的，但因为孩子是被迫的，是在父母的打压下才不得不早睡早起的，所以，这培养的是孩子他律和消极被动的习惯。

强迫孩子早睡早起，也不利于孩子的身体健康。因为早睡虽然比熬夜对身体好，但孩子怀着恐惧和愤怒睡觉，比熬夜更伤身体。

大思想家尼采说："习惯就是让大脑变懒惰、手脚变勤快的东西。"他这里说的习惯就是指行为习惯，也即表层习惯。它使我们不需要多思考，就能本能地去做某事。它是中性的，未必就是好的。

比如，一个孩子每天习惯早睡早起，但是早上起来看网络小说，或玩网络游戏（非职业游戏玩家），这算是好习惯吗？显然不算。每天早起健身或学习，才算是好习惯。

又比如，一个人每天晚睡晚起，但晚睡的时候，他是在专心工作（比如过去很多大作家，都是晚上写作），这不算好习惯吗？

在你享受早睡早起的状态时，早睡早起是好习惯；但如果你是被外因驱使早睡早起，内心一直处于对抗的状态，那就不算好习惯了。

有人认为孩子每天多喝水是好习惯，但是有的孩子因为体质原因，是不适合多喝水的。喝多了无法运化，反而对身体不好。

孩子不渴的时候，非要孩子喝水，会导致孩子失去对身体本能的觉知，渴不渴都感觉不到了，也让孩子失去对身体的掌控权，甚至迁怒于身体。这样一来，孩子怎么可能因此养成爱惜身体的元习惯呢？

有人从小被父母强迫，养成了每天读十页书的习惯，但是因为内心抗拒，每天读书时，都读得走马观花、心不在焉，读过就忘。这算是好习惯吗？如果他养成的是热爱读书、善于从书中吸取营养的元习惯，哪怕他有时忙起来好几天也没读一本书，这也是个让他受益终身的元习惯。

有人强迫孩子养成每天弹半个小时钢琴的习惯，但孩子每次弹钢琴都非常痛苦，享受不到一点弹钢琴的乐趣，这个习惯算好习惯吗？如果他养成了热爱音乐的元习惯，即便没有每天弹钢琴半小时，但兴致来了，会一下弹一两个小时。这种用心去做，不比所谓有规律的表层习惯更有益吗？

由此，我们明白，我们真正需要在意的，是孩子好的元习惯，而不是表层习惯。通过强制的方式，也无助于孩子培养任何好的元习惯，因为孩子天生的独立自主愿望会抗拒一切强制。

大多数父母，都陷入到强制培养孩子表层习惯的误区，这是本末倒置的。

网上看到车成子的一篇文章，里面谈到，他努力培养孩子养成了饭后立刻去洗碗的好习惯。但是当孩子上小学后，班主任却告诉他们，不要让孩子饭后洗碗，因为学校水龙头不够用，要求带回家洗，并要求家长好好教育孩子。

他满口答应，下面是他的具体方法：

冰冻三尺非一日之寒，我们家长需慢慢解冻：一不要讲大道理，二更不要去批评。最好的办法只有一个，用耐心反复去提醒。

于是我就在和孩子一起玩耍时，在带孩子一起购物时，在和孩子一起看电视时，每隔二十分钟左右我就仅仅提醒他一句"记住在学校不能洗饭盒，要带回家洗"。孩子总是一愣，他还没反应过来，我就和他该干啥干啥了，就像我没说那句话一样。

过了十天，我再去接孩子时，班主任高兴地对我说："孩子终于改过来了。"我忙说："不好意思，他有点不懂事，改得慢，不过一旦他改过来了，就不会再犯。"

回到家后，我把这个好消息告诉了孩子妈妈，她也很高兴，对我说："没想到你的办法还真管用。"我说："我计算过，十天时间我提醒了孩子一百七十多次，哪怕他是根铁棒，我也有耐心把他给磨成针。"

看了这篇文章，大家有什么感想？

我觉得这样的做法不可取。

首先是把老师的话当圣旨；其次，不好好和孩子交流，而是用咒语洗脑的方式，一遍遍给孩子念咒语，孩子莫名其妙就被改变了行为。

原本孩子饭后洗碗，就是爸爸给他洗脑的结果；而现在规则变了——饭后不洗碗，回家再洗，还是爸爸给他洗脑的结果。他从来没有机会说说自己的想法，没有机会明白为什么要这样。

父亲为了让孩子改变一个行为，不惜在十天内，先后毫无征兆地突然打断孩子的成长一百七十多次，把孩子的专注力破坏殆尽，这是标准的舍本逐末！

如果真需要改变孩子的行为习惯，需要告诉孩子，吃过饭就洗碗，是好事；但是好事也要分场合。在有些学校可以饭后直接洗碗，但是你们学校水管太少了，如果大家都饭后就洗碗，水管不够用，就可能出现争抢的现象，秩序就会变得混乱，所以老师要求碗带回家再洗。

这位父亲当初要求孩子吃过饭就立刻洗碗，也是不对的。这样会让孩子变得机械，就是在破坏孩子的元习惯。

【黑镜头】

有个中年女性，每天苦大仇深地做家务，把家里弄得干干净净，但是她并不享受这个过程，她觉得这是不得不做的事情。每天花大量时间做这个，让她很不爽，但是又有一种无形的力量，让她每天都做。

丈夫每次想和她交流，她都不耐烦地说：没见我正忙着吗？

丈夫很抓狂地说：你每天就会拖拖拖……

她很委屈和愤怒地说：我做家务，你不感激，还反感？你有没有良心？

她就是小时候被父母强制培养了干净整洁的表层"好习惯"，而没有养成真正爱护环境的元习惯；所以，这丝毫无助于她的幸福感。如果不是强制，而是自发的，不需要刻意花很多时间来做，也不需要拖地这么勤，导致被家务缠身，连和丈夫交流的时间都没有，做这些事情她就会很享受，不会这样苦大仇深。

因此，千万别把一些好习惯变成孩子身上的枷锁。

六、元习惯是根本，对应的表层习惯多种多样

有人认为孩子每天跑步几千米是好习惯，或者认为孩子应该养成踢足球的好习惯等。但是如果孩子不喜欢跑步，不喜欢踢足球，你非要孩子养成这

些所谓的好习惯，就是在和孩子对抗，不利于建立良好的亲子关系，还会伤害孩子的身体。因为你的强制，会导致孩子憎恨自己的身体。

或许会有人说：可是跑步不是对身体健康很重要吗？踢足球不是一项全世界都喜欢的运动吗？

这些话没错，但是要让身体健康，有很多种运动形式，不是只有这一两种。大家喜欢的运动多种多样，但不代表我们都要去做。一个人也没有精力把所有运动项目都练了。

我们要培养的是孩子的元习惯，比如珍惜身体、重视健康、热爱运动等，那么，要强化这样的元习惯，是有很多表层习惯可选的，比如游泳、打篮球、打羽毛球、快走、跳舞、太极、跆拳道，及各种类型的体操等，为何非要把孩子限制住呢？

每个人都有不同的特点和喜好，所以，适合每个人的表层习惯是不同的，要因人而异。我们要尊重每个孩子的特点，让他们自由选择他们喜欢的运动，这样更容易养成表层习惯，也有助于好的元习惯的形成，这不是两全其美吗？

七、好的元习惯如何培养？

好的元习惯必须是自己主动且自愿来养成才行，父母强制培养孩子好习惯的方式是行不通的。

身教重于言教，靠念咒语、唠叨，是无法培养好的元习惯的；但父母好的元习惯，会潜移默化传给孩子。当然，坏的元习惯，同样很容易传给孩子。

我的自传写作班群友们写的大量自传（包括家族史），很突出地反映了这一点。比如很多人继承了母亲遇事就心慌、凡事往坏处想的元习惯。很多人继承了父亲消极、爱逃避的元习惯。

我给不少中小学生讲过课。我曾问过他们有什么兴趣爱好，有什么好习惯。他们的回答五花八门，比如热爱书法，热爱舞蹈，每天都会主动练；还有人每天晨跑，每天打羽毛球……

　　他们养成这些好习惯的原因分两种。一是受父母影响，不是父母要求或强迫的，而是父母喜欢这么做，他们自然追随的。比如父母热爱打羽毛球，热爱跑步，他们也非常喜欢这些。

　　二是因为他们某次表现得好，被老师表扬（比如老师夸她书法写得好、舞蹈跳得好、作文写得好……），然后很有成就感，就继续做自己擅长的事情，逐渐形成了习惯。

　　当然还有最重要的一个前提是，他们自己非常喜欢这样做，而且能做得很好。在我看来，就是他们具备相应的天赋，又受外因的推动，于是就形成了这样的好习惯。

　　这些好习惯虽然只是表层习惯，但因为是他们乐意的，所以时间长了，就能培养出相应的元习惯。

八、我的几个好习惯

1. 写日记的习惯。

　　每天盘点自己当日的收获（现在流行的词叫"复盘"），写自己的所见所闻所思所想，和自己的心灵对话。这个习惯我保持了几十年了。

　　写日记，盘点自己的收获，是表层习惯；而日日精进，是元习惯。

　　写日记的好处非常多，每天盘点，只是最基本的一项。这方面，我做得很好，而且享受这样做。

　　我是从初中开始养成写日记的习惯的，最初是老师提倡和要求的（老师要求和家长要求是不同的，老师是让同学们学习和掌握写日记这一体裁，是语文课程学习的内容之一；家长往往是额外要求）。后来我感觉这样的习惯很好，就坚持下去了。

　　我上重点高中那三年，是屡战屡败也饱受摧残和折磨的三年，幸好我此前就养成了写日记的好习惯，每天都可以通过写日记的方式，及时抒发内心郁闷憋屈的情绪，而不是让自己一直压抑着。我还及时地总结自己的经验，吸取教训，并鼓励自己坚持下去。可以说，日记就是我的良师益友。靠着它的帮助，我才顺利地熬过了最艰难的阶段。

所以，我希望大家都养成写日记的好习惯。

2. 换位思考的习惯。

如果你有这样的元习惯，在人际关系和为人处世上，就会少掉很多坑。

我高中时，看了卡耐基讲人际关系的书，意识到站在别人的角度思考，会有助于沟通和达成自己的目标。

那时，我还喜欢写小说，小说里的主角和配角会说什么样的话、做什么样的事情，我都需要试着站在他们的角度去考虑。

课余时间我写了不少以女性为主角的小小说。有个女生无意间看到了，吃惊地说："你描写女生心理怎么这么准？"看过我每一篇小说的同桌自豪地说："我同桌写什么都很准……"

我写的故事都是虚构的，不是听谁讲的。之所以准，可能是因为我善于观察和揣摩，经常换位思考吧。

大学毕业做业务时，我更是把这个理念在实践中充分运用，有了更多的领悟，所以业绩一直是最好的。

再后来专职以写作为生，每天写不同的故事，都在不断思考故事里的人，在各种环境下，会做什么事，会说什么话，会如何应对……

就这样，我不自觉地锻炼了自己的换位思考能力。当时我并没有意识到，后来有朋友提出我比较会换位思考时，我才发现无意中养成了这样的习惯。这个习惯，也有助于我成为一个合格的心理咨询师和家庭教育指导师。

3. 早睡早起的习惯。

我父母有早睡早起的习惯，但这与我关系不大。因为学生时代，我比他们起得更早。我最初早睡早起，只是因为学校要上早自习。从小学三年级开始上早自习起，每天早上，我都是自己起床去学校的，不需要父母操心叫我起床。

中学开始住校。早睡早起，也是因为要早起跑操和上早自习；晚上定时熄灯，想不早睡也不行。

上大学时，不像中学有这么严格的作息制度了，我和同学们就成了晚睡晚起的人了。

毕业后，我做业务，天天出差到处跑，虽然没有人管，也不需要定时上班打卡，但我还是早睡早起。因为每天要赶比较早的车去另一个县城，早点开始工作。白天跑了一天，到晚上累得躺到床上就睡着了。

后来做自由职业，不需要早起，晚上也更安静，更适合工作，于是，我又晚睡晚起了。直到后来身体变差，我才决定要调整自己的作息规律。

此外还有榜样的力量，促使我早睡早起。

童话大王郑渊洁几十年来都是早上四点起床，利用早上的黄金时间来写作。他每天六点半前写六千字，白天则可以毫无压力地享受人生。

日本著名作家村上春树也是从三十岁开始，一直坚持早上四点起床写作，创作了大量的畅销小说。

阿富汗著名作家胡塞尼的职业是医生，为了写小说，他每天清晨四点起床，写作四个小时后，八点半准时赶到医院上班。正是利用早起的这段时间，他给人类贡献了《追风筝的人》和《灿烂千阳》这两部惊世之作。

我没有上面这些大作家那么热血，我每天晚上十点睡觉，不定闹钟，一般早上五点左右自然醒，醒来后会起床工作两个半小时，然后吃早饭。规律作息，有益身心健康，还能促进家庭和睦。

这个早睡早起的习惯，是我自己自发且主动地养成的，因此，这个表层习惯也促使我拥有了积极向上和自律的元习惯。

4. 兼容并蓄，没有门户之见。

这个元习惯非常重要，我感觉自己做得很好。我欣赏的人，也都具备这样的特点。

金庸小说里有很多很厉害的大侠，比如王重阳、黄药师、郭靖等，为什么这些大侠的后代或徒弟却往往很平庸？现实中也是如此。比如心学集大成者王阳明学问高深，但众多弟子却都不如他。鲁迅先生的文学水平是顶级的，他的众多弟子，同样没有人超越他。

原因很简单，这些大人物，往往都是学派集大成者。他们博采众长，兼容并蓄，学习了很多门派的功法，融为一体，形成了自己的风格。他们擅长学习，也擅长自学及创新。比如王重阳跟很多人切磋，也学了很多别人的功夫；郭靖有好多个师父。

王阳明不仅学习儒学，还做到了儒释道融会贯通。

鲁迅也是博采众长，既继承了传统文化的精华，同时也吸取世界各国的优秀文化（还翻译了近四百万字外国优秀作品）。他既不崇洋媚外，也不固守传统，全都采取"吸取精华、弃其糟粕"的"拿来主义"姿态，融合世界各国的先进文化，形成了深刻的思想，铸造了独特的文风，为世人留下了博大精深的著作。

他们的弟子因为有老师这座高山在前面，一辈子都学不完，也不屑于学别的门派，因此，他们走不出老师的光环。

是不是徒弟必然走不出名师的光环呢？也不是。

比如在李连杰主演的电影《精武英雄》里，陈真就超越了师父。

霍元甲摒弃门户之见，博采众家之长，创立了重意不重形、法无定法的迷踪拳，创建了"精武体育会"，以民族大义为重，致力于中华武术界的团结。而其徒弟陈真更进一步，在师父的支持下，出国学习了现代科学，也学习了西洋拳、泰拳、日本的柔术，等等，把国际上各种优秀的武术融合到一起。因此，他超越了师父。

我也从来没有什么门户之见，只要有益的，不管是哪个派别，我都会采取拿来主义，取其精华，弃其糟粕。我不会盲目崇拜，照搬一切；也不会因人废言，一味排斥。

5. 热爱读书的习惯。

爱读书，只是表层习惯。元习惯是热爱学习，善于学习。就这个元习惯来说，读书是最方便快捷的。不过古代有些不识字的人，喜欢与人交流，也同样是善于学习和借鉴，他们读的是社会人情这部大书。而有的人死读书，却没有形成这样的元习惯。关于读书习惯，后文再详述。

6. 分享的习惯。

小时候，我喜欢和人交流，喜欢分享我的所见所闻。

母亲说，我小时候在家，就常自言自语。他们从外面回来，听到屋里有人说话，还以为谁来做客，开门一看，只有我一个人，那时，我才两岁。

后来，这个喜欢分享的习惯被发扬光大，有父亲的功劳，因为小时候他给我讲过很多故事，后来给我故事书，让我自己看。我把听过的、看过的故事都和小伙伴们分享完了，怎么办呢？那就利用想象力，把看到的任何东西都编出一个故事来。比如看到几块形状各异的小石头，我可以编个悲壮的故事；看到不同的树叶，或者树叶上的叶脉，我也可以编个曲折离奇的故事；看到一只小狗对我叫，我也能编个好玩的童话故事……所以，我可以给小伙伴们分享无穷无尽的故事。

而分享故事，也要感谢当时的小学校长。虽然他教音乐，但实际上并没有教过我们唱歌，每次上课，他总给我们讲一个红军打仗的故事，然后让全班同学自愿上台讲故事。他给了所有人机会，但很多人视此为麻烦，唯恐避之不及。我抓住这个机会，每次都第一个上台，讲得绘声绘色，被大家公认为故事大王。

平时我也常给同桌讲故事，从小学一直讲到大学。大学毕业，没有同桌了，我就把自己想分享的故事写出来，发到网上，就这样走上了自由撰稿人的道路。全国许多故事期刊上，都刊发过我写的故事。再后来，我又开始在网上分享家庭教育和心理学方面的感悟……

我妻子、女儿，还有朋友们，都喜欢听我讲故事。

这个习惯，既是表层习惯，也是元习惯。不是谁培养的，我认为是我先有天赋，再加上后天环境促使我形成这样的习惯。比如我父亲、校长，还有很多喜欢听我讲故事的同学，还有互联网的便利等，都在我养成分享的习惯上起到了很大的作用。没有这些支持，我未必能形成这样的习惯，并以分享为生。

有的人，小时候也很有想象力，但是父母和老师却认为他每天胡思乱想，是走火入魔了，天天打骂训斥他，终于把他的想象力扼杀了。如果我生活在这样的家庭环境中，恐怕天赋也会被毁掉吧。

所以，我们要给孩子爱与自由，给孩子自由的空间，让孩子有机会发展自己的天赋。

九、我如何培养女儿的好习惯

我没有刻意培养过晴儿什么好习惯，只是有空就陪她一起，玩我发明的很多游戏，也常带她去公园、植物园、动物园、海洋馆、科技馆，给她讲各种植物和动物的故事，也会随时给她讲我自己编的各种适合小孩听的故事。

所以，我女儿也擅长自己发明一些新玩法和小朋友们一起玩；也喜欢给大家讲她自己编的小故事……她也喜欢分享。分享自己的快乐，也分享自己的玩具。

我妻子常给晴儿读绘本，晴儿也喜欢绘本，也会给我讲绘本故事。

我从晴儿出生开始写育儿日记，已经写了一千多篇，数百万字了。将来她大一点，就可以看我为她写的育儿日记。大都是每天和她的互动、她的一些童言趣语和成长的细节；也有一些我通过故事给她讲的人生感悟。我相信她会受感染，也开始写日记。

我和妻子都是早睡早起的人，女儿小时候，我们从来没有强迫过孩子要早睡早起，她想什么时候睡，就什么时候睡（所以女儿两岁前，我们也常跟着睡不好）；想什么时候起床，就什么时候起床，她是完全自由的。

完全自由，不代表我们不去做任何调整。

如果她连续几天睡得晚的话，我们会调整她白天的活动量，带她到公园或河堤上多跑跑跳跳，消耗一下体力，这样她晚上自然就睡得早了。

三岁后，女儿逐渐养成了早睡早起的好习惯。

我喜欢读书，家里也有数百本绘本，还有很多适合大一点的儿童读的书，相信女儿未来也会喜欢读书。

我兼容并蓄，也从不要求女儿必须如何如何，妻子常对女儿说的话也是：都可以的。所以我相信女儿未来也会是一个包容大气的人。

我不太在意女儿的表层习惯，我在意的是女儿的元习惯。元习惯不是靠念咒语或强制可以培养的。我们要做的是尊重孩子的天性，以身作则，给孩子爱与自由，相信孩子自然会发展出适合他们的好的元习惯和表层习惯。

第 6 课

如何消除孩子的坏习惯

根深蒂固的恶习绝非一朝一夕就能养成。
——古罗马诗人玉外纳

每一个顽固的坏习惯背后，都是匮乏爱的呐喊。
——李雪

1.你小时候有哪些坏习惯？是如何形成的？后来是否消除了？

....

....

2.你的孩子有哪些坏习惯？是如何形成的？你用过什么办法来消除？

....

....

....

一、什么叫坏习惯？

什么叫坏习惯？

有人说：我孩子不喜欢读书。这个不叫坏习惯，最多算没有养成阅读的好习惯而已。

也有人说：我孩子不爱学习。这个也不叫坏习惯。只是孩子对学习不感兴趣，或学习能力欠缺。还有人说，我脾气急，我好发脾气。我觉得，这些都不叫坏习惯，只是时间管理和情绪管理问题。

如果孩子放学后总是去玩，一直玩到很晚，要睡觉了，才急忙写作业；或者该上学了，才急忙写作业，因此总是写不完，很着急很懊恼地去上学，这算是坏习惯吧。

什么叫坏习惯？我认为是指日常生活、工作和学习中，一些经常出现的不良行为。比如说话时常带脏字；喜欢随地吐痰；常做一些不利于自己健康的事情，熬夜、抽烟、喝酒、不吃早餐；做事粗心大意、丢三落四；常常在上学或参加活动时迟到；长时间看电视或玩手机等。

二、坏习惯是如何形成的？

坏习惯的形成，与成长环境关系密切。

【白镜头】

晴儿一岁多的时候，经常在地上捡烟头。每次我带她出去玩，不论是在街上，还是在公园，小家伙都喜欢留意地上的烟头，看到就捡。

这显然是个坏习惯，如果你的孩子有这个习惯，估计会很恼火吧？

我并不恼火，我知道这都是环境的影响。因为当时我爷爷在我家住，他有阿尔茨海默症，喜欢在地上捡烟头，甚至还会把捡的烟头分给晴儿玩，所以晴儿才有了捡烟头的坏习惯。

她一岁多，正是最爱模仿的年纪，所以就学我爷爷那样做了。我们没有因此批评过女儿，更没有对她瞪眼或恐吓，只是劝她不要捡烟头。但她非要捡的话，我们也不会生气，会配合地伸出手，让她把捡来的烟头递给我们，我们再扔到垃圾桶。后来晴儿也会直接把捡来的烟头扔到垃圾桶了。

再后来我爷爷不在我家住了，晴儿这个坏习惯也就消失了。

小孩子的坏习惯，病根不在孩子身上。

【黑镜头】

朋友一家因为有事外出，就把十岁的女儿茜茜暂时寄养在我家。其间，我发现茜茜有一个不好的习惯。

茜茜在听到不同的意见，并且认为对方说得不对的时候，就会立刻说："屁！"意思是"你说得不对"。

可是"屁"字既不雅，又无礼，所以我告诉她，可以说"你说得不对"，但不可以说"屁"这个字，太不雅了。

茜茜愣了一下，点头答应了。但是不久，我就发现她还是经常说这个字。虽然我再三纠正，但收效甚微。

后来，朋友回来接茜茜的时候，我想，应该把茜茜的坏习惯告诉朋友，让她注意下这个问题，好早日纠正茜茜的坏习惯。

哪知，就在我准备交代这一点的时候，茜茜不知道说了什么话，"屁"这个字，朋友脱口而出。

我震惊了，终于知道茜茜为什么习惯说这个字了。很短的时间，我就听朋友说了三次这个字。

事情还没有完，过了几天，我去朋友家做客，朋友的母亲也在。当不赞同女儿的某个意见时，她也是立刻说出了"屁"字。

由此，我想："身教重于言教"这句话，是真理啊！朋友的母亲何尝没有对她说过要讲礼貌？朋友也肯定教育过茜茜要讲文明礼貌，可一个既不雅又不礼貌的字，却不知不觉地传了三代人。或许还会继续传下去。

这还只是一个小小的比较容易发现的细节，其他坏习惯，又何尝不会潜移默化地一代代传下去呢？我们身上的缺点，很可能在无意间就传给了孩子。

教育孩子，自己一定要做好表率。

【黑镜头】

记者闻泽在《80后潮妈"坑孩"三宗罪》一文中讲道：

吴捷在半年前升任母亲，可让她踌躇的是，女儿简直太"难缠"，每天一到晚上十一点就精神头儿十足，一直折腾到凌晨一两点。听到吴捷的叙述，记者开始询问她跟孩子爸爸平时的作息习惯。

吴捷说，她自己开了个淘宝网店，经常到深夜都还有顾客咨询，所以已经习惯了半夜两三点钟才上床睡觉。半岁的女儿跟他们一样，白天无精打采，到了晚上就来精神。

和吴捷不同，王雪晶和丈夫都是正常下班，不过两个人的朋友圈子异常大，今天这个叫吃饭，明天那个喊唱歌，两岁半的孩子没人看，就只能带上一起去。

"刚开始他一到晚上十点就困，后来'配合'多了，我们什么时候回家，他什么时候睡觉，有时候比我们还玩得高兴。"王雪晶似乎还没有意识到孩子不正常作息的危害……

这个例子也说明，孩子的不少坏习惯，都是家庭环境造成的。

♡ 三、秩序混乱的坏习惯

我有个坏习惯，就是总不自觉地把家里弄得很乱，不论是客厅、卧室、书房。大到一个房间，小到电脑桌，没有一个地方不混乱。

如果说房间乱，我还可以推卸责任，说房间非我一人所有，还有妻子，特别是还有小孩，难免会乱。但是像电脑桌这样没有任何其他人碰的地方，也还是很乱，我就难辞其咎了。

我也曾经下定决心，收拾过好多次，但是没几天，一切又都乱得和原来一样了。

如果找原因的话，只能说我习惯了这样的混乱，不混乱不是我的风格！

可是我为什么会习惯这样的混乱？

因为我从小就生活在秩序混乱的家庭环境里啊。

还记得小时候，我们家每个房间，包括院子和大门口，永远都是乱糟糟的，找东西特别不方便，到处都是杂乱一堆。

我曾问我妈：为什么我们家这么乱？为什么有的同学家那么整齐呢？

我妈说：别人家人多，做什么事情都有人帮忙，奶奶帮忙做饭，妈妈就有时间收拾家里了。而我们呢？只有两个人，要带两个孩子，还要忙这么多事情，实在顾不过来。

我也曾问过我爸这个问题。爸爸说：咱们家就这么大，怎么收拾？这么多东西不能扔了不要吧？东西多，地方小，所以不论怎么收拾，都得堆着，想不乱都不可能。

后来，我们搬了新家，有九个大房间。然而，家里还是到处都乱糟糟的，虽然有两个专门的杂物间。我曾经占据了一间做书房。我爸却硬是往我那个房间放了几袋麦子。我让他放到别的房间，他却振振有词，说只有放这个房间最合适，其他房间都有老鼠。其实，我这个房间，经常出出进进的，老鼠更容易进啊。原本没老鼠，粮食一放，后来我很多书都被老鼠咬了……

到现在，我父母的房间还是没有一处不混乱。很多东西都胡乱堆在床上。给了他们三个很大的衣柜，依然不够用，一打开柜子，衣服就往下掉。

在这样的环境下长大的我，潜移默化地继承了父母混乱的家庭秩序。

妻子的原生家庭的房间也乱，所以她和我一样，不是理家好手，家里总是乱糟糟的，她也"功不可没"。

所以，我放弃了保持房间整洁的幻想，接纳了乱糟糟的现状……

东西摆放整齐，是表层习惯。好的秩序感是元习惯。虽然我没有把东西摆放整齐的表层习惯，但内在的秩序感，我还是有的。

不管家里多乱，都是乱中有序，我想找的东西，都能第一时间找到。这种乱，没有影响我的工作和心情。就像很多大科学家、作家、企业家的书房也很乱，但乱中有序一样。

我没有要求晴儿养成把东西放整齐的表层习惯，因为我自己都做不到。即便你自己很有秩序感，也不能用强迫和指责的方式来培养孩子把东西摆放整齐的表层习惯，因为这样无助于孩子养成秩序感这样的元习惯，甚至会让孩子养成僵化的秩序感，类似强迫症了。

秩序感以及审美能力，在马斯洛的需求层次论中，是属于比较高等的需求。孩子还小，暂时还没有这方面的需求。不去强制干涉，不批评指责，只以身作则，孩子会渐渐地受到你的熏陶，以你为榜样，建立内在的秩序感，养成外在的把东西摆放整齐的习惯。只是，你需要有耐心，不能急于求成。

四、其他一些坏习惯的来源

还有一些常见的坏习惯，表面上与家庭环境无关，但实际上，依然是家庭环境造成的。

比如，孩子喜欢撒谎，骗父母钱。表面上看，没有父母希望孩子撒谎，没有父母希望孩子骗钱。但当孩子需要一些零花钱，需要一些应酬和人情往来（比如同学过生日、春游、买自己喜欢的东西，或买同学们流行玩的小玩具）时，父母一概拒绝，只有在孩子要买学习资料或交班费的时候，才肯给，逼得孩子不得不撒谎说要交班费，要买学习资料……

还有的孩子喜欢哭闹达到目的。很多父母都会认为这是个坏习惯。但如果孩子不哭闹，父母就不答应孩子的请求；孩子只有哭闹了，父母才妥协，那这个坏习惯不就是父母培养的吗？

父母不改变的话，孩子是无法改变这些坏习惯的。因为如果改掉这些坏习惯的话，孩子会吃亏，孩子为什么要改呢？

五、两种坏习惯

坏习惯分两种。

一种是受父母或他人传染的表层的坏习惯。

比如前面提到的晴儿喜欢捡烟头，这种坏习惯，是短暂的、表层的坏习惯，所以其实可以不去在意。孩子大一点，自然就消失了。如果父母想干涉，那最好的方法就是改变孩子的成长环境。如果孩子已经大了，已经脱离家庭环境了，那就尽量给孩子一些爱与自由，靠孩子自己修行。

另一种是背后有深层次原因的坏习惯，比如咬指甲等。

大多数咬指甲的孩子，都是因为内心焦虑、紧张、压抑。咬指甲的行为，也是压抑自己的攻击性的过程（需要注意的是：一岁内的孩子处于口欲期，所以咬指甲是正常的，但三岁以上，特别是六岁以上，还常把指甲咬秃是不正常的）。

根据咬指甲的频率和程度，分两种情况。一种是偶尔的、不常见、不严重的行为，对这类行为，同样可以选择"视而不见"。

【白镜头】

著名演员马伊琍曾向尹建莉老师请教过孩子咬指甲的问题。

尹老师说：咬指甲是孩子偶尔紧张的表达方式，你越在意，越批评，她越停不下来。给她留下这个发泄紧张和压力的渠道吧。

马伊琍的反馈是：照做了，果然好了。真心喜欢尹老师的方式！

如果孩子咬指甲已经成嗜好了，指甲常被咬得光秃秃的，那么这代表的是他内心的深层焦虑和压抑。面对这类深层次原因导致的坏习惯，就得从根本上找原因，不能把注意力放在外在的行为习惯上。

父母改变孩子的成长环境，不让孩子活在压抑和焦虑中，允许孩子对父母释放攻击性（攻击性就是生命力，压抑孩子的攻击性，就是压抑孩子的生命力）！这样孩子有更好、更直接的方式来表达攻击性了，就不会咬指甲了。

李雪讲过这一点：

指甲是我们人身上的攻击武器。孩子为什么要毁掉自己攻击性的武器呢？因为孩子的攻击性、孩子的愤怒被压抑了，不敢指向外界，于是这个攻击性就指向了自身。

【白镜头】

晴儿三岁时，她妈妈因为一点小事，对她发脾气了。

那天午休的时候，我发现晴儿开始咬指甲。我问她怎么在咬手。

晴儿说：我没有咬手，我在咬指甲。

我说：刚才妈妈对你发脾气，你是不是很生气？

晴儿说：还有点害怕。

我说：妈妈对你发脾气了，你有些害怕，也有些生气。你不知道该怎么办，所以就咬指甲了，对不对？

晴儿说：对。

我说：妈妈对你发脾气，是她不对。你没有错，我替妈妈向你道歉。妈妈当时是正在气头上，所以说了一些过头的话。等妈妈回来，我陪你去找妈妈，你把你的委屈说出来，相信妈妈会跟你道歉的。你现在先消消气，以后妈妈再对你发脾气的时候，你可以来找我。

说完，我把晴儿抱了起来，晴儿对我笑笑，很安心地睡觉了，没有再咬指甲。

后来也没发现她再咬指甲。

当孩子因为害怕而咬指甲的时候，首先需要处理的是孩子的情绪，而不是咬指甲的行为。当我们及时理解、接纳和安抚了孩子的情绪，孩子的这种行为自然就会消失。

如果单纯用驯兽法，用行为主义的方法，比如厌恶疗法（给孩子的手指上抹苦瓜水、辣椒水或戴手套，甚至打孩子手心）等，强行纠正孩子的坏习惯，那么，这个表层的坏习惯，很可能反而固化了。比如孩子只是在你面前不咬指甲了，你不在的时候，她咬得更频繁。或者孩子也可能改掉了这个表层的习惯，但内心的压抑会更严重，然后孩子会通过更隐蔽、可怕的方式来释放，比如偷偷自残等。

这样，父母看不到孩子的坏习惯了，但不等于坏习惯就不存在了，随着时间的推移，孩子的内心会出现更多问题。

【黑镜头】

我一个朋友，她的女儿就是常咬指甲，把指甲咬得光秃秃的那种。她采取的办法就是训斥和打手。

我对她说：不要训斥孩子，孩子咬指甲，是内心焦虑和压抑，是你平时对她太严厉了……

我劝朋友要允许女儿咬指甲，不要去训斥和体罚孩子，多和孩子交心，允许孩子对她表达不满。

但朋友认为，女儿有这样的坏习惯，她是绝对不能容忍的，一定要纠正。打手无效，就严加训斥。

她女儿从三岁到十岁一直被纠正，但依然常常咬指甲。母女关系非常紧张，冲突很大。这让她很崩溃，只好按照我说的做，没想到，没多久，女儿的指甲就长出来了，母女关系也变好了很多。

对于深层的坏习惯，决不能用强迫的方式去纠正。因为这样要么根本纠正不了，要么治标不治本。

♡六、改掉坏习惯的无效方法

大部分家长在试图改变孩子的坏习惯时，往往先说教。说教不行，就用恐吓、威胁、打骂、关小黑屋等惩罚方法。这是否管用呢？我认为这些方法只是短期抑制，长远看则是绝对有害的。

因为一个人被训斥了，一定会有愤怒产生，特别是孩子，只是这愤怒被压抑到潜意识里了，孩子可能会认为自己错了就该打，父母打骂是应该的，但是潜意识还是会有很深的愤怒，而且不会消失。等他再做同样的事情时，潜意识就开始起作用了，父母不希望他那样，那就偏让父母失望。

于是，孩子会再次犯同样的错误。犯错后，内疚产生，然后再被父母打骂或训斥，内疚消失，愤怒压入潜意识……就这样恶性循环，坏习惯就形成，并且难改了。

因为就算离开了父母，脑海里还会有一个内在父母时刻监督着自己，会在自己犯错误时责骂惩罚自己。

这和很多人减肥的心理差不多。为了减肥，强迫自己管住嘴，迈开腿。但是这样很痛苦、压力很大，就会忍不住多吃，不运动。接下来会内疚，再自我惩罚。惩罚后为了缓解痛苦，会吃得更多，更懒得动，恶性循环，越减越肥。

坏习惯，往往与道德品质无关。即便是网瘾、烟瘾、酒瘾，也都是与人品无关的。孩子的坏习惯，往往是受成长环境影响的，并非道德败坏。所以，我们可以通过改变孩子的成长环境，来帮助孩子消除坏习惯，而不是怀着怒气去惩罚孩子。

七、成功改掉三个坏习惯

1. 如何成功地改掉结巴的坏习惯。

【白镜头】

小学四年级的时候，我有一个坏习惯——结巴。

当时我家里盖新房，有个叔叔是个结巴，他一说话，大家就会笑。作为小孩，我觉得结巴说话挺好玩的，我就开始模仿他，然后就悲剧了，我真的成了结巴，改都改不掉。

我父母很重视，他们想尽办法来改变我这个坏习惯，比如叫我想好了再说，叫我不要急……奶奶还出主意要他们痛打我，说痛打几次就能好。幸好，我父母没有这么做。因为那样的话，我说话时会害怕结巴了被惩罚，就自然会更紧张、更惶恐，也就会更结巴。

我父母用了除打骂外的各种各样的方法，但都没有效果。

一天，爸爸给我讲了个故事，说古希腊有个人从小就口吃，但是他不甘心。于是，他每天早上跑到海边，口里含一颗小石子，练习演讲。后来，他不但不结巴了，而且成为了著名的演讲家。

爸爸说：你只要有信心，有毅力，坚持练习，一定能够战胜结巴的。

我没有这样做，我们村庄没有大海，连河也没有，没有空旷无人的地方让我练习。我也没往嘴里放过小石子，我担心不小心咽到肚子里。但是爸爸的话却让我很感动，我觉得他为了我不结巴，真是煞费苦心、想尽办法啊！我感受到了他的爱。

我不论说话结巴成什么样，我妈都没有训斥过我，还会耐心倾听，并安慰我不要着急。我感受到被妈妈理解和接纳了，也就是说，也感受到了妈妈的爱。

还有很重要的一点是，父母尝试了各种办法都无效后，似乎认命了，他们不再折腾我了。他们被迫接受了我结巴的现实，不再试图去改变我了。

因此，我的心也平静下来，不再那么焦虑了。

父母都接受我结巴了，我还担心什么？同学们嘲笑就嘲笑吧（那时抗战剧里汉奸翻译常常是结巴——这分明是歧视结巴，真实的汉奸翻译，不可能是结巴吧？），我无所谓。

当时，我的同桌是和我青梅竹马一起长大的邻家女孩，她喜欢和我聊天，更喜欢听我讲故事。从小就是如此，我结巴后，也没有改变。

我和别人说话时，一结巴，对方就会大笑，导致我很尴尬和羞怒。但和她说话，不管怎样磕磕绊绊，她绝不会嘲笑我，还会用温柔的眼神，鼓励我慢慢说。她从来都没嫌烦过，总是很有耐心地听我讲。

因此，在她面前说话，我很放松，不紧张，我们交流的气氛非常轻松愉快融洽。

就这样，我在不断和她闲聊的过程中，不知不觉地，结巴越来越轻……

突然有一天，她惊喜地告诉我："你不结巴了！"

我很吃惊，不敢置信，但是我试了好几次，发现我真的可以流畅地说出任何话了，我的结巴就这样不治而愈了。

因此，我总结的经验就是：想让孩子改掉一个坏习惯，千万不要用催促、惩罚和批评的方法，而要给孩子营造宽松愉快、充满爱与自由的环境。在这样的环境下，孩子身心放松，更有利于改掉坏习惯。在这个过程中，父母只需要静待花开。

2. 改变摸脸的坏习惯。

【白镜头】

我还有个坏习惯，有时候会不受控制地连摸几下自己的脸。

为什么会这样呢？因为我爷爷就有这个毛病，他总是会不自觉地用手去连摸几下自己的脸。小时候，我看到他那样，在模仿中养成了习惯。

妈妈发现后，就开始批评我。我就克制自己，不在她眼前这样做。

后来，好像这坏习惯消失了。但是成年之后，我发现不知道从什么时候开始，我又有这毛病了，而且越是克制自己，越是忍不住去快速地摸几下自己的脸。

我很苦恼。我觉得这样很不好。怎么办？后来我想，摸脸怎么了？为什么不能摸？我爷爷摸了一辈子，不也活得好好的，什么事情都没耽误。于是，我不再克制自己，想摸就摸，还主动去摸。

接下来，神奇的事情发生了，我再也没有那种不由自主地摸脸的现象了，再也没有那种控制不住自己的手的可怕感觉了。

允许自己可以像爷爷那样摸脸之后，我变得很放松。摸脸的坏习惯，就这样彻底消失了。就算有一天重新出现，我也不担心，因为我允许我摸脸，我允许我自由随便地摸。

这就是我认为的好的改变坏习惯的办法，也是我一直强调的家庭教育的真谛：给孩子宽松愉快的、充满爱与自由的环境，孩子才能健康快乐地成长。

3. 克服选择恐惧症，从优柔寡断变得敢想敢做。

【白镜头】

哲学家布里丹讲过这样一个寓言：一头毛驴，站在两堆草中间，但由于不知道先吃哪一堆好，最终在无限的纠结中活活饿死了。

我曾经就是这样的蠢驴。高中开始，我的选择恐惧症开始发作，非常痛苦。大量的课余时间被我耗费在思考"先做物理作业，还是数学作业，还是先背英语单词"上。我非常痛苦，却无解。好不容易选择先做物理作业，但刚做半道题，我就会想：不行不行，还是先做数学题吧。刚打开数学课本，我又觉得还是应该先背英语单词，这个更重要。但背了几分钟，一个单词也没记住，我又开始惦记是不是应该先复习化学，或者还是先做物理题吧……

浪费大量时间在"选择"上不说，即便选择了，我也是身在曹营心在汉，学着这个，想着那个。这样的学习状态，怎么可能学习成绩好呢？

到了大学，这个问题自动消失了。因为大学作业超级少，我也没有任何学习压力。后来毕业后做业务，我也没有这个问题，因为就是按照地理顺序一家店挨着一家店跑，一个县挨着一个县跑，不需要做这种两难的选择。

但到做自由撰稿人时，我的选择恐惧症又犯了。

我每天文思泉涌，灵感不断，每天都有七八个可以写的话题涌进我脑海。但是先写这一篇，还是先写那一篇呢？先写昨天想写还没写的，还是先写前天才写了一半的，还是先写今天刚想出的几个话题呢？

唉，好痛苦，我还是先玩会儿无聊的单机版小游戏缓解一下焦虑吧……

原本的选择恐惧症就这样演变成拖延症了。

我被这种选择恐惧症和其衍生的拖延症控制了很多年，大量的精力都空耗在做选择上了，不仅极大地降低了我工作的效率，更降低了我人生的幸福指数，也极大地影响了我人生的发展。

国内外所有讲拖延症的书，我几乎都看了个遍，但统统对我无用。

为什么会没用呢？后来我发现我没有对症下药，我的问题其实不是拖延症，而是选择恐惧症。

为什么我会这么难以做出选择呢？其实就算闭上眼睛去选择一个，也不会错。因为不管选择哪个，都是我所需要的。不论花多少时间做选择，都不可能两全其美。那么我为什么会这么难做出选择呢？

我在怕什么呢？实在没有理由怕啊！

就像高中时复习功课或做作业，不论选哪个都没错，哪个先哪个后，其实无所谓的。写文章也是，除了编辑催得急的，其他的先写哪个都没错。

我在怕什么？退一万步来说，就算我选错了，又能怎样呢？我也没多大的损失啊。我纠结个什么劲啊？有这样来回纠结的时间，我都已经全做完了。

我在这个可笑的怪圈里挣扎了很多年，没有办法破解，我就避开吧！

怎么避开呢？就是后来我只做自己最想做的事情，哪怕做这个事情，是充满不确定、没有保障、没有同路人的，但一定是我内心最想做的，我不想陷入两难选择。只有一个事情我非常想做，我才不会陷入这种两难选择，做这些事情，我不用犹豫。

但是绝大部分事情是无法避开的，大部分事情都有多种选择，我必须果断。

但是如何才能够没有心理负担地果断选择呢？

有一天，我突然看到心理学专家李雪的一句话：每一个顽固坏习惯的背后，都是匮乏爱的痛苦呐喊。

这句石破天惊的话，就像闪电一样划过我的脑海，我一下就明白了困扰我多年的选择恐惧症——反复纠结、优柔寡断的病根是怎么来的了。

很小的时候，我就经常面临这种左右为难的选择。

父母吵架时，各执己见，互不相让，最后逼我站队，我听谁的？

父亲虎视眈眈，母亲眼神幽怨。

听母亲的，会遭到父亲可怕的暴力报复；听父亲的，母亲那种幽怨的眼神又让我内疚得受不了……所以我迟迟不敢做决定，这样又会被他们催逼……

就这样，在反复不断、长久的折磨下，我就有了选择恐惧症。

我迟迟不做选择，虽然他们都会对我不满，但至少我不用对母亲那么内疚，父亲的暴力也会相对减弱一些（毕竟我也没有选择站在母亲那一边）。

后来，在很多两难选择上，我都变得优柔寡断。虽然未必都与父母有关，也未必会被人惩罚，但我已经形成这个"迟迟不做选择"的应对模式了。

这就是我的选择恐惧症的病根。虽然我早已不是当年那个小孩了，但我还活在过去的观念里，认为迟迟不做任何选择，才是对我最有利的结果。

找到选择恐惧症的原因后，我瞬间就解脱了。从此选择恐惧症和优柔寡断成为历史了。我变得干脆利索，不再像过去那样患得患失，因为不论做什么选择，都不用再遭受童年那种怕被惩罚的恐惧了。我已经不是那个弱小的只能任人欺负的孩子了，我成了一个一往无前的人。

假如时光可以倒流，再面临那种两难的选择，我会对父母说：我只是个小孩子，你们才是大人啊。我听你们的。但你们需要先达成一致的意见，再来叫我。你们先好好商量一下吧，别难为我这个小孩子了。我才不给你们做裁判！

八、改变坏习惯的有效方法

仔细分析后，我发现几乎所有的坏习惯，在宽松愉快、充满爱与自由的环境下，都可以得到改善，这也是唯一没有副作用的办法。

深层的坏习惯，不只是一种简单的行为，更是内心的潜意识在发挥作用。改掉坏习惯就像挪一棵树，绝不是仅仅把露在土外面的树干挪开就行的，得把地下整个硕大的根系都一起挪开，才真正完成了挪树。改变坏习惯，绝不只是改变外在的言行表现，还要解决坏习惯背后的心理问题。

如果你没弄明白孩子为什么有这样的坏习惯，就用说教或强迫的方式，要求孩子靠意志力去改变，那就是在和孩子的潜意识较劲，让孩子陷入内耗中无法自拔。坏习惯会在这样不断对抗的过程中更加根深蒂固。

"养花重在养土，养鱼重在养水。"不要直接在孩子身上用力，而是把力气用到给孩子营造宽松愉快、充满爱与自由的环境。

李雪说："孩子的每一个顽固的坏习惯背后，都是匮乏爱的呐喊。"

可惜很多父母看不到，要想让孩子改掉坏习惯，父母首先要能够看见、理解和接纳孩子的坏习惯。这样，孩子才能放下坏习惯。

改掉一个坏习惯，也是需要动力的，而且改变的过程会很痛苦。除非孩子感受到了父母的爱，他才有动力和能量去改变自己。在这样的环境下，孩子会由内而外地做出改变。也只有这种由内而外的改变，才是真正意义的改变。

爱与自由，是坏习惯的真正克星。

第 7 课
如何让孩子爱上读书，并善于读书

鸟欲高飞先振翅，人求上进先读书
——李苦禅

一个人内心的宽度，是读过的书一本本摊开来的
——斯蒂芬·茨威格

【思考】

1.你小时候喜欢读书吗？现在喜欢读书吗？

2.如果喜欢读书，你的读书兴趣是怎么养成的？

3.你的读书特点和方法有哪些？

4.你的孩子喜欢读书吗？你是如何指导孩子读书的？

现代书画家李苦禅说：鸟欲高飞先振翅，人求上进先读书。

这也是古往今来，人们的共识。

良好的阅读习惯让人终身受益，尤其是早期阅读的兴趣和习惯的养成，对人的一生起着非常重要的作用。一个家庭没有阅读的氛围，孩子就已经输在了起跑线上。

在当今电子设备不断升级换代的时代，孩子们往往喜欢沉浸在声光电营造的炫目刺激的世界里，冷落了书籍。如何培养孩子的阅读习惯，困扰着很多家长。

著名教育学者、《好妈妈胜过好老师》的作者尹建莉的著作《从"小"读到"大"》，便是一本为家长解疑释惑的亲子阅读指导书。

这本书，引起了我的共鸣，让我想起了很多往事。

一、我的阅读经历

1981 年我出生于中国四大古都之一的洛阳市郊区。虽然这里是汉朝太学所在地，但我小时候，除了教科书，几乎无书可读。偶尔见到一本课外书，我会如饥似渴地读很多遍。

为什么我热爱阅读呢？在我很小的时候，爸爸每天晚上都会给我讲个故事。开始识字后，爸爸就让我自己看书。

家里书太少，无法满足我的阅读兴趣，我开始到处搜集图书读。我曾帮老师家的孩子做值日，好换他们家的课外书（老师家里都有不少课外书）看。

我还靠捡废品卖钱，买过不少小人书。比如小学五年级时，买了一套《倚天屠龙记》的连环画小人书。

初一时，我省了几天的午饭钱，赶集时从书摊上买了本《春秋五霸》，初三时，买了本卡耐基的《如何赢得朋友及影响他人》，这些都是好书。

后来工作了，我的花费占比最大的，就是买书。我对读书的强烈兴趣，一直保持到现在，并且应该会终生不渝。

读书的好处，显而易见。小学一年级开始，我就是全校有名的"故事大王"，每天都会在讲台上给同学们讲故事，校长都是我粉丝。这个经历不仅让我很有成就感，还让我变得很自信，锻炼了演讲能力，也使我更加热爱读书。

学生时代，我的作文一直是公认的第一，语文成绩也总是很轻松就名列前茅。

高考时，我也是靠语文成绩才提升了总分，考上了大学。

后来我以写作为职业，在全国数百家报刊上发表了数千篇文章，全国几乎所有故事刊物上，都发表过我写的故事，数百本图书都收录过我的文章，我还成为河南省作家协会会员。这些与我童年时就爱读书有关，也非常感谢爸爸小时候常给我讲故事。

尹建莉老师提倡给小孩读古诗，她还主编了一套《一周一首古诗词》。我很赞同尹老师的观点，对此有深切体验。

我小时候，大部分同学的家长，包括老师，都不许学生看课外书，怕耽误学习，更没有家长舍得花钱给孩子买课外书。

但没想到的是，在我一年级的时候，一向节省的爸爸，在城里干活儿时，居然给我买了本《少儿唐诗一百首（一诗·一画·一故事）》（1989 年出版）。每首唐诗后面讲一个与这首诗有关的故事，还会配上一幅相关的画。

这本书让我喜欢上了诗歌、故事和绘画。那一百首诗歌我很快就背得滚瓜烂熟（我自愿背的），对传统文化和历史知识也多了很多了解。很多历史名人故事，我都能讲得头头是道。我还常常临摹书上那一百幅不同的画。一年级结束时，我不仅文化课成绩是双百，在绘画考试中也得了全班第一。

这本书，给我的童年带来了很多乐趣，给我留下了无数美好的回忆，让我"腹有诗书气自华"。

买这本书，其实是超出我爸平时的消费水平的，也是不符合他的消费习惯的，但很显然，他所花的钱，非常超值。

如果他按照量入为出的原则，不舍得给我买这本书，我的童年，乃至整个人生，都会缺少一些光彩吧。

一个朋友也提到，在他小学二年级时，爸爸按照他的要求，给他买了本纯文字版的《一千零一夜》，从此开启了他的读书之旅，令他受益一生。

可见，父母给孩子买他们适合又喜欢的书，多么重要。

《少儿唐诗一百首（一诗·一画·一故事）》早已绝版，尹建莉老师的《一周一首古诗词》是一样的性质，配图更为精美，选择的诗词也很精当。

三十年前，父亲为我买了一本影响我一生的好书；如今，尹建莉老师送晴儿了一套她主编并签名的好诗词。晴儿很喜欢这套书，相信这会给她带来有益的影响和美好的回忆。

二、推荐一本书《从"小"读到"大"》

该书共九章，详细系统地为读者阐释了培养孩子阅读习惯需要注意的各种事项，并有针对性地对众多家长的疑惑，进行了答疑。

比如，如何让孩子爱上阅读、读什么、怎么读、如何识字、如何学习古诗词、如何写作等。全书贯穿着同一个宗旨——以儿童为本。

从家长的提问中，我看到不少家长都"看不见"孩子，只想着让孩子尽快完成阅读任务，而不考虑孩子的感受。

比如，总要求孩子按照家长设定的目标来读，而不顾孩子的年龄、理解能力和他们自身的读书节奏；要求孩子读家长买的书，而不管孩子的阅读兴趣；要求孩子跟读，却不管孩子的实际水平……还好尹建莉老师都非常直接地一一给予了指正。

尹建莉老师认为，培养孩子的阅读习惯，要尊重孩子的兴趣，在积极提供良好的阅读环境下，顺其自然，不强迫孩子，不抱功利心，把孩子当有独特个性的人（而非标准化的机器）来尊重，不设置僵化的目标。其实，这不仅是阅读习惯的培养，也是家庭教育之道。

书中提到了不少与大众观念大相径庭的观点，比如，她提倡小孩也可以读长篇小说。很少有家长这样做，他们担心读长篇浪费时间，耽误孩子学习。

我认为，散文描写的常是一时的感怀；小小说写的往往只是一个片段，而且容易套路化（比如大都是欧·亨利式结尾）；长篇小说的时间跨度和内容深度，远超散文和小小说。优秀的长篇小说常常被称为"时代的百科全书"，它们在世界各国、各民族中广泛传播，虽历经沧桑巨变，但却千古流芳。

因此，对孩子们来说，阅读长篇名著不仅可以提高文学修养，还能认识社会生活。读长篇名著，有助于孩子们对人生有深刻的认识，格局也会在潜移默化中打开。

书中还提到了"大语文"的观点，即在教学过程中不仅要教给学生语言文学知识，使"个个学生善于使用（语文）这个工具"（叶圣陶），还要立足于培养、熏陶美好的情感、情操，塑造完美的个性品质，帮助其形成良好的思维方式，发展可支持终身学习的能力等，而这也正是阅读的意义和作用。

这个观点我深表赞同。我的语文成绩一直名列前茅，并不是我课堂上比别人更认真，只是课下我读的书更多而已。

奥地利著名作家斯蒂芬·茨威格也说过：一个人内心的宽度，是读过的书一本本摊开来的。

所以，我们需要多读书。

此外，书中对作文写法、识字早晚、拼音学习早晚等大众关心的问题，都有精彩而独到的阐述，值得家长参考。

三、关于读书，需要重视的两点

1. 想培养孩子的阅读习惯，家长最好自己就热爱读书。

言传不如身教。如果家长不爱读书，可以鼓励孩子读书，但别逼孩子读书，否则适得其反。

假如你过去没注意，孩子现在真的就是不喜欢阅读，也没有关系，不要对孩子发火，不要觉得孩子就"没救"了。只要不逼孩子，尊重孩子，孩子早晚还是会重视读书的。

我们的目的是希望孩子健康成长，不是为了读书而读书。不少群友的经历证明了，很多人都是在十五岁，甚至成年以后才开始热爱读书的。所以不用担心孩子小时候不爱看课外书，就一辈子都不爱看书了。

2. 我很少给晴儿读书，我像我爸爸当年那样，直接给晴儿讲故事。

直接给孩子讲故事，比给孩子读书花费的时间多，难度也大。需要提前备课，或者得想象力比较丰富，随时随地就可以借助眼前的东西编出一个适合给孩子讲的故事，还需要很好的语言表达能力。

讲故事时，和孩子有眼神交流，更容易感染孩子，更能促进亲子关系，孩子的表达能力也会无形中提升。

我不是听觉型的人，而是视觉型的人。如果当初我父母只给我读书，我不一定能听进去（我不习惯听音频，我喜欢看书，但不识字的时候没法看，只能看图），但爸爸声情并茂地给我讲故事时，我会看着爸爸生动的表情，听得津津有味。

所以，如果你为孩子读书时，孩子非常厌烦，不愿听，你可以试试直接讲故事，望着孩子的眼睛，把书上的故事，生动地转述给孩子听。

当孩子对故事感兴趣了，将来识字了，自然愿意主动读书。

当然，讲故事和读书不矛盾，妻子不会讲故事，但她喜欢给晴儿读绘本。晴儿喜欢听我讲故事，也喜欢妈妈给她读绘本。

♡ 四、如何读书

孔子说：学而不思则罔，思而不学则殆。

读书，不是只看一遍这么简单，要看，更要思考，乃至践行，才能更好地吸收书中的精华。

1. 别做看客，参与进去。

当我读小说、历史的时候，读到关键地方，我会合上书，把自己代入进去思考，假如是我面对这种处境，我会如何应对？然后再接着看书，对比一下我和书里的人的做法孰优孰劣。这样读书，会比一口气读下去，更能充分地吸取他人的经验教训。

我们也可以这样教孩子读书。

在读到《史记·滑稽列传》里的淳于髡献鹄的故事时，你可以问孩子这样一个问题。

假设现在突然一阵响雷，你穿越到了春秋时期，具备了说古人语言的能力，而且成了甲国的使者，被派到乙国，去送一只非常罕见的黄色天鹅。你一个人走了三天，好不容易走到甲国和乙国的交界处，热得受不了的时候，看到了一条美丽的河。于是，你来到河边，美美地喝了好多水，洗了脸，然后看到天鹅病恹恹的，快要渴死了，你慌忙打开笼子想让它喝点水，结果天鹅一出笼子，顿时变得很有精神，一下子飞远了，你赶都赶不上。

面对这个难题，请问你会怎么办？

如果孩子说"我不知道"，你可以告诉孩子：不要轻易说"不知道"这个词。不要害怕自己的发言不是标准答案，我这里没有标准答案。"不选择"是最差的选择。

如果孩子说"我要逃跑"，你可以告诉孩子：这样不声不响地跑了，乙国国王等了很久，没等到传说中的黄天鹅不说，连使者都没见到，他会大怒，会认为甲国骗他、耍他，问责甲国；甲国国王见使者活不见人死不见尸，会认为是乙国杀死自己的使者，蓄意制造事端……于是，矛盾不可调和，两国大战，祸害多少生灵？何况跑了和尚跑不了庙，家人怎么办？父母、爱人、孩子怎么办？都被你牵连？

孩子或许会说：那我找个相似的天鹅来替换。反正对方国王又没见过。你可以说：这不是愚弄乙国国王吗？既然是珍贵的黄天鹅，那就非常罕见，冒充不了。一旦被发现，乙国会认为受到了你所在的甲国的羞辱，不但会把你砍头，还会发动战争，伤及多少无辜？

在孩子表示确实没有好办法后，你可以接着给他讲答案，还可以告诉他：面对难题，如果你敢于直面问题，承担自己的责任，敢于坦陈自己犯下的错误，你的智慧就会自然迸发出来。如果你没有责任感，你就会懒得思考，直接选择逃跑！

故事中淳于髡是这样处理的：

见到楚王后，淳于髡说："齐王派我来给大王您进献天鹅，途中我见天鹅口渴，不忍心让它受苦，就放它出来喝水，不料它却飞走了。我因仁慈而犯错，我不后悔。"

楚王问："既然天鹅已经飞走了，你为什么又提着空鸟笼来见我？"

淳于髡不紧不慢地说："我想要自杀谢罪，又担心别人非议吾王因一只天鹅逼士人自杀，这样对吾王不利，我不能不忠；天鹅到处都有，我可以从市场上买一只来欺骗大王您，但我不能不诚实；我可以逃到别的国家去，但这样会让齐楚两国的友好关系因我而破坏，我不能不义。因此，我只好带着空笼子来谢罪，请大王责罚。"听淳于髡说完，楚王觉得他有"仁、忠、诚、义、勇"五种好品质，不但没有责罚，反而重赏了他。

回国后，齐王觉得淳于髡做得好，又拜他为上卿，赐之千金。

淳于髡说话很有技巧，他直面问题，并且破解了难题。他没有逃避责任，没有掩饰自己的失误，也没有求饶，更没有逃跑，他愿意接受惩罚、承担责任，他因此得到了两个国君的赞赏！

一个人如果能具备这样的气度，要得到身边人和领导的称赞，真的不是难事，哪怕你只会实话实说，不会说得这么有技巧，只要你愿意直面问题、承担属于自己的责任，大家也会认可你的价值。

当然，能学会一些技巧就更好了。这个技巧的根本，只有一句话——站在对方的立场上，想想对方想听什么话。

如果你的孩子学会了这样读书，看到书中人遇到难题时，停下来，换位思考自己会如何面对，然后再对照书中人的做法，就能学习他人的智慧。

不仅读历史书如此，故事书、当代小说，等等，都可以这样读。

2. 不读缩略本。

高中时，我看了一本《世界名著浓缩精华：一天一本世界名著》，这本书一共三百六十五篇文章，每篇都浓缩了一部世界名著的故事梗概，比如《战争与和平》《复活》《飘》……

看了这本书，我读世界名著的欲望被毁灭了。想想看，一篇一千多字概括出来的世界名著的故事梗概是个什么玩意儿？我当时就觉得：这些故事很普通呀，这也算世界名著？

后来有机会看这些大部头名著时，我都懒得看。

一来看过梗概，觉得故事不好看；二来已经知道故事梗概了，还有兴趣看这么厚的书吗？就像你已经知道了一个悬疑电影的结局了，你还会有兴趣从头到尾认真看一遍吗？去看悬疑推理电影的人，谁希望在看电影前被剧透？

如果没看过这些浓缩的故事梗概，看世界名著的时候，会有新奇的感受，也会看到名著之所以成为名著的原因。

后来上大学，我真正读了几本以前不以为然的名著后，才发现我被名著浓缩给坑了。名著的博大精深哪里是故事梗概可以概括的呢？

因此，我非常反对读这种故事梗概式的名著浓缩本。

现在还有一种快速阅读方法。在读非故事书的时候，不去逐字逐句读，仅看全书的目录和小标题，然后内容只匆匆扫一眼，摘录下目录和重要标题，画个思维导图或摘录成一篇读书笔记，就算读完了。

把书读薄，就是把一本书的框架和要点列出来，把原本血肉丰满的书，剔掉血肉，只剩下骨架和结论，删掉细节和论证（思考）过程。这样的文章，包括各种思维导图，就是直接把结论（道理）告诉你，你看不到思考的过程。

这样的方法，好还是不好？我们要根据读书的目的来说。

读书的目的是什么？

看我又读了一本书，又获得了一些知识点，我好厉害！

这就好比我当年读完世界名著浓缩版后，骄傲地宣称我读过三百六十五本世界名著，而且可以说出每一本名著的作者和故事内容。

但是，除了炫耀，没有别的用处了。读了这类书，我的人生体验和智慧都没有任何改变，只是多了一份浮躁和傲慢，自以为看了很多书，"懂"了很多道理。

但我的所谓懂，连走马观花、蜻蜓点水都不如，只是了解了一点皮毛上的皮毛。

以《非暴力沟通》和《少有人走的路》这两本经典的讲沟通和心灵成长的书为例。每本书的精华整理不过一两千字。读了整理的精华，就等于读了这本书吗？

如果我没看过这两本书，只看两篇读书笔记的话，我会像看普通的帖子一样，看完就完了，什么都没记住，也不会太重视，甚至会认为这不就是人人皆知的大道理吗？没什么新颖特别的。我不仅不会有什么收获，还会连带对这两本书也不感兴趣了。

幸好，之前我用心读过这两本书，并且每本书，我都写了二十多万字的读书心得。我写的读书心得，是在读该书的过程中，想到的与书中的观点和事例相关的一些事情，主要是我自己的人生经历。有些印证了书中的道理，有些和书中的道理是相反的，证明了书中的观点，也有片面性。但不论书中的观点我是否认同，都给了我很大的启发，也修正了我的不少观念，使我发生了脱胎换骨的变化。

我还学以致用，提高了自己在现实生活中的沟通能力，让自己的心灵也变得更强大。不仅如此，我还把对这两本书的心得分享给了更多的人。比如我举办过四期亲密关系沟通群，就是以《非暴力沟通》一书的理论为基础，以我的经历和实践感悟为内容，同时也点评大家的相关经历和感悟，取得了很好的效果。

正是看了原著，我才充分意识到书中的一些原则的重要性及具体如何运用它们。如果单纯看别人列出的一些原则（道理），我可能会无动于衷，更不会去运用。书中的精华，绝非一篇浓缩梗概式文章，可以概括出来的！

因此，那种走马观花、囫囵吞枣式的，只图速度、不图质量的读书方法，在我看来，非常不可取。不仅无法吸收书中真正的精华，还会养成不用心读书的浮躁心态，就像吃饭太快的人，不仅消化不好，还容易得胃病。

我不赞成以速读的方式，把书读薄，特别是在孩子还没有多少知识积累的时候。

3. 读书的目的。

读书的目的应该是什么？是获取知识？明白道理？是借助别人的经历，快速获得一些人生体验和经验智慧？

这些都是目的之一，但我觉得最根本的目的是：学以致用！

比如，一本书或一个电影，讲了一个人身体病弱，通过循序渐进的锻炼方法，最终变得身强力壮的故事。

有的人看了，多了一些谈资；有的人看了，画了个思维导图或写个浓缩总结；有的人看了结合自己和身边人的经历，写了篇读后感；有的人看了，深受鼓舞，结合自己的经历，做出一些调整，列出了健身计划和工作计划，让健身成为一种生活习惯，精神状态变好了，工作效率提高了，再把自己的经历分享出去……

在我看来，读书最重要的目的，并不是获取知识（除非是高等数学、建筑、化学、物理等很专业的非大众化的书），然后输出（写推荐文章或思维导图等）。读书最重要的目的，是结合别人的经历（小说、历史）、思想（人文社科类）来增加自己的人生体验和智慧，并举一反三，学以致用。

只靠个人的经历来获取经验会很有限，特别是太平盛世平凡的人，一辈子的经历，抵不过乱世旋涡中心的人的一年经历，另外自己受肉体限制，不可能同时做很多工作，经历很多不同行业。通过各行各业的人介绍自己经历和经验的书，可以快速了解别人的经历和经验智慧。

读社科类的书，最重要的不是获取知识，而是了解作者思考的过程和逻辑，不是学习死知识，而是学习如何获取知识和思考这个过程。我们要学的是一个活的完整的获取知识的系统方法论，而不是重蹈智慧的人留下的具体的脚印。我们要学的是"道"，不是僵化的"术"。

尼采以及很多教育家，在一百多年前就研究出了好的学习方法，就是把未知的东西和已知的东西联系起来，这样，未知的东西，就能很容易变成你的一部分了。

所以，我读书的方法是：将书中的观点，结合我的人生经历或见闻来看是否有相关的例子。如果有，思考一下和这个观点是相符的，还是相反的；如果不同，是例子有问题，还是观点有问题。看到书中的例子，我会以自己已有的观念来思考，如果书中的人按照我的理论方法做事，会不会结果更好？会不会避免灾祸？

用自己的人生经历和书中的观念碰撞，发生化学反应，这样更容易把书中的观念或例子变成自身智慧的一部分。

另外，好书也是值得多读几遍的。把一本好书读三遍，抵得过囫囵吞枣读十本好书。

所以，我认为应该慢读书，用心读，把书读厚，特别是未成年人。

4. 跨界读书，融会贯通。

假如有一天，孩子回到家，拿出试卷，你看到里面有这样一道题:《荷塘月色》的作者是谁？孩子答:凤凰传奇。当然，这道题被打了个叉。你会如何看待和对待这个问题？

如果媒体报道出来，一定会有一些专家或评论员痛心疾首地说:"孩子被污染了，孩子被烂俗的流行歌带坏了，孩子只知道凤凰传奇，不知道朱自清实在是悲哀啊！要重视学校教育，要让学生们了解历史和真正的文学……"

我不赞同这样的观点。我觉得这样的考题本身就有问题，是想把孩子的视野全圈定在书本知识上，逼孩子死读书。这不是好事。

也许会有很多专家认为朱自清是伟大的爱国主义作家，与流行歌手不能相提并论，所以应该记住朱自清，而不是什么凤凰传奇！但这类观点把人分为三六九等，这样的教育观念本身就是错的。朱自清和凤凰传奇都应该被尊重。

我们的考试，经常考一些很无聊的内容，考一些孤立的几乎没有意义的知识点，这类考题逼学生们死记硬背。好的教学，应该是让学生们记住有意义的内容，通过学习，感情更加丰富，感觉更加敏锐，对人生更加了解。

如果我是这个学生的家长，我会告诉他，你知道凤凰传奇唱过这首歌，说明你没有与生活脱节。不过，我会接着告诉他:凤凰传奇是这首歌的原唱，这首歌的作词、作曲是张超。我会顺带给孩子讲解歌手与词曲作者的关系，以及为什么歌手的收入要远远超过词曲作者。

接下来，我会郑重地告诉他，单独记住一些名字是没有意义的，要了解他们的人生才有意义。能在历史中留下名字的人，他们的人生都值得去探究。

朱自清和凤凰传奇都是比较优秀的人，前者是现代著名作家，后者是当代非常流行的组合歌手。我会讲几个他们人生中的小故事，让孩子更了解他们。比如我会给他讲朱自清的人生经历，会和他讨论朱自清晚年拒绝领取美国救济粮（细粮），结果被粗粮撑死（他的胃不好，当时只能消化细粮）这个事件。我会再给他讲凤凰传奇的成名之路，讲他们的坎坷历程，讲他们的合作关系，为何两个不是夫妻的搭档可以合作得这么好，有什么可以借鉴的。

通过一道题，给孩子讲述很多有意思有意义的东西，至于这道题本身老师判对还是错，根本不需要在乎。

又比如，历史考试会考戊戌变法是哪一年。我们还背过顺口溜，一八九八戊戌变法。单纯记这样一个数字（1898）是没有意义的。如果不死记硬背，不单独记忆这样一个个知识点，而是把整个历史、整个世界看成一个整体，看成互相影响的一个系统，那么就等于将这一个个知识点串成了一幅大气磅礴的图案，就有意义了。

如果我们不把这个时间这个事件看成孤立的，而是与世界大势联系起来，我们会发现很多有意思的事情。

比如在戊戌变法的三十年前，日本开始了明治维新（1868，同样是皇帝下令），并且取得了巨大成功，从一个同中国一样的闭关锁国经常被列强欺凌的小国一跃成为世界强国，成为列强中的一员。

中国的变法与明治维新的变法内容很相似，但为什么中国变法比日本晚了三十年？为什么戊戌变法失败了，而明治维新成功了？

同样在近三十年前（1865），林肯总统被刺前美国内战已经结束，美国的经济开始飞速发展，很快就成为仅次于英国的经济大国。1898 年，美国打败了西班牙，彻底成为世界第一强国，并且开始在世界范围内四面出击，包括进入中国谋取利益。

各个国家都在进步，都在飞速发展，我们中国这三十年（1868—1898）在干什么？

最近几年"思维导图"特别火，思维导图其实就是把各个孤立的点给串起来，这样学习效率更高。

要把未知的东西转化成已知的东西，怎么做？

有两种办法，一种是死记硬背，硬生生把未知的东西给拿钉子钉到脑子里，这样需要记的东西多了，你的脑袋就会千疮百孔，不堪重负；一种是把未知的与已知的东西联系到一起，让它们自然结合起来，融为一体。

后者就是我上文举的例子，不要死记知识点，而要用整体的系统的发展的眼光和格局来看问题。

5. 浅阅读与深阅读。

这个时代如何读书？浅阅读，还是深阅读？速读，还是精读？要根据读书的目的来定。

读书的目的大致可以分为四类：了解资讯、休闲娱乐、获取情感体验和人生智慧、学习专业知识。

如果仅仅是为了了解资讯或休闲娱乐，自然没必要深阅读。大半夜还兴致勃勃地一边看娱乐新闻一边做笔记，不是很可笑的事情吗？我们只要像鲁迅先生说的"随便翻翻"就可以了。

如果是为了获取体验和智慧，或学习专业知识，就要进行深阅读。只有深阅读，才能和书的作者产生思想碰撞和共鸣，才能吸收书中的精华。

浅阅读者不会认真看书，只会随便翻一下，看看有关这些作家的评论或名著的简介。提起什么，他们也都了解一点，但都了解得不深，有时候，他们似乎也能头头是道地说个一二三四，但这些其实都只是人云亦云，他们并没有认真思考，结果就如叔本华所说："让自己的大脑变成了作者思想的跑马场。"

可悲的是，这种现象越来越严重。众所周知，由于手机的普及，大家阅读时越来越没有耐心，别说一本电子书，就是一篇超过两千字的文章，很多网民都会留言："太长，不看！"大部分网民只能接受一两百字的长度。这就导致浅阅读的人越来越多，深阅读的人越来越少。

只进行浅阅读的人，难免浮躁和肤浅；只进行深阅读的人，难免枯燥和沉闷。只有根据不同目的，将浅阅读和深阅读有机结合起来，才能构成丰富的人生。

6. 读书要有取舍。

庄子说：吾生也有涯，而知也无涯。以有涯随无涯，殆已！

鲁迅先生曾说过："看完一部书，都是些那时的名人轶事，某将军每餐要吃三十八碗饭，某先生体重一百七十五斤半；或是奇闻怪事，某村雷劈蜈蚣

151

精，某妇产生人面蛇，毫无益处的也有。这时可得自己有主意了，知道这是帮闲文士所做的书……倘不小心，被他诱过去，那就坠入陷阱，后来满脑子是某将军的饭量，某先生的体重，蜈蚣精和人面蛇了。"

我们要告诉孩子，多读好书，少读无聊的书。就像吃饭一样，如果吃了太多垃圾食品，等要吃正餐时，肚子都被垃圾食品占满了，没有食欲了。读无聊的书，不仅是读书时没有收获，还浪费了读好书的时间。

读什么书呢？一种是孩子自己很想读的书，另一种是有益于孩子的书。这两类都要鼓励孩子去读。

不要只逼孩子读你想让他读的书，而鄙薄他自己想读的书。因为你鄙薄的书，未必就不好。可能在你看来浅显了一点，但却正是他这个年龄段的人爱读的。同学们讨论的都是这类书，你不让孩子读，孩子就没法和同学们交流了。

所以，要在尊重孩子选择的基础上，再给孩子推荐一些好书。如果你愿意花时间和孩子平等讨论你推荐的书，孩子会更乐意去读。

三毛说：读书多了，容颜自然改变。很多时候，以为看过的书籍都成了过眼云烟，不复记忆，其实它们潜在。在气质里，在谈吐上，在胸襟的无涯，当然也可能显露在生活和文字里。

尹建莉说："时代发展到今天，什么是我们能送给孩子、可保障他们一生幸福健康的最可靠的宝物呢？从教育的角度来说，第一件宝物是'阅读'，第二件宝物是'自由'，第三件宝物是'良好表率'。"

愿阅读为孩子插上腾飞的翅膀！

五、分享几个我给晴儿讲的故事

我阅读兴趣的建立，缘于我爸爸在我小时候不断给我讲故事，所以，我也常给晴儿讲故事。她对故事感兴趣了，就会自发地去阅读书上更多的故事。下面分享我给晴儿讲过的几个故事，都是我的原创。

1. 五个指头争老大

有一天，晴儿的五个手指头吵起来了。

小拇指说：为什么我要叫小拇指？如果从我这边数，我才是第一位的，我应该叫大拇指。我比大拇指还高一点呢。

中指说：要说高，谁有我高？我才应该当老大，我才应该叫大拇指。

食指说：哼，要说最常出头的，明明是我，所以我才应该当老大。

无名指说：你们好歹都有名号，就我叫无名指，我不争不抢了这么多年，轮也该轮到我当老大了。

大拇指说：吵什么吵？个子高有什么用？谁长得壮实，谁才应该做老大。所以，老大就是我。

他们吵个不停，突然，晴儿咳嗽了一声。

大家顿时有了主意，一起问晴儿：小主人，小主人，你说我们谁应该当老大？

讲到这里，我问晴儿：你说，谁来当老大？

晴儿想了一下，说：我不知道呀。让中指当吧，他最长。

我说：可是大拇指最粗呀！

晴儿说：我不知道。

我说：那你怎么回复五个手指呀？他们都在等着你回答呢。如果你说不知道，他们或许会很失望呀。

晴儿问：那怎么办？

我说：你可以告诉他们，这个问题不简单，我想一想，明天告诉你们。这样，他们就会暂时停下争论，继续等待了。你也有更多时间想一想。

接下来，晴儿问妈妈，妈妈说：谁也不当老大，大家和平共处呀。

晴儿说：那我告诉他们，谁都不当老大。

我说：那他们还争论呢？

晴儿摇头。

我说：我有一个好办法，那就是，让他们轮流休息一天，看看谁最不能缺少。

晴儿眼睛一亮，开始根据我的方法做实验：

第一天，小拇指休息，多少有些不便。

第二天，无名指休息，多了一些不便。

第三天，中指休息，更不舒服了。

第四天，食指休息，更加难受了。

第五天，大拇指休息了，好像什么都干不成了。

由此，晴儿得出了结论：大拇指应该当老大。

2. 小老鼠的感谢信

一天，晴儿又让我讲故事。

我问：你想听什么故事？小白兔？小狐狸？小花猫？梅花鹿……

晴儿说：我还没听过小老鼠的故事。

于是，我开始讲了：

从前，有只小老鼠，半夜老饿，出来找东西吃。看到一个锅里有小半锅米饭，他很开心，自己尽情地吃了个够，然后还剩下很多。他就找了个袋子装起来，要拿回家给妈妈吃。临走的时候，他还留了一张字条，上面写着：谢谢，你做的米饭真好吃。

第二天早上，小男孩醒来，看到锅里的剩米饭没了，上面还有一张字条，夸他做的米饭好吃。他顿时特别开心，兴奋得跳了起来。

原来，昨天晚上是他第一次做米饭，可是水加得太多了，爸爸妈妈还有姐姐都说他做的米饭真难吃，所以还剩了好多没吃完。他心里很难过，也很沮丧，觉得自己没有做饭的天赋，以后再也不打算做饭了。

可是，当他看到这张字条以后，他觉得自己做的饭，还是有人喜欢吃的。所以，他打算再接再厉，一定要让自己做的米饭更好吃。

这天，他又做了一顿米饭，可是这次水放少了，米饭太硬了。大家还是不喜欢吃，又都打击了他。他的心情又变沮丧了。

半夜，小老鼠又来了，他看到锅里还有半锅米饭，顿时很开心，急忙吃了起来。这次的米饭，更好吃了。吃完后，他又把剩下的带走了。临走，他又留了一张字条，上面写着：谢谢你，这次的米饭更好吃了。

第三天早上，小男孩又不自觉地看了一下电饭煲，发现里面的饭又没了，还有一张字条。他急忙打开看，读了上面的字后，他激动得都快哭了。

这是谁呀？总是夸他，他好兴奋呀。他问爸爸妈妈和姐姐，但是大家都说不是自己写的。

"不管是谁写的，我都要把米饭做得更好吃。"小男孩握着拳头，下定了决心。

这一次，他做出了最好吃的米饭。大家都夸他。

当天晚上，小老鼠又来了……

3. 买哪个杯子

有个小朋友叫芊芊，她的杯子有些漏水了，所以和爸爸妈妈一起去商场买水杯。爸爸妈妈帮忙选了一个质量非常好的水杯，问好价格，正准备买的时候，芊芊看到一个特别好看的水杯。这个水杯上的画，特别可爱，正是她最喜欢的。所以，她说：妈妈，我要买这个水杯。

售货员说：这个水杯也不错，不过，盖子不太紧，如果装在书包里的话，可能会漏水。

但是芊芊说：我就要这个。

爸爸生气了，说：我们来这里不就是为了买个不漏水水杯？你要想买玩具，我可以给你买，但要买这个会漏水的水杯，我是不会同意的。

芊芊也生气了，说：我就要这个水杯。

妈妈发愁了，该买哪个呢？

故事讲到这里，我问晴儿：你说买哪个？

晴儿说：买不漏水的那个。

我说：可是芊芊喜欢那个特别好看的杯子呀！

妻子说：买芊芊喜欢的那个。

我说：可是这个会漏水，把书包里的书和本子都弄湿。

晴儿说：那两个都买了吧。

我说：对啊，可以两个都买了的。可能会漏水的杯子，就放在家里用。不带到外面，就不怕漏水了。去学校的时候，带上不漏水的杯子就可以了。一个杯子又不贵，就当买了个新玩具。不就皆大欢喜了？

晴儿说：是的。可以两个都买。

4. 橡皮的故事

有个小女孩，爸爸送她两块橡皮，一块粉色的，一块黑色的。

问她：想要哪一块？

她很喜欢粉色的，但是她说：两块我都想要。

后来，这个小孩发现，这两块橡皮都会说话。

在她写作业的时候，那块粉色的橡皮会鼓励她：嗯，做得真好，继续加油。如果她写错了，粉色橡皮会说：停一下，你看看这道题，是不是做错了？当她发现做错了，要修改的时候，粉色橡皮会来帮她擦掉，并且告诉她：知错能改，就是好孩子。

而那块黑色的橡皮，正好相反。

在她做对的时候，黑色橡皮会时不时地说：哎呀，别做了，做题多累呀，我们出去玩吧？当她做错了，想去拿橡皮擦掉的时候，黑色橡皮就会躲起来，并且说：没错，没错，你没错，不用改，写都写完了，还改什么呀，多麻烦呀，不如我们去玩吧？

故事讲到这里，我问晴儿：你喜欢哪块橡皮呀？

晴儿说：我喜欢粉色的。

我说：为什么不喜欢黑色的橡皮呀？

她说：因为黑色橡皮太调皮啦。

我说：做错了，需不需要改正？

她说：需要。

我说：是的，做错了就要及时改正，不能知错不改。错了没关系，及时改正就可以了。

5. 愚公移山之后

晴儿给我讲了愚公移山的故事后，我问她：那神仙帮愚公把山搬到哪儿去了？

晴儿说：这个就不知道了（绘本上只说搬走了，没说搬到哪里了）。

我问：你想想，假如你是神仙，你会把山搬到哪儿？

晴儿有点蒙。

我问：搬到天上吗？

晴儿说：山应该是在地上吧？搬到天上的话，那么大的山，会不会从天上掉下来？

我说：那搬哪里好呢？

晴儿说：那放海里。

我问：为什么不放陆地上呢？

晴儿说：陆地上那么多人，我怕压到人。

我说：那放海里，会不会把很多鱼虾都给砸死了？然后会不会把海水都溢出来，淹到旁边的村庄了？

晴儿说：大海很大，应该不会。

我说：晴儿真聪明。还能考虑到别人。好了，其实原著说的是神仙把两座大山分两处放到另外两块陆地上了。一个放到遥远的北边，一个放到东边了。好了，接下来我要讲故事了。

在神仙把山搬到另一个村庄后，这天早上，一个小孩和爷爷一块起床，准备去田里干活儿，突然他爷爷蒙了：咦，家门前怎么突然来了一座大山？

小孩也蒙了：前面怎么变成一座山了？那怎么办呀？

我问：那他们要不要也学愚公来挖山呀？

晴儿说：不要了，还挖山，太累了。

我说：是呀，如果他们也挖山，那不是好好的日子没法过了，天天干苦力了吗？

晴儿说：那他们也找神仙吗？

我说：那神仙再把山搬到另一个地方，那个地方也要找神仙，神仙累不累，天天搬山……

晴儿笑了起来，说：我喜欢山，我可以天天去山上玩了。

我说：对，这个小孩也是这么说的。

小孩说：爷爷，太神奇了！我们家门口有山了，我可以去爬山了。

爷爷就跟他一块上山了，发现山上土地肥沃，空气清新。鸟语花香、绿树成荫……他们就在那儿种了很多果树，还养了一些鸡鸭猪羊。后来他们通过卖桃子、卖梨、卖苹果、卖鸡鸭猪羊赚了好多钱。

后来，这里成为一个旅游景点，因为这个地方的人都没见过山，突然来了一座大山，太神奇了。爷爷还在这儿卖冰棍、冷饮、凉皮……

听到这里，晴儿说：哎呀，那他们可以天天玩儿着赚钱了。

我给晴儿讲这个故事，是想告诉她两点。

第一，这个世界是立体的，各种事物之间都是有联系的，不能只考虑孤立的一面。比如只考虑愚公的利益，那神仙帮他把山搬走了，是做好事；但对其他人来说呢？就未必是好事了。还有把山搬哪儿呢？如果山只是阻碍，那神仙从这儿搬走，对这儿的人是好事；那搬到东边，对东边的人来说，不就是坏事吗？

第二，有些事实是我们改变不了的，那我们就要想办法去利用它，而不是非要和这个改变不了的对象较劲。这就是靠山吃山，靠水吃水。

与其花那么大力气去把山一点点搬完，还不如花同样的力气，甚至一小半力气把山给改造一下，让山为我所用，与环境和谐发展。

通过这样的交流，晴儿在看书时，就不会人云亦云了，她会在原有内容的基础上，再进一步去思考。

孩子的磨蹭与专注力

急火煮不出好饭，心急吃不了热豆腐。

——谚语

如果孩子的专注经常被打断，孩子就会觉得专注一个事情是危险的，因为"被打断了的感觉好难受，我还是不要太专注于一个事情了"。所有侵犯孩子界限的行为，都是破坏孩子专注力的。

——李雪

【思考】

1.你小时候做事很快，还是慢腾腾的？这给你带来了哪些影响？

....

....

2.你现在是急性子，还是慢性子？这种性格，是否影响了你人生的发展？

....

....

3.在你眼里，孩子做事是快，还是磨蹭？你如何对待孩子的"磨蹭"？

....

....

4.你是一个有专注力的人吗？你如何培养孩子的专注力？

....

....

提起磨蹭，很多家长都深恶痛绝。他们希望孩子做什么都不再磨蹭，要快一点，再快一点。在催促的过程中，孩子失去了做事的初心，失去了自己的节奏，速度反而变得更慢了。

还有很多人会嫌弃孩子没有专注力，并为此发愁。

也许你对磨蹭和专注力，存在一些误解。

一、求快容易迷失初心

【黑镜头】

从刚识字到小学四年级，我写的字都很漂亮，学习成绩稳定第一。美中不足的是，相比其他同学，我写字速度稍慢。

不过，每次考试，我都可以做完，并且可以考第一，这也证明我的速度并没有影响什么，只是老师认为我写字太磨蹭了。

父母从老师那里只发现了我这一个缺点，当然想努力改造我了。

试想，如果我写字不磨蹭了，不就十全十美了吗？于是，父母开始试图纠正我的"磨蹭"，他们用了很多办法，比如限时法、督促法。就盯在我旁边，我手一停就催促；手没停，也会督促我快点、再快点……大家可以想象在这样的环境下，我的心情是什么样的。

被父母多次催逼后，我的心态终于发生了变化。我不再把写字和做算术当成享受了，我变得急躁起来，作业也变成枯燥乏味、令人生厌的任务了。我的字写得难看了，因为老师和父母都反复告诫我，字不需要那么好看，速度要快点。

不过，让他们失望的是，字是变丑了，可速度并没有提上去，原本的享受和乐趣也都丧失了。这是一场没有赢家的变化，最惨的是我。

一直到今天，我的字依然很丑，写字速度依然很慢，我写字时还是很急躁，常常在写一个词的时候，前半截是第一个字的左偏旁，后半截就写成了第二个字的右边部分，把一个词写成了一个新造的字。感谢电脑和互联网，感谢拼音输入法，使我可以摆脱写字力不从心的困境。

写字对我来说，原本是一种很美妙的享受。我喜欢写字时的状态，我觉得这是在通过笔与字共舞。

我很享受这样的过程，这种成就感是难以形容的，就好像一个喜欢烘焙的人做蛋糕，一个喜爱音乐的艺术家在弹钢琴，一个画家在作画一样，是一种精神享受。在这个过程中，我自然地达到了无数心理学家推崇的"心流"状态。

但这种享受，父母和老师无法理解。他们不重视写字本身，他们重视的是尽快完成作业的结果。

在他们眼里，无论是写字，还是解题，都没有什么美妙可言，只是枯燥乏味的任务，就好像一个疲惫的码头工人，想要尽快把码头上沉重的集装箱装上货船，以便好好休息一样。

这是完全不同的两种境界，前者重视的是过程，并且很享受；后者只重视结果，过程中只有痛苦。

虽然前者慢了一点，后者更快，但两者究竟谁的效率更高呢？

前者写字和解题都慢，可是写过的每个字都记入脑海，做的每道题的思路，都烂熟于心。

后者呢？虽然快，但快得灵魂都没跟上，大脑都没运作，参与的只有眼睛和手而已。所以，尽管做得快，能记住的却很少。

前者的状态下，孩子很享受、很快乐、很轻松，专注于当下，而且真正学到心里了。可是，为什么绝大多数家长和老师都要求孩子，用后一种标准来对待自己的人生呢？或许是人云亦云及功利心在作祟吧！

大家都在往前赶，你还保持原来的速度，就显得你慢了。慢就意味着落后，意味着笨，于是，你也被裹挟着匆匆往前奔……

时光无法倒流，遗憾无法弥补，但教训可以借鉴。晴儿在写字的时候，如果她自己不觉得慢，并且很享受那种状态，我绝不会自作聪明地干涉、催促她，不会去打乱她的节奏。

下面是朋友"生命中的温暖"的反思。

【白镜头】

每天上午，我和儿子都要到室外跑几圈。今天，儿子表示不想去跑了，说是腿疼。直觉告诉我：这里面肯定有问题。

在我诚恳加耐心的询问下，儿子道出实情。原来腿疼只是一个借口，真正的原因是我在跑的时候总说他磨蹭，嫌他跑得慢。有时还要罚他多跑一圈，弄得他很不开心。既然跑步是件不开心的事情，他就不愿意跑了。

很感谢他肯把心里话告诉我，我也为自己的过错向他道歉，并承诺以后他想怎样跑就怎样跑，于是今天我们有了一次美好的跑步记忆。

我也选择慢下来，有时我们停下脚步欣赏月季的芬芳，目光追逐鸟儿的身影，聆听小鸟的吟唱……

听着儿子叽叽喳喳的话语，看着儿子快乐的笑容，我的心里充满了幸福。

跑步，本来是为了身体的健康，而我以前在意的却是儿子的速度、耐力，等等，他不能在规定的时间里完成，我还要惩罚，结果弄得两个人都不开心。没有好心情，能有好身体吗？最后儿子一点跑步的欲望也没有了，用撒谎来逃避跑步，与我的初衷南辕北辙。

还好，孩子抗议了，我也"看见"了孩子不愿跑的真正原因，亡羊补牢还来得及。

♡二、吃饭"磨蹭"

吃饭"磨蹭"，是年幼孩子的共性问题。为什么幼儿普遍有吃饭慢的问题呢？孩子吃饭慢，成人吃饭速度正常；还是孩子吃饭速度正常，成人吃饭太快了？或者只是节奏不同？

法国人喜欢大鱼大肉，饮食非常不健康，可是法国人的平均寿命在欧洲却是排名靠前的，他们的寿命为什么会这么长呢？

科学家们经过多年研究发现，法国人长寿的秘诀是——吃饭慢。在二十世纪，法国人一顿正餐（比如我们的午饭），要吃两个小时。如今速度提高了，也要一个小时，远超欧美其他国家。

美国斯坦福大学两位教授经过多年研究，得出一个结论：一个人在开心的状态下，吃不健康食品所带来的危害，远小于一个人在心情紧张或低落的状态下吃健康食品。

那么在孩子吃饭时，被父母催促甚至训斥，孩子的心情会如何？你是在保护孩子的健康，还是在损害孩子的健康？你逼孩子吃饭快，究竟是为什么呢？

我看到有些家长说，孩子吃饭太磨蹭，一顿饭要吃三十分钟。请问，你希望孩子以多长时间以及什么态度来吃饭？你希望孩子是以享受的、放松的状态品味美食，细嚼慢咽；还是希望孩子像完成一件单调乏味的任务那样，皱着眉头匆匆吃掉你做的饭？

孩子在细嚼慢咽，妈妈却在旁边发怒："你能不能快点吃啊？吃个饭怎么就这么磨蹭啊！"这究竟是孩子太磨蹭，还是妈妈太焦虑着急呢？

很多家长抱怨孩子做事磨蹭，拼命想让孩子不磨蹭。其实，孩子的所谓磨蹭，很多时候是专注；而家长的所谓不磨蹭，其实是不走心，是敷衍了事。

比如吃饭，孩子是在认真品尝和体验食物的味道。我们只是为了填饱肚子，而不是在吃饭。是我们太急躁、太浮躁了。

孩子是活在当下的人，是专注力最好的人。但是，我们却常用错误的标准去强行格式化他们的大脑和心灵。把他们的专注力破坏得一塌糊涂，然后又来抱怨孩子不会集中注意力了。

我们希望孩子干脆利索地把饭吃了，原因是，我们吃过饭后，还想做其他"更有价值"的事情。但是孩子不一样啊，特别是幼小的孩子，吃饭对他们来说就是正事。所以，他们要享受一口一口慢慢吃饭的乐趣。正是在这样的过程中，他们的专注力才越来越强。

不少家长认为，吃饭慢是说话、看电视导致的，是因为注意力不集中。

我想说的是，注意力不能持续很长时间，正是小孩的特点，也是孩子想象力丰富的表现。他可能在吃饭的时候，看到什么，听到什么，想到了别的事情，于是思想跟着跑了。

如果家长不去干涉，顺其自然，孩子就这样不断思考着，对孩子本身有什么坏处吗？我觉得没有。饭菜可能稍微凉了点，可是没关系，孩子消化得了。如果父母不打扰，孩子完成了一个完整的想象过程，孩子的大脑得到了良好的运转，他的想象力也得到了很好的锻炼。

假如孩子常被父母打断，会出现什么状况？就好比你正用 QQ 接收文件时，突然断电了一样，这个文件哪怕已经接收 90% 了，也只能是一个打不开的废文件。这样次数多了，电脑里就会有很多打不开的文件残留，没有用，还占地方。

孩子在思考或想象的时候被打断，大脑里也同样会残留一些片段。残留的片段多了，脑子就会乱，思维就没有原来那么清晰了。这样的事情越多，孩子就越无法专注。

专注力无须培养，孩子天生就很专注。不专注的孩子，是经常被父母打断，大脑频繁被非正常"关机"，大脑被无数这种碎片堵塞所造成的。

印度电影《神秘巨星》里有这样一个片段：女主角在课堂上开小差，脑海里构思出了一段精彩的旋律（她有音乐天赋）。老师发现她开小差后，将教鞭狠狠地砸在她的课桌上，然后向她提了一个问题。

如果她要回答这个提问，就需要思考，但大脑在同一时间的容量和记忆力也是有限的，如果她此时去思考老师的问题，大脑里刚闪过的精彩的旋律就会忘记了，这种灵感是可遇不可求的，所以她只好不思考，不回答，好保持对这段音乐旋律的记忆。

不回答就要挨揍。女主角果断选择伸出手让教师拿教鞭揍。

当然，大家不要紧张，这些片段残留，在孩子有空闲的时候，会逐渐重新整合，变成有用的东西。所以大家不要被吓到，完全不敢打断孩子了。这么说是为了引出下面这个重要的话题——给孩子"关机"时间。

前面说过，突然打断孩子，等于突然拔掉电脑的电源。那么如果我们突然叫孩子立刻做一件事情，就等于我们突然拔下电源，再插上，开机，还要让电脑立刻正常运行。断电重启电脑，需要有一个缓冲的时间，用以修复突然断电带来的伤害。只有正常关闭和开启的电脑，才会有较快的运行速度。

我爸就是这个妄图让突然断电的电脑立刻高速运行的人。比如在我看书、写作业或者做别的事情时，他会突然叫我去做某件事。他想看到的是，我立刻答应，并放下手边的事情，毫不犹豫去执行他的命令。

可是我不是机器人，就算是机器人，也不可能立刻中断正在执行的程序，去运行别的程序。我需要一个缓冲时间，比如，先花一分钟把我手头正在做的事情做个了结，在心里或大脑里给我正在做的事情一个交代，然后再去做他要求我做的事情。

但是，我爸往往会因此暴跳如雷，高声训斥我，说我从来没有听到他的话就立刻干脆利索地照做过，总是慢一拍。

《弟子规》说：父母呼，应勿缓。

我认为，父母呼，也应该给孩子缓冲时间，而不是父母呼，孩子就必须立刻回应。

同样，子女呼，父母也不必立刻就有回应。

我曾告诉晴儿：不要动不动就喊妈妈、喊爸爸，除非是特别紧急的事情。如果不是很着急的事情，想要妈妈帮忙，就走到妈妈旁边和她说；或者走到爸爸旁边，和爸爸说。而不是就在那里待着不动，扯着嗓子喊妈妈或爸爸。妈妈如果正在做饭，你这样喊，她跑过去，看到你没什么急事，那她就可能会发怒，还很可能耽误了正在做的事。

如果你总是没事都这样大喊，那真遇到危急的事情了，父母也以为还像往常一样，没什么大事，会先不回应你，那可能就耽误大事了。

我小时候，我爸让我做的事情绝大多数都并非火烧眉毛的急事，但即便我已经及时应声了，只要没有立刻出现在他面前等候差遣，他就会非常生气地指责我磨蹭。

他生气，主要是因为他觉得自己的权威遭到了冒犯。这是大人的虚荣心在作祟。

总之，理解了孩子的大脑需要一个缓冲时间后，我们就要允许孩子的反应不是那么快，允许孩子有一个"磨蹭"的过程。

当孩子正在做他想做的事情或者自得其乐时，我们如何让孩子做我们希望他做的事情，同时最大限度减轻对孩子的负面影响呢？我们可以这样说："孩子，妈妈需要你的帮助，我知道你正在忙，三分钟以后你来找妈妈，好吗？"对没有时间概念的小孩，可以采用其他变通方法。

如果孩子自愿立刻跟你走，当然也可以。但不要用命令的语气，否则，你就要在日后为这个问题发愁了——孩子没有专注力怎么办。

再回到吃饭这个话题上，孩子吃饭时，注意力不集中是正常现象，上课注意力不集中也是正常现象，年龄越小，能集中精神的时间就越短。如果注意力能够长时间都集中在吃饭上，说明孩子太饿了。

当然，成年人有很多事情要做，而且还要洗碗，所以不希望为孩子一个人耽误太长时间，这个可以理解。但是正如前面论述的那样，我们可以要求孩子吃得稍微快点，以方便我们洗碗和做其他事情，但不要因此就觉得孩子磨蹭。实际上是，孩子不磨蹭，是我们太着急了。

我们要孩子吃快点，其实是让孩子对我们妥协让步，来成全我们自己。所以我们应该请求和感谢孩子的配合，而不是站在道德制高点上理直气壮地指责孩子磨蹭。

吃饭如此，其他事情同样如此。

我们要明白，家长眼中的磨蹭，往往并非孩子的问题，只是家长的节奏和孩子的节奏不同而已。孩子由于年龄、能力和身心发育与成年人不同，所以他们做事的节奏比成年人要慢不少。但只要符合他们这个年龄段的特征，就不是问题。

希望大家能够举一反三，不再一味认为"磨蹭"都是孩子的问题。

三、小心把孩子培养成拖延症

的确有不少孩子，真的很磨蹭。不过，这磨蹭背后都是有原因的。所以，原因不变，单纯靠逼迫孩子"不要磨蹭"是无效的。

大家看下面我朋友的故事：

【黑镜头】

十二岁的女儿芊芊学习成绩一向很不错，但这天她的班主任打电话反映说，芊芊最近一次考试成绩退步不少，而且近段时间经常迟到，要求我们督促孩子好好学习。

老师的话让我们意识到了问题的严重性。妻子认为，孩子迟到的根本原因是作业太多，导致晚上睡觉太迟。的确，芊芊每天晚上做作业都到十一点，早上我们也不忍心叫她起床太早，所以才常常迟到。但为什么她的学习成绩还下降呢？

妻子打电话询问其他孩子的家长，没想到，大多数孩子家长都表示，他们的孩子最迟九点就做完作业了。为什么芊芊作业做得这么慢？莫非是她觉得作业太难？怪不得学习退步了。我和妻子商定要给芊芊请个家庭教师补课。

芊芊放学回家后，我们告诉她，要给她请个家庭教师，帮她解决疑难问题。芊芊急忙摇头，说她不需要家庭教师，还说没考好不是因为题目不会做，而是时间不够用。

听到这话，我们警觉起来。这半年来，芊芊确实越来越磨蹭了。每天早上要叫半天才起床，吃饭慢，连做点家务都拖拖拉拉的。平时别人一个小时能完成的作业，她要三四个小时才能完成，莫非也是因为太磨蹭？

学习成绩不好是一时的，但如果养成了拖拖拉拉的坏习惯，可是要影响一辈子的啊！我和妻子非常着急。我们仔细询问芊芊从什么时候开始变得这么磨蹭的，她回答不上来。

第二天正好是周末，学心理学的表妹来我们家玩。我们便向她求助。表妹单独和芊芊去了她的房间，我和妻子在门口侧耳倾听。

表妹问芊芊为什么做作业那么慢，是因为作业题太难了吗？芊芊说不是。

表妹再问为什么，芊芊才慢吞吞地说："以前我做作业也很快的，可是每次做完作业，爸爸总会再给我布置些额外的作业，每天晚上不到十一点都不让我睡觉。有一天，我不小心睡着了，等醒来才发现十点半了，我作业才做了一点。等爸爸走过来想给我布置新作业时，发现我作业还没做完。那天，他没有再给我布置新作业，反而催我做完作业早点睡觉。我发现原来这样可以少做很多额外的作业，于是，每次做作业的时候，我就故意磨磨蹭蹭的。大多数时间，我都在发呆。爸爸见我的作业总还没做完，也就没再给我布置作业了。但后来，时间长了，我想做快一点都快不了，考试的时候也是，所以才没考好。"

听到这话，我暗暗自责。

表妹又接着问："为什么每天早上你父母要叫你很多次，你才肯起床呢？"

芊芊说："反正最后他们总要把我叫起床的，所以能多睡一会儿是一会儿。我不用操心。"

表妹又说："那为什么每天早上你吃穿也很慢呢？"

芊芊不好意思地说："因为经常迟到被老师批评，我都怕上学了，所以才迟迟不肯去。虽然最后还是得去，但晚去一会儿心里就舒服一会儿。"

得知了芊芊拖延的三大原因：逃避任务、依赖父母、恐惧批评，我们心里有底了。表妹告诉我们，很多成年人也有拖延症，拖延症虽然危害没那么直接，但却会降低一个人的生活质量和工作效率。好在芊芊还小，如果尽早引导，应该不难纠正。

孩子磨蹭不可怕，只要找到了病根，就好对症下药了。你的孩子，磨蹭的原因是什么呢？

♡四、被动攻击，也是孩子磨蹭的普遍原因

心理学家武志红在《为何爱会伤人》一书中讲过这样一个故事。

【黑镜头】

前不久，参加一个聚会，一位年轻的妈妈问我："为什么我儿子总是慢腾腾的？我怎么训他，他都改不了。"

说这话的时候，她一脸焦灼。显然，她是一个性格有点急躁的女子。

"因为你太快，所以他慢。"我半开玩笑地回答说。

"真是这样吗？我几个朋友也这样说，他们说这是性格互补。"她半信半

疑地说。

她十来岁的儿子就在旁边不远处，我观察了一会儿，但一点都没发现，他慢在哪里。他正和小伙伴们玩耍，动作、说话和其他反应一点都不慢。

"他只和你一起才慢吧？"我问她。

她想了一会儿，回答说，好像是这样，和她在一起时，儿子的确比与别人在一起时更慢。她举例说，最令她恼火的是早上，她得送儿子去上学，每次等她收拾好东西后，都要等慢腾腾的儿子。这时候，他特别慢，而她特别焦虑。

"你是怎么等的？"我问她，"安静地等，还是一边等一边斥责他？"

"我怎么可能安静地等，我心里都急死了，我会一直斥责他、训他，要他快、快、快！但令我非常恼火的是，他就是那么慢！"她说。

"但是，你催他的时候，他从来都说，自己会快，自己正努力，他从来都没有反驳过你。当你对他发脾气时，他从不会还击。并且，在你的家庭中，孩子不能对父母发脾气。是这样吗？"我继续问。

"是啊！我都是为了他好，他凭什么发脾气？"她反问我说。

"任何人被攻击，都会生气。"我说，"如果他不能用主动的方式还击，就会用被动的方式还击。他的慢，就是对你的还击。"

听我这么说，她沉默下来。我让她设想，刚刚，我狠狠地训斥了她一顿，斥责她不会教育儿子，我说的话很难听，那么，她会有什么情绪。

"不高兴、愤怒，会想，你凭什么训我！"她接着又说，"这不一样，他是孩子，我又全是为了他着想，况且他看上去从不生气。"

这是大人最常犯的错误，不把孩子当成一个人来尊重，而认为只要自己的目的是好的，就可以不必太讲究方式。但是，孩子和大人一样，不管父母借用的名义是什么，只要得到了父母粗暴的对待，他第一时间产生的是愤怒。

假若父母不允许孩子表达愤怒，那么孩子会不敢生气，因为他们担心一旦生气会失去父母的爱与认可。父母的爱与认可，是他们最在乎的，为了维持这一点，他们可以做一切事情，譬如压抑愤怒。

只是，愤怒一旦产生，就要寻找宣泄的出口。这位年轻的妈妈，用呵斥的方式表达对儿子的愤怒，而儿子则用慢来表达对快节奏的妈妈的不满。

给她讲了这番道理后，我建议她说："你少训他，或者平等地和他沟通，允许他表达对你的不满，那么他会快起来，因为他没必要继续用慢来还击了。"

这并不是一个孤立的案例，我认识的多名心理医生说，他们都遇到过同样的案例：性情急躁的父母，偏偏有一个慢腾腾的孩子。当咨询进行到深处时，那个孩子一定会在心理医生面前表达出对父母经常呵斥他们的愤怒。

晴儿的经历，也证明了这一点。她有时候会说：你越催我，我就越慢。你别催我……

频繁催孩子，会损害孩子和父母的亲密感，让孩子觉得父母不喜欢自己，厌恶自己。

频繁催孩子，还会损害孩子的成就感，让孩子觉得自己很磨蹭、很无能。

如果父母是怒气冲冲地催孩子，还会损害孩子的安全感。

父母频繁地催孩子，更会引起孩子的逆反心理和被动攻击，严重损害孩子的规则感，让孩子有意无意地和父母对着干。

同时，频繁地催孩子，还会扼杀孩子的内驱力，让孩子变成被动型的人。

所以，除非火烧眉毛了，要不然尽量别催孩子。

五、磨蹭背后的原因更值得重视

磨蹭的原因，有千百种，我们不可能一一列举，但我们要明白，磨蹭只是表象，背后的原因才是根本。所以，面对孩子的故意磨蹭，我们要耐心找到背后内在的原因，对症下药。

【黑镜头】

有个四岁的小女孩，每天晚上都不愿意早睡，找各种理由不睡觉，每次都要磨蹭一两个小时才睡觉。

妈妈为此十分烦恼，觉得孩子睡觉太磨蹭了。后来找专家求助。专家经过耐心询问才发现，原来孩子是通过磨蹭来拖延时间，等待晚归的爸爸回家。

孩子想看看父亲再睡觉，但可能不会表达；或者表达了，妈妈不重视。妈妈认为没必要等，早点睡觉才重要。孩子只好通过磨蹭来争取见到爸爸的机会。

同样小孩早上起床磨蹭的，可能是不愿意去幼儿园。这时，磨蹭本身不重要，孩子不愿意去幼儿园才重要。

总之，孩子的磨蹭，有些是他们年纪小，所以整体节奏比成年人慢；有些是天生的慢性子，需要尊重；有些是故意的磨蹭，但背后是有原因的，不是无缘无故的。父母不去耐心观察和询问，直接就要求孩子不磨蹭，是思想懒惰的表现，也是无法解决问题的。

六、关于磨蹭的问答

1. 张老师，我还是有疑惑。如果孩子不是故意磨蹭，但却比同龄人慢，我该怎么办？

就像有的植物长得快，有的植物长得慢一样，无论是急性子还是慢性子，只要是天然的，那就都是好的。但如果是被父母打乱了节奏，被父母给改造了，比如，被父母威逼成了急性子；或因为恐惧和厌恶，不自觉地拖延，变得比同龄人慢很多，这就非常糟糕了。

单纯的快慢并不能说明什么，快有快的长处，慢有慢的优点。比如，我是慢性子，但我并没有因此错过什么发展机会，反而给人成熟稳重的好印象。我妻子是急性子，做事风风火火，速度快，但她常丢三落四。

我女儿不急也不慢，她有自己的节奏，我们也非常尊重她的节奏，不去干涉。她每天早上想起床就起，不想起床，我们也不催。她会尊重自己的感觉。我们也会。我认为，让孩子按她自己的节奏就是最好的。

2. 朋友圈刷屏的文章《北师大专家花 14 年时间总结出根治孩子拖拉磨蹭，激发内驱力的超高效方法，30000+ 父母因此受益！》中提到了一些根治孩子磨蹭的办法，比如：要和孩子比赛完成任务（吃饭、刷牙等）；让孩子按照每日时间表来做事；为了避免孩子完成任务时偷工减料，一定要奖惩并行……张老师怎么看待这些观点？

我认为你列出的几个观点都是值得商榷的。

父母和孩子比赛完成任务，这个偶尔为之，未尝不可。但如果变成惯例，每天执行，副作用就大了。

第一，等于把吃饭、刷牙等当成了枯燥的不得不完成的任务，导致孩子不再把吃饭、刷牙当享受和乐趣。吃饭时，不能再专心吃饭，而是和父母比速度；刷牙时，为了赢，也不可避免会偷工减料。

第二，孩子有自己的节奏，和父母比赛，会导致孩子放弃自己的节奏，一味追求快。

第三，一味追求"快"这个结果，会导致孩子不能安然活在当下，做什么事都充满了紧张和焦虑感。

用奖惩等办法来要求孩子按照每日时间表来做事，等于是在用外力对孩子威逼利诱，这是在压抑内驱力，让孩子被外在的东西驱使。所以，不值得提倡。

3. 儿子做事情是慢工出细活的感觉，有条理，不磨蹭（可能还没到中小学吧）。有时候迟迟没按我说的去做，也是因为在享受当下。比如洗澡，脱了衣服之后他要先在床上光着身子蹦一蹦，拿着毯子扮演一会儿幽灵，到浴缸里玩水一个小时以上。洗过澡后再蹦一蹦，拿着毯子玩一玩。有时候我真是不想再等了，就会催促他。洗个澡一般要两个小时以上。

这个问题，在前面关于吃饭磨蹭这个主题里，我详细阐述过，孩子洗澡的情况和吃饭非常相似，可以参考。就是最好不催促孩子，但如果时间有限，必须要催，也是怀着让孩子帮忙配合的心态，而不是站在道德制高点批评孩子磨蹭。

4. 我和老公是急性子，孩子也是急性子。刚买的玩具就要玩，能一口气听完刚买的十几个故事。早上起床有拖延，晚上睡得晚，早上就起不来，我们就是尽量让她睡，在车上吃早饭，穿好衣服就出门。

天生的急性子和慢性子，都没有问题。顺从自己的特点，做事事半功倍；违背自己的特点，做事就会事倍功半。

刚买的玩具就要玩，我觉得这是好事，孩子很享受活在当下啊。如果买来不舍得玩，过几天再玩，或者到生日了再玩，那反而是匮乏思维造成的，不敢当下就享受。孩子一口气听十多个故事，这也是天生急性子的表现，尊重孩子的天性即可。

晚上睡得晚，早上起不来，不是磨蹭或拖延，而是因为睡眠不足，她还很困。可以在白天多陪孩子做一些体力活动，这样孩子累了，晚上会睡得早。睡眠充足了，早上自然也会起得早。

5. 为了孩子不磨蹭，我们制定过日常管理表，列出每天要做哪些事情，或者是约定出门时间，但都不奏效。最近因为这些事情唠叨孩子时，他会捂着耳朵，说我都知道了，你别说了嘛。

你的孩子刚上学，还是让他活得随性一点，不用这么早就用日常管理表。

这是在让孩子为你服务，配合你。你让他为你不磨蹭，也是在强化孩子的磨蹭，让孩子认为自己是个磨蹭的人。一旦这个观念被孩子根植到自己大脑里，就更难改了。

现在，孩子已经非常反感你的唠叨了，就及时停止吧。唠叨只是发泄你的压力，增加孩子的压力，丝毫无助于孩子戒掉磨蹭。

尊重孩子的节奏，别打击唠叨孩子，避免引起孩子的逆反心理和被动攻击；让孩子意识到，这都是他自己的事情，由他自己来把握。他磨蹭，他迟到，可以提醒一次，但不要催，让他接受自然后果。当他迟到了，被老师批评了，他就会重视和自我调整了。

父母批评或唠叨孩子，会激发孩子的对抗，导致故意磨蹭。老师批评孩子，孩子会希望父母帮他不再迟到。老师和父母的角色不同，所以同样的话，效果也不同。

6. 我自己是个拖延症比较严重的人，生活、工作中都是如此。不到最后期限，工作都不能完成。生活中，我也总是掐着最后的点，因此有过误了飞机的情况，带孩子上兴趣班也经常会迟到，即便提前准备，好像也总要磨蹭到最后一刻才出发。

因此，送孩子上学、上课的时候，我就会很着急，眼看着就要迟到了，孩子还穿不好衣服、鞋子，甚至坐着不动，我就会吼他，或者直接帮他穿，语气、表情都很差，上了车有时候也忍不住要数落他一顿。我不知道该怎么办。

看了你对待孩子的方式，我猜想你小时候，就是这样被父母对待。于是，养成了这种拖延对抗的习惯。而你又这样对待孩子，那么孩子将来是不是又会像你现在这样拖延和消极对抗呢？

我们养育子女，一定要目光长远。不要为了一时痛快，对孩子发泄情绪，批评一时爽，但对孩子的负面影响，却可能是一辈子的。

我曾写过一篇父母不要做庸医的文章，主题是说，既然你这种说教方式没有效，那就不要再重复这样的方式了。你重复一样的方法，怎么能带来不同的结果呢？

作为成年人，你自己的拖延症就比较严重，也难以克服；那么，年幼的孩子，你怎么能苛责他磨蹭呢？他的磨蹭，可能很大程度上还是受你"感染"的。

批评孩子，不如把注意力放到怎样让自己不再拖延上。以身作则，你变得不拖延了，也更有心得经验传授给孩子，孩子更会被你的不拖延行动所熏陶。

假如有个人，天天在你旁边催你，对你发火，你觉得有助于你变得不拖延吗？我认为肯定不能，只会让你更拖延。因为被催促、被训斥，只会激发你的愤怒和羞愧感。愤怒，让你生起对抗之心，羞愧让你陷入自责和内耗。不管哪种，都会导致你没有精力去变得更好。孩子也是如此。

怎么才能改变呢？给孩子宽松愉快充满爱与自由的环境，有助于改掉孩子的磨蹭。

7. 我妈妈是个急性子，小时候被妈妈要求得也比较多，主要是在做家务上。小时候一直被大人夸懂事，可能为了"懂事"这个人设，比较努力吧。长大了，反而开始叛逆了，又不敢真的干什么很出格的事，拖延便成了一个方式。——这些是看了一些心理分析的文章，自己瞎想的，不知道对不对？

我感觉越是小时候被要求不磨蹭的人，长大了越容易磨蹭，因为小时候的不磨蹭是接受了别人的命令，而不是出于自己的意愿，越是被要求，越可能把"磨蹭、拖延"错误地当成自己的意愿。当有能力按照自己意愿行事的时候，是不是越容易磨蹭、拖延？

你分析得很对，就是你的叛逆期推迟到现在了。很多小时候被父母要求不准吃零食的人，长大了会疯狂吃零食。所以很多事情，如果长远看，就知道如何选择，就能更淡定地对待孩子了。养育孩子，最忌急功近利、目光短浅。

8. 我儿子有一次不刷牙，他爸爸催促他。儿子说：你老是说一个事情，越要我快，我就越故意不快。我们当时听了孩子的话很震惊，他才三岁多，还处于最真实的表达自我的阶段，很多被动磨蹭的孩子不敢表达，只能用行动表达。

看来磨蹭的一个普遍原因，就是家长的焦虑和过度催促造成的。

9. 我也同意这是孩子的事情，迟到就迟到了，不要催他，可是早上送他上学之后，我还要上班啊，我无法这么淡然。再就是出发得晚了，我不免为了赶时间而开快车，心里也不痛快。总之，面对这个事情，我知道其实不是孩子磨蹭，是我自己心里着急，也没有把时间安排好。这个问题怎么解决？

如果有其他家人可以帮你送孩子，这个问题就能缓解了。也可以和老公轮流送孩子上学。这样至少老公会更理解你的不容易，可以多给你一些安慰和支持。你也可以轻松一点。

不要咒语式地催促孩子，而要和孩子深入交流，先去理解孩子。孩子可能是不想和你分开，也可能是害怕去上学，总之，先去"看见"他的感受和需求；然后再让他明白你的难处。比如和孩子讲讲你迟到的后果：被领导训，被扣奖金，因此给他买玩具的钱就少了，等等。相信他会有所触动，愿意配合你的。

还有，不管如何，别开快车，不要抢跑。欲速则不达。十次车祸九次快！别抱侥幸心理。

10. 孩子上周期中考试，老师私下跟我说，孩子写字太慢，试卷的第一页都没写完（拿到试卷是 37 分）。老师专门在体育课的时候，让孩子去办公室把剩下的写完，还建议孩子报写字班。孩子说不想去，我也没太纠结这事，我打心底认为，学习是循序渐进的事情，孩子现在的不会和慢本身就是正常的，符合孩子发展规律的，其他同学快是因为他们提前学习了而已。

孩子写字太慢，已经影响到考试，影响到老师对她的看法了。所以，可以不上什么写字班，但不能视而不见。特别是孩子为此感到压力了，我们需要帮助支持她。

我们先要确认，她是不会做，还是真的是写字太慢。如果是前者，需要有针对性的一对一的学业上的帮助，单纯催促孩子快点是没用的。如果是后者，可以先耐心地询问孩子：你有什么办法提高写字速度？还可以通过讲故事的方式，让她意识到写字太慢的弊端，让她有动力想要提速，并且在故事里让她明白：她不是只能一直这么慢，不是天生就只能慢，只要多多练习，是可以提升速度的。然后她会不自觉地速度逐渐提上来。

这个过程中，不要急，不要催，不要给孩子压力，只要坚持下去，就会潜移默化地影响到孩子。

总之，由慢到快，是一个自然而然的过程。如果人为施压催促，无异于拔苗助长。就好比刚会爬的孩子，催他直立行走，刚会走的孩子，催他奔跑……

但如果是被一块石头压住，影响了小苗的生长，我们可以把石头挪开，这样小苗也会逐渐恢复正常的生长速度。

还是那句话：让孩子身心健康成长，最好的办法是，给孩子创造一个宽松愉快、充满爱与自由的环境。他会自然茁壮成长。

最后，分享一首好的诗歌。

牵一只蜗牛去散步

文 / 张文亮

上帝给我一个任务，叫我牵一只蜗牛去散步。

我不能走得太快，蜗牛已经尽力爬，每次总是挪那么一点点。

我催它，我唬它，我责备它，

蜗牛用抱歉的眼光看着我，仿佛说："人家已经尽了全力！"

我拉它，我扯它，我甚至想踢它，

蜗牛受了伤，它流着汗，

喘着气，往前爬……

真奇怪，

为什么上帝要我牵一只蜗牛去散步？

"上帝啊！为什么？"天上一片安静。

"唉！也许上帝去抓蜗牛了！"

好吧！松手吧！

反正上帝不管了，我还管什么？

任蜗牛往前爬，我在后面生闷气。

咦？我闻到花香，原来这边有个花园。

我感到微风吹来，原来夜里的风这么温柔。

慢着！我听到鸟声，我听到虫鸣，

我看到满天的星斗多亮丽。咦？

以前怎么没有这些体会？我忽然想起来，

莫非是我弄错了！原来上帝是叫蜗牛牵我去散步。

孩子爱撒谎？不是孩子的错！

幼儿在两岁的时候就开始学会撒谎，而且越会撒谎的孩子越聪明。

——加拿大心理专家李康

撒谎是儿童成长的必修课，是一种生存能力。在动辄严惩的生活中，孩子们启动了过度自我保护的本能，成为撒谎的惯犯。

——英国心理学专家、《撒谎心理学》作者莱斯利

1.你小时候撒过谎吗？父母是如何对待你的谎言的？

....

....

2.你现在常撒谎吗？原因是什么？

....

....

3.你认为，小时候或现在，撒谎是因为道德品质败坏吗？

....

....

4.你的孩子撒过谎吗？你如何对待孩子的撒谎？

....

....

一、孩子会撒谎

没有家长希望自己的孩子撒谎，很多家长甚至对撒谎零容忍；但撒谎却又是不可避免的。

有很多人认为小孩是不会撒谎的，这也同样不符合事实。

加拿大多伦多大学人类发展与应用心理系的教授李康和他的团队，二十多年来都一直在研究一个议题：儿童为什么会说谎? 并在很多次的公开演讲中都分享了自己和团队的研究结果。

他的研究结果表明：

两岁的孩子中，20% 会撒谎；

三岁的孩子中，50% 会撒谎；

四岁的孩子中，撒谎则高达 90%；

而到了十二岁，几乎每个孩子都有过撒谎的经历。

撒谎可以说是孩子成长道路上必经的经历，随着年龄的增长，儿童说谎的比例会不断攀升。

李康教授还发现，幼儿一般在两岁的时候就开始学会撒谎，而且越会撒谎的孩子越聪明。孩子早说谎和晚说谎的原因主要是孩子的情商和自我控制能力的发展，因为说谎的前提是要知道谎言对象的心理状态和情绪，也需要有很强的控制能力，把自己的表情和姿态以及语言内容控制好，这样才能将谎撒好。因此，越早说谎、谎说得越好的孩子情商越高，自我控制能力越强。

所以，家长发现自己的小孩居然撒谎的时候，不必恐慌或愤怒，这说明你的孩子聪明。

很多家长会问：孩子要一直撒谎怎么办? 撒谎不是人品问题吗?

我一向认为，当孩子出现一些非紧急性的普遍性问题时，不要就事论事，不要急于快刀斩乱麻去搞定孩子的问题，不要急着去看专家怎么说，不要急着去问其他家长如何解决，更不要去责怪孩子，而是先耐心地向孩子问清楚事情的来龙去脉。

你还可以先回忆一下，你自己小时候是不是也有过类似的问题？你当时是怎么想的？你当时希望被如何对待？只有换位体验，才能真正感同身受，才会知道孩子为何会如此，才知道怎样做是最合适的。

我先回忆一下我的经历，权当抛砖引玉了。希望大家也思考一下这个问题。

二、我和弟弟的撒谎

我第一个印象深刻的撒谎事件，关于我和比我小四岁的弟弟，因为我是看着他从不会撒谎的孩子，变成爱撒谎的孩子的。

【黑镜头】

起初，每当家里出现"坏事"，比如某个杯子碎了，某个东西倒了，某个地方脏了……妈妈问是谁干的，弟弟总会非常诚实地回答。

我呢？经常撒谎，有些坏事，明明是我干的，我还是会指着弟弟说："是他碰掉的。"或者说："不知道。"

当家里出现好事时，妈妈问是谁做的，他也会诚实地说是自己做的，或不是他做的。

我呢，只要是我力所能及的好事，不论是不是我干的，我都会抢着说："是我做的。"

坏事，妈妈会批评，甚至小小地惩罚一下；好事，妈妈会口头表扬甚至物质奖励一下。妈妈认为这就是"教育"，能够让我们多做好事，少做坏事。

天下无数妈妈都是这样做的吧？但是这样做的结果，并没有让我们多做好事，少做坏事，而是让弟弟学会了撒谎。

不知从何时开始，遇到坏事，弟弟一律推说不是自己做的，甚至直接指着

182

我，说是我做的；而好事呢？不论是不是他做的，他都一律抢着说是他做的。

他显然比我还要过分，因为我比他成熟，知道有些坏事他太小做不了，这种事，我是不会说是他做的；有些好事我做不了（爸爸做的），不会一律说是自己做的。弟弟却不同，他太小了，还没有分辨力，所以会一刀切，所有好事都说是自己做的，所有坏事都说是哥哥做的。

因为弟弟过去不会撒谎，妈妈还因此冤枉过我几次，后来弟弟撒谎太多，露出了马脚，妈妈才不再那么相信他。

我弟弟为什么变得喜欢撒谎了呢？

显然是妈妈"教育"的结果。

小孩是不会听什么"不许撒谎，要做诚实的孩子"之类的大道理的，他们最实际，只看结果。实际结果就是说谎话得到的益处远比说实话多。所以，就像德国大哲学家维特根斯坦说的那样：撒谎对自己有利的时候，为什么要说实话？

我们希望孩子说实话，不撒谎，那首先要给孩子这种说实话比撒谎有益的环境，至少要营造让孩子敢说实话的环境。

♡三、为了保护自己，孩子可以撒谎

多年前，在一个家庭教育群，大家讨论过这个话题，有学者坚持认为，决不能撒谎，但是可以有技巧地只说部分实话（也就是只说部分事实，隐瞒更重要的事实，去诱骗别人上当），以达到目的。

他认为，这样会促使人们变得聪明。

但是我很反对这个观点，显然孩子不如大人更擅长玩这种花招，那孩子不是更会被成年人欺负吗？小孩子不都被大孩子欺负了吗？所以，何必这么虚伪？直接允许孩子撒谎不就得了！

小孩能不能撒谎？有人认为小孩绝不可以撒谎。但趋利避害是人类的本能。很多时候，小孩撒谎就是趋利避害。在一个孩子还没有能力自保时，撒谎是他唯一的武器。

一个严肃的爸爸，瞪着眼质问孩子："是不是你把碗打碎的？说！"

如果孩子回答"是"，得到的将是狠狠的一巴掌；那么，孩子回答是猫碰掉的，只是在"避害"而已。

法律有这样一条规定：如果一个人是在被胁迫的情况下签订合同，或者买卖东西，享有撤销权。也就是法律保护一个人为了自身安全而撒谎。

那么，孩子的撒谎，又有多少不是迫不得已的呢？又何错之有呢？

据说，英国的儿童守则上，最后一条就是：可以对坏人撒谎。

有首童谣是这样唱的：小老虎，会撕咬，小山羊，敢顶角。坏蛋问我不知道，敢骗坏人赶快跑。

网上还流传着这样的国外的家训：当你感觉到危险的时候，你可以无视对方，大声地喊叫，还可以撒谎、咬人，戳人的眼睛，偷东西，打坏任何贵重的东西……因为你的生命比什么都重要。

为了自我保护，小孩还可以说话不算话。不能因为必须说话算话，而被坏人利用。

所以，我觉得不应该要求年幼的孩子必须说话算话。

孩子撒谎，基本都不是人品或道德问题。孩子撒谎了，我们要去弄清楚他撒谎的原因，而不是一刀切地认为孩子撒谎就是坏事，就是不诚信，就是人品差，就应该被批评惩罚……这属于懒惰思维。

四、我不后悔的撒谎

我不喜欢撒谎，但是很多时候，却还是不得不撒谎。

【黑镜头】

初中时我喜欢写日记，但是我没有隐私空间。妈妈喜欢翻看我的日记，我弟弟也会翻看我的日记，甚至在上面胡乱批注。

有一天，我在里面写了一篇关于死亡的文章，提到我听说过的很多年轻朋友意外死亡的事情。妈妈看到后大怒，把我骂了一顿，不许我写这样不吉利的东西。

后来，我就再也不把日记本带到家里了，都放在学校。妈妈问我，你的日记本呢？我说丢了，学习很忙，也不想再写了。其实没丢，只是不想再被他们看到了。

是的，我是撒谎了，但是直到二十多年后的今天，我也不觉得我当时撒谎是错的。我是为了保护自己的隐私。

我应该还撒过很多次谎，但是想一想，好像没有哪个谎言，是让我后悔的。我不是说撒谎是好的，也不是说没有人因为撒谎而后悔，只是我自己，没有因为哪次撒谎而后悔。

大家可以回想一下自己的撒谎经历，特别是让你后悔的撒谎经历。

五、要求孩子绝对不撒谎，又要他谅解他人撒谎，是逻辑混乱的

【黑镜头】

蓓蓓妈妈认为：撒谎的人没有担当，没有担当的人，不论在学习、工作还是社交上，都会一塌糊涂，所以绝对不能撒谎。哪怕善意的谎言，也不行。

但同时，她又要求女儿包容别人撒谎。

她认为：当别人欺骗你的时候，我希望你首先想的不是自己的损失，而是去思考对方为什么欺骗。如果对方有难言之隐，要理解；如果对方是恶意欺骗，就低调离开这种人就可以了，宽容的人，才能一生平安。

蓓蓓反问：那你为什么不能宽容我撒谎？

妈妈无言以对了。

首先，这个妈妈认为撒谎是不能容忍的，对撒谎零容忍，善意的谎言也认为不对，这一点我觉得本身就是错的。教育孩子时，要慎用"必须、绝对……"这类绝对化的词语。

我们前面讲过，在保护自己的时候、遇到坏人的时候，我们是可以撒谎的。撒谎，反而是孩子聪明智慧的表现。

《孙子兵法》一开始也说：兵者，诡道也。意思是说，战略、战争啊，都是要善于运用谎言。王阳明打了几次大胜仗，其中一个很重要的因素，就是他擅长撒谎，擅长忽悠敌人。

老子也讲过，你想夺取别人的东西，你就先给别人东西。你想打败敌人，那你兵强马壮的时候，反而要给人你很弱小的感觉，这样才能诱惑别人掉入你的陷阱。而当你真的很弱的时候，别人来打你，你要逞强，表现出很厉害的样子，让别人不敢来打你。这其实都算是谎言的一种。因此让一个人绝对不撒谎，就相当于限制一个人的能力了。

撒谎，就相当于一把剑。你用来做好事，那就是好的；用来做坏事，才是坏的。不能一刀切地认为，绝对不能撒谎。

其次，她让女儿包容别人撒谎，这也没有问题。但是要女儿包容别人撒谎，却不允许女儿撒谎，这就是大问题了。这没法让女儿信服，这太双标了。

我们都知道言传不如身教，什么叫言传？她要求女儿包容别人撒谎，这是言传；但她不包容女儿撒谎，这是身教。

女儿不会听妈妈要求她怎么对待别人，她主要是看妈妈怎么对待她。

谎言也是分很多种的。自欺欺人或者玩弄别人的谎言，是害人害己的，是需要避免的，比如《狼来了》这个寓言里的小男孩的谎言。但保护自己、安慰或鼓励他人的谎言，是利己利人，可以适当运用的。比如《小红帽》里的小女孩正因为太诚实，才被狡猾的狼伤害；如果当时她撒谎，或许能避免被狼伤害。

六、常见的几种撒谎原因

1. 有些撒谎是一种礼貌。

奶奶或者外婆送给孩子一个礼物，孩子明明不喜欢，可是却不能直接说，说真话会被父母骂不懂事，甚至被打一顿，他只有撒谎说他很喜欢，才能得到父母及奶奶、外婆的夸奖。

孩子不喜欢性格怪异的奶奶或外婆，也绝不能诚实地说出来，他必须撒谎说"喜欢"，父母希望他撒谎，否则会丢他们的脸。

【黑镜头】

姑姑问孩子：我漂亮吗？

孩子诚实地说：不漂亮。

姑姑问：你妈妈漂亮吗？

孩子说：你虽然不漂亮，但是比我妈妈漂亮。

就像《杀死一只知更鸟》的作者、美国作家哈珀·李所说的那样：我说很喜欢，其实是谎话，可是人在某种情况下不得不撒谎，而在无能为力的情况下老得撒谎。

【黑镜头】

妈妈：你想要哪一块巧克力？

儿子：我想要那个最大的。

妈妈：你应该懂礼貌，要那个小的。

儿子：妈妈，难道懂礼貌，就必须要撒谎吗？

是的，父母其实并不在意孩子是否撒谎，他们在意的是孩子撒谎的内容。如果孩子撒谎的内容对他们有利，他们是鼓励孩子撒谎的。

父母大都希望孩子们乖巧、听话，说自己爱学习、不爱玩，懂礼貌……这其实是在诱使孩子撒谎。乖孩子会选择委屈自己，顺从父母，选择撒谎。

2. 有些撒谎是在保护自己的自尊。

大家一起出去玩，看到卖好吃的东西，都纷纷去买。北北不买，大家问他怎么不买，他说：我不喜欢吃这种东西。

这是撒谎。真实的原因是，父母不给他零花钱，他买不起，但如果他说自己没有钱，或者家里穷，会遭到同学们的嘲笑。为了保护自己的自尊心，他只好撒谎。我小时候被问到为什么不买雪糕时就是这样回答的。

【黑镜头】

小区里，一群妈妈带着孩子玩，每个孩子都有一种很流行的玩具，只有楠楠没有。

有阿姨问，楠楠不愿意说真话"我妈妈不舍得给我买"，因为这样说的话，就显得妈妈小气，或者妈妈不爱她，显然这都是很丢脸的行为。

因此，她撒谎说："我也有，可是不小心弄丢了。"

【黑镜头】

晴儿对一个小朋友说：我爸爸每周给我二十元零花钱。

那个小朋友急忙说：我妈妈每周给我三十元零花钱。

实际上，这个小朋友的妈妈一分钱的零花钱也没给她。但是如果这样说的话，她会觉得很丢脸，她不想丢脸，所以就撒谎了。

【黑镜头】

东东考试成绩不好，阿姨问起来，他撒谎说："成绩还没出来。"

妈妈在旁边说："什么成绩没下来，两门功课都不及格。真替你丢人，你还这么不诚实！"

这位妈妈倒是诚实，但根本不懂得尊重孩子。

伤害孩子的自尊心，要比孩子撒谎，对孩子的伤害严重得多。

【黑镜头】

蓓蓓在家没有练琴，但当老师打电话问的时候，她说练了。

如果你是蓓蓓的妈妈，你会怎么做呢？

这的确是撒谎，但孩子的撒谎，很可能是在保护自己的自尊心，她不希望老师认为她是个懒孩子，不希望给老师留下不好的印象。

如果此时妈妈揭穿了孩子的谎言，就会伤害孩子的自尊心，导致孩子觉得没有脸面再见音乐老师了，甚至可能以后都不愿意再上这门课了。

所以，不要揭穿孩子，而要给孩子机会，让孩子改正。

比如放下电话后，对孩子说：我刚才听到你和老师说你练琴了？

孩子会脸红，或许还会沉默。

你可以告诉孩子：那我们现在开始练琴，来兑现你刚才和老师说的话吧！

这样孩子会愿意去练琴。

3. 有些撒谎是趋利避害。

【黑镜头】

因为一点小事，东东被气愤的妈妈打了一顿，然后妈妈问："你恨妈妈吗？"

东东诚实地回答："恨！"

接下来，妈妈要么会继续打，要么会讲一番大道理，要求孩子接受"妈妈打你是为了你好"的荒诞观念。

所以，害怕被打、被唠叨的东东，只能撒谎说："不恨，妈妈是为了我好。不过妈妈下次可不可以别打这么疼？"

妈妈轻松地笑了。

【黑镜头】

妈妈因为生气，刚打完楠楠，然后问她：我打你，都是为你好，你说我到底是不是个好妈妈？

楠楠说：是的，你是好妈妈。

妈妈问：你是不是怕伤害我，才这样说的？

楠楠答：不是，我是怕你伤害我，才这样说的。

【黑镜头】

有个妈妈带两岁的孩子到朋友家做客。其间小孩睡着了，妈妈就让他躺到沙发上了。

后来小孩被尿憋醒，尿到了沙发上。

小孩哇哇大哭，指着朋友，对妈妈说：妈妈，她往我身上倒水……

有很多人评论说：才两岁就会撒谎了，这种小孩子需要管教了。

但我觉得，正是因为被管教得太严，所以孩子才因为害怕被惩罚而急忙撒谎。此时不应该责备孩子撒谎，而要反思自己平时是不是对孩子太苛刻了。

【黑镜头】

十岁的茜茜常常对妈妈撒谎，特别是要零花钱的时候，总是编各种理由。

妈妈不给她固定的零花钱，她需要用钱时，需要给妈妈说理由。如果实话实说，很多时候都得不到钱；或者即便得到，也会被妈妈唠叨半天，所以为了避免这样的局面，茜茜学会了撒谎，并且不断编各种理由试验，最终发现妈妈的偏好后，就专门编这类妈妈能接受的谎言（买学习用品或者给某同学送生日礼物）。

妈妈反对她养宠物，也反对她养鱼。所以，她买了鱼，总放到朋友家养。

妈妈问她：钱怎么用了？

她就撒谎说丢了，宁愿妈妈骂她笨，也不敢说自己买了鱼。

爸爸一年回来一次，非常严肃暴躁，稍有不顺，就非打即骂，所以她在爸爸面前大气都不敢出，在朋友面前有时像个疯丫头，在她爸爸面前，却成了低声下气的乖丫头了。爸爸说什么，她都点头。问什么，她都要撒谎美化自己，看起来是个非常乖的好孩子。可其实都是应付爸爸而已。每年寒假时，她会把她的玩具都放到同学家，为的就是不让爸爸发现，怕爸爸因此训斥她。爸爸表示要给她买某些东西时，她也不要，似乎是要证明自己热爱学习，不爱玩。她想要但又坚决不要，因为她不相信爸爸。

茜茜在妈妈面前撒谎，是为了趋利，在爸爸面前撒谎是避害。茜茜的撒谎，到底是孩子的问题，还是父母的问题呢？

【黑镜头】

有个朋友在学生时代，常常撒谎。比如在学校被老师打了，被同学揍了，她回家都会说自己不小心磕的。

是她喜欢撒谎吗？我想不是，至少她不对我撒谎。她和我说什么都没关系，她不需要在我面前撒谎。但是她如果不对父母撒谎呢？那就惨了。

如果父母得知老师体罚她，或者得知同学和她打架了，就会不分青红皂白地责骂她，甚至暴打她，根本不会关心安慰她，更不会为她讨个公道。只要和人发生矛盾，哪怕是被欺负了，父母也会认为是她的错。

所以，只要她不是傻子，就肯定要撒谎。

孩子撒谎，很多时候是高压环境导致的，在那样的环境下，撒谎是最优的生存策略。如果不改变这种恶劣的环境，单纯要求孩子不撒谎，那就等于让一个孩子在刀光剑影和乱箭齐射中，卸掉盔甲，这是又蠢又坏呀。

4. 有些撒谎是幽默，是年幼导致的分不清事实与想象。

狄更斯曾经说过：作家的天职就是撒谎。

有的孩子想象力丰富，他们也追求讲话的趣味性，所以在说话时，会故意撒谎，夸大事实或者歪曲事实，或者把自己的想象当事实讲出来，以造成戏剧效果。

这个时候，父母只要笑笑就可以了，孩子丝毫没有恶意，他是在玩语言。

一些不解风情、缺乏幽默感、过于严肃保守的父母会偏执地认为孩子在撒谎，是人品问题，不可取，然后强行纠正孩子，把孩子的幽默感扼杀殆尽。等孩子长大了，又责怪孩子太沉闷、木讷、老实、不会说话。这就等于是剪了孩子的翅膀，还责怪孩子不会飞。

德国儿童心理学家斯特恩的研究认为：在孩子成长到七八岁前，往往不能完全陈述事情发生的真实过程，所以，他们会根据自己的需要或想象而夸大、扭曲现实。所以，此时的孩子并非要欺骗谁，他们甚至不知道自己在做什么。

由此我想到晴儿小时候，她有时会分不清梦和现实。比如有一天早上，她哭着不肯去幼儿园，说老师拿棍子打她的头了。

我很吃惊，但通过耐心的询问发现，原来她是梦到被老师拿棍子打头了……

5. 有些撒谎是故意对抗，是在表达一种负面情绪。

父母的某些做法，让孩子心里不舒服，孩子心里有气，故意说一些不真实的话。孩子不是不知道这些话属于"谎言"，也不是不知道这些话本身不对，但他就是要这样说，他要表达他的负面情绪。

比如，孩子正在吃饭，父母在旁边一直批评孩子学习成绩差、不听话，等等，孩子不想听，要离开餐桌。妈妈问他："你怎么饭都不吃完？"孩子撒谎说："吃饱了。"

这种谎言是为了表达对父母话的反感，是在表达自己的负面情绪。

撒谎大多不是人品问题，父母不应该简单粗暴地指责孩子撒谎，要关注的重点也不应该是他说的谎言本身，而要关注孩子撒谎背后的心理动机。

6. 有些撒谎是求关爱。

【黑镜头】

蓓蓓从小就上寄宿学校，只能每个周末回家一次。但妈妈每次都要求她把作业做完了，才陪她玩。

后来，蓓蓓每次回家都说，作业在学校已经做完了。后来老师打电话妈妈才知道，连续三周孩子的周末作业都没做完。

孩子的确撒谎了，可孩子撒谎是为了有更多的时间和妈妈在一起。

【黑镜头】

东东上小学后，就跟奶奶生活，很少见到妈妈。有一天，他生病了，妈妈急匆匆地从外地赶回来看他。从此，他经常撒谎说自己肚子疼，但医院检查不出具体病因。

后来妈妈才知道孩子撒谎，她很生气，觉得孩子不诚实，还耽误自己时间。她没有想过，孩子撒谎，只是为了得到母爱。如果母亲"慧眼如炬"，能够识破孩子是装病，不愿再回来，也许下一次，孩子想得到母亲的关爱，就会自残了。

7. 有些撒谎是为了赢得友谊或引起注意。

【黑镜头】

小学时，同学们流行收集糖纸，谁的糖纸多、糖纸好看，谁就最出风头，最能得到大家的羡慕。

大家都希望拥有最多最好看的糖纸，而我的女同桌只有少得可怜的几张糖纸。平时我常常和她聊天，但那段时间，我的目光几乎没在她脸上停留过。

后来，她告诉我，她舅舅在糖果厂工作，家里有好多好多糖纸，只要我对她好，等春节她去舅舅家走亲戚时，会给我捎很多糖纸。我非常欣喜，连忙答应，还帮她做值日。

春节后，我找她要糖纸，她拿不出来，说忘了。见我不高兴，她又安慰我说，等过几天她还会去舅舅家一趟，那时再给我拿。

半月后，我见她还是拿不出糖纸，就觉得上当了，骂她是骗子，不理她了。她哭了。

几天后，她终于拿来了一小沓糖纸，还向我道歉，她确实没有在糖果厂工作的舅舅，她只是不希望我冷落、轻视她，所以才骗我。这些糖纸，是她联合妹妹，缠着妈妈给买的糖，她把糖果都给了妹妹，糖纸则都留下来给我了。其中一张，还是大家都没有的"聪明的一休"的糖纸。我很感动，我们又和好了。

她的确撒谎了，但她撒谎，同样不是出于恶意，不是为了戏弄我，而是担心我不把她当朋友，她希望维持和我的友谊。

教育专家李颖说："孩子有通过别人的注意来肯定自己存在的特性，如果在孩子的经历中，说谎比较能引起成人的关切，孩子就会用这种方式来引起他人的注意。"我想就是这样的。

8. 有些撒谎是为了取悦父母，维护家庭和睦。

【黑镜头】

十岁的熙熙每天回家都会说，老师表扬她了，有时候是语文老师表扬，有时候是数学老师表扬，有时候是英语老师……甚至校长也常表扬她。

家人刚开始很开心，但后来感觉不对，自己家孩子又不是特别聪明，老师怎么会闲着没事天天表扬孩子呢？

他们到学校一问，才发现孩子在撒谎。

所以，他们给孩子贴上了爱慕虚荣、爱撒谎、不诚实的标签，把孩子严厉批评了一顿。但是孩子还是三天两头撒谎说老师表扬她了。

家长打也打了，骂也骂了，但是都没有效果。他们不明白，熙熙为什么这么爱撒谎？这么撒谎有什么好处？如果说以前撒谎，是为了获得父母的表扬，但后来父母都不相信了，知道她在骗人了，她为什么还要撒谎呢？

最后，通过心理咨询师的耐心询问，才揭开了谜底。

原来，熙熙的父母感情不和，天天吵架，孩子在这样的家庭环境里，当然是非常痛苦的。她不希望父母吵架，但是她怎么讨好父母，怎么劝说父母，都没有效果。父母还是天天吵架，甚至还闹离婚。

一次，老师偶然表扬了她。她回家告诉父母，父母那天很开心，没有吵架。

于是，孩子认为，只要老师表扬我，父母就不会吵架。

所以，她开始在学校努力表现。

但是她再表现得好，老师也不可能天天表扬她。

为了父母和睦相处，她就干脆撒谎了。效果很好，于是她就坚持撒谎。

后来父母发现了她在撒谎，一起批评她。但是她发现，虽然她撒谎不能取悦父母，不能让父母高兴；但却能让父母不再吵架，能让父母达成一致——一起来批评她。

虽然自己被批评惩罚了，但父母不再吵架甚至闹离婚了。

熙熙觉得值得。所以，撒谎就还在持续。

大家发现了吗？孩子的很多问题，本质上是父母营造的家庭氛围的问题。改变孩子的言行，只是治标；父母好好生活，改变孩子的成长环境，这才是治本。

9. 有些撒谎是为躲避伤害。

孩子在学校经常受到一个坏孩子的欺负，坏孩子还威胁他不许告诉家长。孩子不敢告诉家长，但又害怕被欺负，于是撒谎说生病不愿意去学校，或者说讨厌老师，不愿去学校。

家长就给孩子讲道理，讲好孩子必须上学，讲撒谎不是好孩子……孩子内心忍受着巨大的煎熬。

孩子不愿意去学校，可能是学习跟不上，可能是被老师体罚了，可能是被同学欺负了，可能是喜欢的同学不理他了……但孩子不愿意直说，于是撒谎。

家长要做的，绝不是追究孩子撒谎的责任，也不是软硬兼施逼孩子去上学，而是在让孩子感到安全的基础上，通过耐心观察、询问和倾听，找出孩子不愿意去学校的真正原因，然后帮孩子解开心结。

10. 有些撒谎是为了避免麻烦。

一些家长喜欢给孩子额外布置家庭作业，或者让孩子做一些不想做的事情。

如果孩子说不想做，父母就会和他们讲道理，然后像唐僧一样，在他们耳边"循循善诱"……他们不愿受这种折磨，也不想花时间和父母进行难以获胜的辩论。所以就会假装答应，但不去做。

父母问起来，他们会撒谎说自己做过了。

即便父母发现他们其实没做，他们也不会有太大的内疚感，因为他们原本就不太认同父母的要求。

如果你不想孩子欺骗你，那就不要强迫孩子做一些他们不愿做的事情。

郑渊洁说过一句话：管不住的是儿子，看不住的是女儿。

意思是，儿子会直接反抗你，而女儿会软抵抗，嘴上答应，但趁你不注意，就去做她想做的事情了，特别是青春期以后。

所以，只有平时尊重孩子，才能避免孩子撒谎。

11. 有些撒谎是模仿。

【黑镜头】

有人来借钱，母亲不想借，但又不好意思直说，就编了个借口，说钱刚用到什么地方了，家里没钱了。

等借钱的人走了，孩子担心地问："妈妈，我们家真的没钱了吗？"

妈妈说："傻孩子，我们家有钱，我是不想借给别人，故意说没钱的。"

有人打电话叫父亲出去喝酒，父亲不想去，又不好意思直说，于是编了个借口。孩子听到了问父亲，父亲解释："我是不想去才这么说的。"

孩子生病了，医生给孩子打针，孩子害怕，妈妈说："打针不疼，打针不疼……"孩子信以为真，然后号啕大哭……

孩子在充斥着谎言的世界里生活，说谎越早，说明他模仿能力越强。
……

12. 有些撒谎是为了给人希望。

【白镜头】

一架运输机在沙漠里遇到沙尘暴而迫降，但飞机已经严重损毁，无法恢复起飞，通信设备也损坏了，与外界通信联络中断。九名乘客和一名驾驶员陷于绝望之中。求生的本能使他们为争夺有限的干粮和水而动起干戈。

紧急关头，一个临时搭乘飞机的乘客站了出来说："大家不要惊慌，我是飞机设计师，只要大家齐心协力听我指挥，就能够修好飞机。"

这好比一针强心剂，稳定了大家的情绪。他们自觉节省水和干粮，一切井然有序，大家团结起来和风沙困难作斗争。

十几天过去了，飞机并没有修好；但有一队往返沙漠的商人驼队经过，搭救了他们。

得救以后，人们才发现，那个临时乘客根本就不是什么飞机设计师，他是一个对飞机一无所知的小学教师。

有人明白真相后就骂他是个骗子，愤怒地责问他："大家命都快保不住了，你居然还忍心欺骗我们？"

小学教师说："假如我当时不撒谎，大家能活到此刻吗？"

《最后一片树叶》的故事，讲的也是类似的故事，画家用画做谎言，给了病人希望。病人认为，当树叶落尽，自己就会失去生命。画家画了一片树叶在墙上，病人的求生动力没有消失，后来病愈了。

这种谎言，当然是正向的，是有益的。

总之，孩子撒谎的原因非常多，不再列举了，家长应该关注的是哪些原因造成孩子撒谎，而不是关注撒谎本身。

七、如何让孩子少撒谎

在怎样的环境下生活的孩子，会很少撒谎呢？

英国心理学专家伊恩·莱斯利在《说谎心理学》一书中给出了答案。

他认为：说谎是儿童成长的必修课，是一种生存能力。"真正的谎言"产生的原因很多，其中最主要的是压力。

在这本书中，莱斯利介绍了儿童心理研究者在两个幼儿园的实验：前者环境相对宽松，对违规者会批评教育，但不会严厉惩罚；后者则严刑峻法，容不得道德上的半点瑕疵。

实验表明，后者培养的孩子更容易撒谎。在动辄被严惩的生活中，孩子们启动了过度自我保护的本能，成为说谎的惯犯。

这也是我一贯提倡的：给孩子营造宽松愉快、充满爱与自由的环境，在这样的环境下，孩子可以更好地健康成长。

另外，我们也要避免问一些可能导致孩子防御性撒谎的问题，别激发孩子撒谎。比如，我们走到房间，看到镜子或花瓶打碎了，孩子在那边紧张不安。我们不要去质问：谁把花瓶打碎了？

这会激发孩子本能的防御，说：不是我，不是我……

我们可以先关心孩子是否受伤了；花瓶打碎的时候，是否受到了惊吓；然后和孩子一起把碎花瓶打扫一下。这时候，孩子一般就会告诉我们是怎么回事了。如果孩子没有说，我们可以平静地问孩子：宝贝，告诉我，花瓶是怎么回事？

孩子会坦诚地告诉你答案。

八、诚信的悖论

看了 2011 年辽宁省高考作文所提供的材料——哲学家拿蜡做的苹果让学生闻香味的故事，我不禁哑然失笑，因为我立刻想到了一个著名的寓言故事，和这则材料表达的是同一个主题。这个寓言故事就是《捧着空花盆的孩子》。

一个国王，年老无子，决定将王位传给一个诚实的小孩，于是分给全国的小孩子们每人几颗种子，并说将来谁种的花开得最美就传位给谁；但最后国王却将王位传给了一个捧着空花盆的孩子。因为那些种子都是煮过的，所以只有捧空花盆的孩子是最诚实的，他认为诚实很重要，所以采取这种手段来考验孩子们。

很显然，两则故事的本意都是为了教导别人诚实，但两个故事的主角却不约而同地采用欺骗的方式来考验别人是否诚实。这本身就是对诚实的莫大讽刺。

哲学家告诉学生，他手中的苹果是刚从果园摘来的，但最后，他又指出苹果其实是蜡做的。也就是他说苹果是从果园摘的，是谎言。

哲学家这样做，无非是为了显示自己高明，并嘲笑某些同学不诚实。但如果学生反问一句："你的假苹果真是从果园摘来的吗？欺骗学生，与学生欺骗您有什么高下之别吗？"哲学家该怎么回答？

同样，如果国王认为诚信最重要的话，他为什么要欺骗全国人民？尤其欺骗那些年幼的孩子？如果国王认为诚信不是最重要品质的话，为什么要选择不谙世事、诚实的小孩做国王；而不是选择了解国情、爱护民生、能力强、身体壮的大臣接班呢？

哲学家这样做能达到什么目的？恐怕大多数学生只会得到这样的教训：这个哲学家是很不诚实的，他说的话，很可能是骗我们的，以后得防着点。

国王的做法同样会让人认识到，国王也未必是诚实的。他的法令，也是可以骗人的，他自己都是可以不遵守自己的法令的。也就是说，国王的做法，是在损害他的威信，更是在损害整个国家的人民对王权的信任。

也许有人辩解说：为了让学生和孩子们知道诚信的重要性，所以哲学家和国王可以欺骗他们。这是不是意味着，强者可以欺骗弱者，弱者不能欺骗强者？强者欺骗弱者，是考验；弱者欺骗强者，是不诚信？这种双重标准是否合理？

诚实是好品质，但这两个故事并不能证明这一点。它只表明大人物在智力上有优越感，但这优越感是建立在欺骗和信息不对称上。

总而言之，撒谎虽然不是好品质，但也不是绝对不能触犯的天条。有时候，撒谎是必要的。还有很多时候，撒谎是逼不得已。当我们发现孩子撒谎，不要去道德审判孩子，也不要把注意力放在孩子说的谎言上，而要去探寻孩子撒谎背后的原因，让孩子感受到爱和自由，孩子自然就愿意说真话了。

撒谎是果，不是因。

孩子三岁前最需要重视的身体语言：口欲期和肛欲期

作为幼儿第一份创造物（大便），这是幼儿今后所有创造物的源头。幼儿对自己大便的态度，就是今后对自己创造物态度的源头。

——弗洛伊德

一切的心理疾病都实际上是发育的疾病。也就是说，一个人没有充分长大，就会出现各种各样的心理的问题。

如果一个人说的话，总让别人不舒服，那可能是口欲期或者是肛欲期的问题。

——曾奇峰

1. 你了解口欲期和肛欲期的概念吗？

....

....

2. 你是否曾经控制孩子，不许孩子咬手，不许孩子咬玩具或者你的手？原因是什么？

....

....

3. 你是否对孩子做过大小便如厕训练？是从什么时候开始做的？是否常给孩子把尿？孩子是否抗拒？效果如何？

....

....

4. 你孩子的表达能力（一是是否敢于大方表达，二是是否擅长表达）和创造能力（一是是否具备创造能力，二是是否敢于把自己创造的东西展示出来）如何？

....

....

一、弗洛伊德的性心理发展五阶段

弗洛伊德认为：人的发展即是性心理的发展，它可分为五个阶段。

口欲期（0—1 岁），此期婴儿的主要活动为口腔活动，快感来源为口唇的吸吮、咀嚼、吞咽等活动。

肛欲期（1—3 岁），此期快感集中于肛门部位。

性器期（3—6 岁），又叫俄狄浦斯期，性器官是这一时期儿童快感的主要来源。儿童通过抚摸自己的生殖器获得快感。

潜伏期（6—12 岁），这时的儿童对性不感兴趣，不再通过身体的某一部位获得快感，也对异性没什么感觉，更喜欢与同性交流。

生殖期（12 岁以后），性欲逐渐转向异性。始于青春期，贯穿于整个成年期。

二、武志红谈口欲期和肛欲期

（一）关于口欲期的心理，可以总结为三句话。

1. 婴儿要用嘴吃东西，这是婴儿的头号需求。如果一个人在婴儿期常被饿着，那这个人长大后就容易成为一个严重的吃货。

2. 婴儿需要用嘴感知世界，他们对任何东西感兴趣，都会往嘴里塞，这未必是要吞进去，而是要用嘴感知。

3. 这一阶段的意象，就是婴儿的嘴与妈妈的乳房，这一对意象所构成的画面，有着无限的含义。

弗洛伊德之后的客体关系心理学，也是精神分析理论的第二阶段，特别重视婴儿与妈妈乳房的关系，认为这是婴儿和外部世界的原初关系，还会成为婴儿与整个世界关系的一种基石、一种隐喻。

客体关系心理学集中研究三岁前的母子关系对一个人的影响，其中的"客体"指的是早期的重要他人，特别是抚养者，与孩子建立的关系，会内化到孩子的内心深处，成为一个人的人格结构。

现在的心理学界，客体关系心理学是精神分析的主流，我们回到婴儿与妈妈乳房的关系，从弗洛伊德的理论中，我觉得可以这样来理解，婴儿的一切人性，都会展现在这一关系之中。所以，需要有意识地，让小婴儿和妈妈的乳房建立一个良好关系，这样婴儿就会感知，世界一开始就是欢迎他的，一开始就是友好的。

（二）肛欲期的特点。

1. 肛欲期，是性心理发展的第二个阶段，快感中心从口欲期的口腔部位，转移到肛门部位。

2. 大便，是每个人的第一个创造物，我们如何对待这个创造物，会严重影响甚至决定，我们以后如何对待自己的其他各种创造物。

3. 除了创造物，大便也是人的第一个可以完全由自己控制的东西，学会控制会带给孩子巨大的掌控感。

4. 幼儿如何对待自己的大便，自然是父母等抚养者决定的。这时候，我建议不要太严格地训练孩子，不要强制孩子形成自律自制。

成人可能会觉得自己的大便很臭很脏，但是婴幼儿没有这样的意识。很多孩子会天然地爱上自己的第一创造物。很多孩子不仅不觉得自己的大便脏，反而觉得很有趣，甚至很可爱。

其实婴幼儿对待自己这第一创造物的态度，就是以后对待自己的创造物，包括作品、产品、金钱的态度的源起。如果对待自己的大便很有兴趣，那么通常他对待自己的创造物都会比较珍惜。这样的事例在成年人身上也并不鲜见，对自己的大便很嫌弃，从来不会关注，第一时间就冲掉的人，一般都不太在意自己的创造物，甚至很随便地处理。

三、我看口欲期

我觉得在武志红老师观点的基础上，还可以再向前进一步。

口欲期主要是索取和表达，肛欲期则主要是创造。

如果口欲期得不到满足，比如孩子急着吃奶，母亲却用定时喂奶法；或者孩子急着吃奶，母亲没有母乳，只能冲奶粉，而现在又没有开水，还得临时烧水，孩子要等待一段时间，那么，孩子就会恐惧，会仇恨这个世界。

对此，精神分析的代表人物、儿童精神分析的先驱梅兰妮·克莱因在《爱·恨与修复》这本小书里有详细的阐述。

孩子吃母乳，不仅是为了填饱肚子，还有依恋的需求。如果妈妈很忙，或者很累，不想让婴儿依偎在自己身上，或者婴儿是跟奶奶、姥姥或者保姆睡觉，没有母乳可含，那么，他们就会通过咬被角来弥补没有母乳的缺憾。

心理学家曾经做过一个实验，他们给小猴子做了两个假妈妈（把小猴子的真妈妈带走），一个是铁器做的假妈妈，可以从这里喝到奶，但是身体没有温度；另一个是皮质做的假妈妈，有温度，但是没有奶水。

心理学家发现，猴子很饿的时候，会去铁器妈妈那里喝奶；但平时，会依偎在皮质妈妈那里。

由此可见，婴儿虽然吃饱了，依然含着妈妈的乳头或者单纯地躺在母亲怀里，这是依恋的需要。

母亲不可能完美地陪伴孩子，比如妈妈也要上厕所，也有各种事情，不可能时刻都满足婴儿的需求；但是要尽可能地满足婴儿。

婴儿想要吃奶，通过哭泣来表达想要吃奶的愿望，却被母亲忽视或粗暴拒绝，婴儿就会觉得索取是可耻的事情，是不被接受的事情。那种被严格定时喂养的孩子，长大后，往往都是很被动、不敢索取的人。

不仅是吃奶，还有孩子几个月大时，开始用嘴探索各种事物的软硬和温度时，如果被父母压制，孩子就会被迫把这种公开探索转为地下活动（比如偷偷咬被子或手指），如果地下活动也被父母发现，并严厉制止，孩子就会觉得探索是一件可耻的事情。

同样，如果孩子在哭泣的时候，父母能够温柔地陪伴，婴儿就会觉得表达和释放自己的情绪是很自然的。如果父母听到孩子哭，就烦得不行，就会吼孩子，甚至打孩子，孩子就会被压抑，并且认为哭泣的自己，是不被接受的。

这样，长大之后，潜意识也会告诉他们：不要表达，不要哭泣，不要索取，不要探索……因为这些行为，都是被禁止的行为，都是错误的行为……他们也会不许自己的子女哭泣、表达和探索。

所以，为什么很多小孩羞于表达，羞于争取，说话声音很小，还低着头，自带三分气短，懦弱，等等，都与口欲期被压抑太多有关。

还有为何有的人性子很急，有的人性格沉稳？和基因当然有关系，但除此之外，还和出生头一年，是否能够被及时满足有关。

有个朋友，吃东西像打仗……比如她买了几斤桃子，我不爱吃桃，所以都是她的，没人跟她抢，但她大口大口地吃，嘴里的还没咽，又咬一大口，狼吞虎咽。这个桃子还没吃完，另一个桃子就拿到手中准备了……

我看着都替她累，说：你慢慢吃，没人跟你抢，真怕你噎着了……

武志红也讲过一个故事，他家一只猫半夜出生，由于某种原因，没有及时得到哺乳，所以后来吃东西都特别快，也特别急，像抢食一样（虽然没必要抢食）。一直过了快一年，这种症状才逐渐消失。

也就是说，口欲期没有被满足（刚出生那半夜的匮乏），导致这只猫的安全感被极大破坏。

我想这个朋友应该也是如此吧。毕竟她和姐姐还有弟弟，都只差一岁多，当时她母亲一个人养育三个孩子，没人帮忙，所以难免照顾不周。因此，口欲期，肯定是常常得不到及时满足的。

一切与口有关的事情，都是受口欲期的影响的，比如抽烟、吃零食，都是口欲期没有得到满足的弥补。

不敢演讲，也是口欲期没有被满足导致的。

著名心理学家曾奇峰说：口欲期得到比较好的满足，演讲才能就会高。

我觉得其实不是口欲期满足好了，演讲技能就高；而是口欲期没有被压抑的话，他们就敢于理直气壮地表达自己，这样表达多了，演讲水平自然高。如果口欲期常被压抑，不敢表达，那么演讲时，就会底气不足，需要克服很大的心理障碍，才敢表达。

又比如，为何有人有勇气探索未知，有的人却没有？有的人好奇心很重，有的人却对很多事情都没有好奇心，或者不敢有好奇心？

区别就在口欲期自己用嘴探索时，是被父母包容，还是被父母严厉制止。

虽然孩子大一点之后，父母还是会对孩子探索未知世界或鼓励，或压抑，但口欲期时的影响更大。因为人类的大脑是在出生的头三年发育最快，是给一生打基础的，是生命的底色。

意象对话的理论也认为：人的基本信念形成于三岁前，三到七岁则逐渐得到固化。所以即便孩子过了三岁了，依然可以通过鼓励和允许（也就是爱与自由）帮助孩子改善他的基本信念（他是被允许的，是可以自由表达和探索的）。

还有，为何有的人在索取时，泰然自若；有的人却羞于说出口，宁可不吃不做，也不敢提出请求？因为在口欲期，有的婴儿索要母乳或奶粉时，能得到及时满足；有的婴儿得不到。常常不能及时被满足，甚至会因为想吃奶被父母嫌弃憎恶的婴儿，就不敢提出请求了。

当然，这些都是后天可以改善的。只是如果可以预防，效果更好。

还有安抚奶嘴，这个东西在欧美国家很流行。他们的娃娃的照片，大都是嘴里有个奶嘴的。所以，我也曾经给晴儿买了一个，不过她对这个毫无兴趣，因为她可以随时吃母乳，晚上也常常是伴着母乳入眠的。后来断奶了，她也不用安抚奶嘴，因为她曾经被充分满足过。

安抚奶嘴只是替代品。如果妈妈经常不能在身边，或者断奶太早，那安抚奶嘴是好东西，而能随时吃到母乳的孩子，就不需要安抚奶嘴了。

晴儿一岁前，也常常咬各种东西，有时她咬的东西太脏了，我们也会给她换一个，但大部分时候，我们都是随她自己尝试的。当然像电池之类有毒的物质，是肯定不会放在她能够得着的地方的。

我们在菜地时，她还曾经吃过土。如果你不让她吃，她就会一直想吃，甚至偷偷吃，反而不可控。而你给她自由吃，她吃一次，发现不好吃，也就不吃了。

在这个问题上，我觉得不要怕脏，没有绝对干净的东西。但是要注意安全，不能吃有毒的东西，不能吃带电的东西、尖利的东西，或者臭水沟里的东西，这些东西，不要在孩子能触碰到的地方出现。孩子常接触到的，常会含在嘴里或咬的东西（比如玩具），要多清洗。

很多人说，给孩子牙胶玩具，但据我观察，不论牙胶玩具多好，孩子都不会一直咬牙胶部分，他会尝试咬其他部分，他们还会去探索不同的东西咬。所以别觉得买了牙胶玩具，别的东西就不能咬了。孩子愿意探索各种不同的东西，不会满足于牙胶玩具。这都是好事。如果孩子被一套牙胶玩具就打发了，说明孩子的探索欲望太弱，好奇心太弱。

总而言之，我认为口欲期主要是索取和表达。满足口欲期，就是要及时满足孩子吃奶，满足孩子的依恋需求，并允许孩子自由表达（主要是哭），不要因为孩子哭了，就烦躁，就对孩子吼。

孩子有时候会用哭来表达他的需求（还不会说话），我们要根据孩子的哭声来猜测孩子的需求，而不是单方面去制止孩子的哭泣。

当我们发现了孩子的真实需求，满足了孩子的需求，孩子自然就不哭泣了。也有时候，孩子的哭泣是为了练声或者感叹某个东西，或者是为了释放压力，这个时候，我们静静陪伴就行了。

比如有一次，我姐家孩子哭了半天，大家都不知道怎么回事，还猜是不是吓着了。我仔细一看，是脚指头缠了个线头。把线头弄过去，孩子就不哭了。

如果孩子已经过了口欲期了，也可以弥补，那就是鼓励孩子表达，鼓励孩子探索。要允许孩子表达，哪怕表达得不好，或者索取得过分，我们可以拒绝，但不要批评。

一个不敢表达，甚至不敢哭，又好奇心弱的孩子，前途渺茫。

四、我看肛欲期

口欲期之后是肛欲期。

肛欲期是小孩终于成长到有能力自主创造一个东西了，这个东西就是大便。

我非常赞同前文弗洛伊德和武志红的观点。

比如两个人同时写了一篇文章，一个人敢于朗诵，敢于把自己写的文章拿出来给大家看；另一个人，死活不敢给大家看。

一个人第一次蒸了一笼包子或馒头，当然不完美，但是他／她敢于晒出来；另一个人却羞于晒出来。

同样的工作，有人带着自豪感谈论；有人却羞于说出口。

有的人手工做得不好，就不敢拿出来；爱因斯坦却坦然地拿出了自己做得不好看的小板凳。

为什么同样水平的人，会有这么大的差别？这与肛欲期时，他们对大便的态度有关。

幼儿对待大便的态度，不是天生的，是受父母或实际养育人影响的。

比如，有的父母比较忙、比较累，看到孩子拉屎，就很烦，甚至很生气，因为还要给孩子擦屁股，要处理那些大便。如果孩子拉裤子或者床上了，自然更烦躁，可能会打骂孩子。

还有的孩子，从小是保姆带。当孩子大便时，保姆会很不爽，会不自觉恐吓幼儿，甚至偷偷打孩子。

这样的孩子，面对自己的大便，就会有一种很深的恐惧感和羞耻感；继而，他们会觉得他们创造的东西是羞耻的，是不被允许的，所以不敢给别人看。

未来，他们面对自己的创造物，不论是一篇文章、一个手工制品，还是其他东西，也会有同样的恐惧感和羞耻感。

我认为，肛欲期如何度过，与人原本的创造能力关系不大，与人对自己创造物的态度关系很大（比如是喜欢或欣赏我们自己的创造物，还是觉得我们创造的是狗屎一般拿不出手的东西，是很羞耻的不能提的东西）。

而我们对创造物的态度，长期下去，又会在很大程度上影响我们的创造能力。也就是说，肛欲期是否被满足和允许，直接决定我们未来对自己的创造物的态度，间接决定我们的创造力发展水平。

大家都听过爱因斯坦小板凳的故事，如果故事是真的，那说明爱因斯坦在肛欲期，没有被父母羞辱。不然，他不但不敢拿出那个难看的小板凳，更没有勇气拿出另外两个更差的小板凳。

除了前文说的创造力，肛欲期常被父母打击羞辱或控制训练的人，长大后还容易便秘。

我是家中长子，四岁多才有弟弟。虽然家里也很忙，也没人帮忙带孩子，但好歹独得一份恩宠，而且又是农村，也不需要在大小便上控制我、训练我，所以，我的肛欲期是自由的，被父母包容的。

这也许就是我从小敢于登台，给大家讲我自己编的各种故事，从而成为全校闻名的故事大王的原因吧。

曾奇峰说：如果父母亲有完美人格和强迫人格的倾向，对孩子的大小便过度控制或者对他的言行过度控制的话，就会让孩子有那种动辄得咎的感觉。这样，孩子可能就停留在与控制有关的肛欲期。

所以，不应该对孩子的大小便及其言行过度控制。

很多心理研究都证实，有洁癖的人，往往是在肛欲期被严格进行了如厕训练。还有很多研究认为，被严格进行如厕训练的人，往往会僵化呆板，没有生命活力。

我觉得这很正常，因为无论被严格进行什么训练，都等于脑袋里有了一个可怕的超我，多了一些禁令。而可怕的超我，必然会通过自我来压制本我，本我代表着本能、代表着生命力，生命力被压制了，自然就不免呆板僵化了。

♡五、晴儿的口欲期与肛欲期

口欲期和肛欲期是严格以一岁为界线吗？我觉得不是。这个一岁只是一个参考值，一个大概的数字，具体到每一个幼儿身上，都是不同的。

育儿日记 2015 年 11 月 30 日（8 个月）：

爸爸又想起了吃手的事情。以前你很喜欢咬自己的手指，你奶奶试图阻止你，我告诉她：这是正常的，就应该让孩子多吃手，以充分满足你的口欲期。

后来，听一个专家讲座，说孩子半岁前吃手是正常的，半岁后如果还吃手，就要转移孩子的注意力，把孩子的手从嘴里拿出来。但是我却觉得这个专家讲得不对。因为以半岁这一天为界，实在是太一刀切了。

每个孩子都是独立的，都是不同的，天生情况和后天发育都是不一样的，难道半岁前一天吃手没问题，过了半岁这一天，再吃手就有问题了？

这就像孩子的体重，哪能画条线，说线上是超重，线下是太瘦，只有那个数值是不胖不瘦呢？孩子出生时的体重就有很大的不同，身高也不同，父母的体重也不同啊。所以，标准可以有，但只能参考，而且标准应该是在一个范围内，而不是一个数值。

所以说半岁后吃手要纠正是错误的。何况弗洛伊德说的口欲期是一岁前。我认为应顺其自然。如果一个婴儿发育没有问题，那么即便吃手到一岁半，只要是他自愿的，那就没有任何问题；纠正孩子，反而会阻碍孩子口欲期的发展。

如果一个孩子发育有问题，那就绝不是纠正孩子吃手可以解决的。所以，我们都随你，并没有对你进行任何的纠正。如今，你很少再吃手了，一切都很好。

你奶奶有很多禁忌，比如不许你吐舌头，觉得这样好丑。但爸爸却偏偏教你吐舌头，教你发"不不不"的音。爸爸希望你的小嘴和舌头配合得更好、更灵活，在口欲期尽情体验和释放。

你姥爷也喜欢瞎指挥，比如你妈妈喂你粥或者别的食物时，他喜欢在旁边喊"快吃、快吃"，往往把你吓一跳，我就会阻止他，不让他吓着你。

爸爸不要求你快吃，你就按你的节奏吃就行。你哭的时候，你姥爷会在旁边喊"不许哭"！爸爸也会不许他喊，你妈妈也会抱你去卧室，省得受他们干扰。你想哭就哭吧，反正不管你哭还是笑，爸爸妈妈都爱你，都乐意抱着你。

中国的古话是：三岁看大，七岁看老。

精神分析则认为人生第一年最重要，其次是前三年，再次是前六年。绝大部分人格障碍（重度精神疾病）都是一岁前，特别是人生前六个月，也就是口欲期被破坏压抑太重所导致。精神分裂等精神性问题，是肛欲期被压抑破坏太厉害。各种官能神经症，大多是三到六岁时被压抑破坏得太厉害导致。

晴儿在快两岁，才开始对自己的肛门产生兴趣。刚好是夏天，有时候她

211

不穿裤子，特别是午睡时，她会观察和探索自己的屁股。

最开始，我出于本能去制止她，她就趁我不在的时候再探索，被我发现，她就会有些不好意思（我委婉地制止过她四五次）。后来我想起来这是肛欲期的正常表现，就不再干涉和压抑她了。

关于大小便，也很有意思。

【白镜头】

我们家院子不是平的，有一定的坡度，晴儿喜欢在最上面撒尿，然后尿顺流而下，在院子里留下长长一道或两道痕迹，然后她就会很自豪地让我们看。看了好多次，她才不再提她的小便了。

晴儿一岁多时，她第一次独立拉出了成形的大便时，很惊奇，我特意戴着一次性手套，拿给她看，她也毫不嫌弃地盯着看。

妻子看到后，连说：恶心、太恶心了……

其实自己的大便，有什么恶心呢？我想，小时候妻子肯定没少听岳母这样说吧！一个人能坦然面对自己的大便，才更容易接纳自己吧！

所以，我告诉她和晴儿，自己的大便没什么恶心的。这是我们的创造物。我们可以为此感到自豪。

因此，晴儿不以自己的大便为耻，每次在院落一角大便完（院子里有片土地，她常拉在那里），她都会很自豪地让我们看她的大便（我们也借此判断她的健康情况）。有时候她的大便上面落两只苍蝇，她就更自豪了。

受我的影响，妻子对晴儿的大小便也非常包容。

晴儿三岁多时，还会给自己的大便装饰一下，比如插根小草，放朵花，旁边围几个小石头，放个小玩具……一直到四岁还常这样。

我们从来没对她进行过大小便训练，以前是穿纸尿裤，后来白天不穿了，再后来晚上也不穿了。她一岁多一点的时候，就自发地蹲着撒尿了。我们没教过她。

【黑镜头】

晴儿小时候，大便大部分时候是正常的，但是偶尔也会特别干结，造成排便困难。特别是在她一岁多时，有好几次，妻子给她把大便时，她因为拉不出来，疼哭了。

　　妻子还去买过开塞露，但还没开始用，就发现晴儿已经拉出来了。几次之后，我发现了规律，就是每次晴儿大便不出来的时候，都是在午休的时刻，都是妻子抱着她大便的时候。晴儿自己大便的时候，从来没拉不出来过。

　　所以，晴儿拉不出来的根本原因是，妻子把大便。当她不再给晴儿把大便的时候，不论多干结，晴儿都可以顺畅地把大便拉出来（蹲便）。我想是因为被把着大小便时，小腹用不上力。

　　由此，我想到，我一向提倡给孩子营造宽松愉快、充满爱与自由的环境，让孩子自由大便，就符合这条啊。而妻子给孩子把大便，看似对孩子好，其实对孩子反而是一种控制和束缚，结果造成孩子排便困难。

　　所以我就不让妻子再给晴儿把大便了，然后晴儿就再也没有出现过大便不出来的情况了。

　　孩子本来可以自己排便，结果妈妈帮孩子把大便，反而拉不出来。生活中，孩子的很多事情，都是如此啊。孩子自己的事情，父母最好不要去插手。

　　妻子帮晴儿把大便的原因是，晴儿午休想大便时，如果再给她穿鞋，怕来不及；不穿鞋，怕她把脚弄脏，还要洗，太麻烦；另外担心晴儿没彻底睡醒，怕摔倒……

　　不过虽然有这些理由，但相比让孩子自由大便来说，都不重要，也是可以克服的。

　　再后来得知还有幼儿坐便器这样神奇的东西，大小便的问题，就更不再是问题了。大冬天也不用担心，晴儿在房间的小马桶上就直接大小便了，不用我们帮忙。

六、口欲期和肛欲期的部分问答

　　本次课的内容，对我而言，是新鲜的，以前没有探究过。我儿子已经是大孩子了，他有个情况，办个手抄报这样的事情都坚持不到底，拖拉。我得催几次，还要帮着找资料，他才能弄完。这个暑假，我没再督促，结果明天要开学，他一份都没做完。对待自己的创造物，他怎么没什么热情？难道是口欲期肛欲期遗留的问题吗？

如果不是被迫办手抄报，很可能就是这样的。办法就是多鼓励，少催促和批评，也不要责备。他们也不想这样，只是受潜意识的支配。

虽然后天的鼓励和支持，没有最开始的效果好，但总比没有要好。所以，一方面我们要接纳孩子的现状，不要责备他们，另一方面尽量多鼓励他们吧。

家长为何忍不住非要去控制孩子的大小便，不让孩子的肛欲期顺利度过呢？

是因为想从小培养孩子自律、干净的习惯，是对孩子心理发展阶段的认识不足以及自身的焦虑，导致家长非要去控制？

训练孩子大小便，孩子不会形成自律的习惯，孩子形成的最多是他律的习惯。他是不情愿的，只是超我控制了他，或者是在有人看到的地方他会看起来很自律，别人看不到的地方，他会更放纵。

自律是父母给予自由信任和适当的引导形成的，不是控制训练等方法可以培养的。

系统学习了口欲期和肛欲期相关知识之后，我发现我女儿这两个时期都没有被满足。比如她在中小学时，老师普遍反映她胆子小，不敢回答问题，羞于表达，说话声音小；我觉得她缺乏尝试探索精神，不能做到勇于实践。她写的作文和周记都不愿意让我看。如果写的时候我在旁边，她会刻意遮盖。

她小时候奶奶带了一年，两个小保姆带了七个月。两岁半就被过早地送到幼儿园。我那时候教语文，要上早晚自习，都没有好好带孩子，未能满足孩子的正常需要。

后悔没能早一点接触心理学知识，没有科学正确地养育孩子。这么看来，心理学是每一个准父母都应该及早学习的必备常识。

是啊，如果能早接触一些心理学的知识，就会少走很多弯路。过去，还有很多女孩，因为母亲从来不和她们谈来例假这些事情，或者以憎恶的语气谈这个，给她们带来很大的伤害。作为父母，是需要了解一些基础的儿童心理和生理的发展规律呢。

不过现在学，亡羊补牢，也比不学、不补要好。

我想不起我儿子口欲期和肛欲期的事情了。那时候白天是爷爷奶奶带，估计多数时候不让吃手，但是吃奶我们还是很及时的，随时随地。

肛欲期呢？现在他已经五岁了，按说都俄狄浦斯期了，可是还对大便特别感兴趣。

垃圾桶或者卖肉的那种味道他闻了就干呕，可是大便，不论人的还是动物的他都特有兴趣，便便的绘本反复看，还根据那里面的说法，观察总结随时随地看到的大便。我在想是不是有点过了。

孩子在自救，这样不仅是在弥补肛欲期的缺失，也是在弥补口欲期的缺失（口欲期的探索欲），一箭双雕。允许孩子这样就好。或许长大还能成为这方面的专家。

老师说的孩子大了还咬指甲，要允许他们，给他们自由，不要用一些技术上的方法掩盖问题，真是醍醐灌顶啊。以前总是觉得自己挺惯孩子的，啥都不管她。最近通过学习，发现我自己就被超我管得挺厉害，因此也会不自觉地评判孩子。同时，老公，还有爷爷、奶奶都是超级焦虑型的，小时候孩子干点啥，他们都紧张。

老公很喜欢孩子，可是孩子一两岁的时候，在家里地板上捡东西放在嘴里吃，应该就是探索好玩吧，结果老公就唯一一次打了孩子屁股，而且至今他也不觉得错，他觉得都捡地上东西吃了，太不卫生，差不多是生命危险的那种，必须绝对禁止。这些经历应该都会对孩子造成影响吧。

孩子表面上看挺阳光的，但其实不太敢在学校发言，不怎么表达自己的意见，也不太敢尝试新事物，她自己干点什么事，也不太想让她爸知道。这样看来，孩子的口欲期确实是没有被满足。可是老公的问题我好像也没什么办法解决。

爸爸打孩子，应该是有他自己的心结和恐惧在里面。这是他把自己的恐惧投射给了孩子。看到孩子吃脏东西（其实孩子往往是舔或者咬一下，并不会吃），不干涉最好（除非有毒），如果干涉，比如夺过去也可以，但不要每次都阻止孩子。但因此打孩子，就会让孩子印象深刻（意识记不住，潜意识会记住），这等于打击了孩子的探索欲。

不过事情过去了，再拿这个说孩子爸爸，除了引发家庭矛盾，也没什么好处。以后少打击、多鼓励孩子就好。

以前真不知道人还有口欲期和肛欲期这两个需要自由和鼓励的时期，孩子吃手吃什么的我都赶紧拿开，似乎孩子小时候这个问题没有困扰过我，反倒是上小学以后，我发现他咬指甲，咬得好深，以为是缺锌造成的，原来是口欲期没发展好啊。

现在看来，这两个时期没发展好，他有时谨慎过度，没把握做好的事情，他不愿意尝试。很想知道，十八岁了，还能补救吗？

补救比不补救好。不过补救的方法，不是硬灌输给孩子，而是适当多鼓励，少打击。

今天早上我女儿拉完臭臭，还说："嗯，好香啊！"一副陶醉的模样，我问她你拉的臭臭好看吗？她说好看，像一幅画一样。

果然如此，孩子对于自己出生以来第一个创造物——大便，总是有着难以理解的自恋，对于孩子大小便，还好我们没有经历过把屎把尿的训练。我的问题是她现在已经三岁了，晚上睡觉还得穿拉拉裤，有时候我困了，先睡了，忘记给她穿了，结果半夜起来就会尿床，我是不是应该干预下呢？

比如半夜里叫醒她几次，然后她就慢慢知道了晚上尿尿要起床？不知道群里大孩子的妈妈们，你们是怎么完成夜晚脱尿布的呢？

关于半夜叫孩子起来尿尿，这让我想起了一个笑话，一个护士半夜把一个失眠的病人拍醒，说：该吃安眠药了……

孩子睡着了，不要去把孩子弄醒。如果孩子此时处于深睡眠状态，被叫醒，就会很长时间迷迷糊糊，状态很差。就好像成年人在深睡眠区被叫醒一样，会很难受的。而你并不知道孩子此时是深睡眠还是浅睡眠状态。

尿床就尿床吧，睡觉的时候，下面铺个小褥子或者隔尿垫就行了。不要责备孩子。不要给孩子压力。慢慢就好了。孩子的身心是在快速成长的。如果你因此批评孩子，或者强调尿床这个事情，反而容易造成负面强化。你得一直半夜叫她，不然尿床会更频繁。

最后再补充一点，晴儿三岁时，去上幼儿园，幼儿园用的是马桶，但马桶太大太高，她上不去，还担心掉进去，每次都要老师抱她上去，所以很不喜欢那样的厕所。加上幼儿园老师太严厉等问题，只去了五天，就死活不再去了。我们就给她退学了。

三岁半后，晴儿换到了另一家幼儿园，这个幼儿园是蹲便（也很干净），所以不需要老师抱上马桶了。晴儿上厕所就没问题了。

另外几乎所有幼儿园学生，都不在幼儿园大便，只在幼儿园小便。或许是因为老师们都不喜欢给小孩擦屁股，小孩们可以感知到，所以就尽量不在幼儿园大便，会憋着回家。这个也是没办法的事情。等孩子们会自己擦屁股了，问题就解决了。

张老师讲的肛欲期对大小便的态度给了我新的视角，我们总是习惯说大便臭，我们本身就是厌恶大便的，我从来没想过大便对孩子原来有这样的意义。由此我想到很多我可能认为不好的事情，或许对孩子来说有着另外的意义，只是我自己不知道，这才充分体现了没文化真可怕呀！

是啊，孩子就像佛，没有分别心。是我们的分别心，影响了孩子。

第 11 课
孩子不愿上学怎么办

在幼儿园被管束过度的孩子，上小学后会表现出更严重的注意力涣散，在幼儿园被作业奴役过的孩子，从上小学一年级就会出现厌学的症状。

——尹建莉

儿童的思维是在与环境的相互作用中发展起来的。

——认知心理学家皮亚杰

1. 当孩子出现某些你难以接受的问题时，你的第一感受是什么？

....

....

2. 当孩子出现问题时，你最关注的是孩子的言行，还是他的内心？

....

....

3. 当孩子出现问题时，你会觉得这是一个麻烦，还是一个深入了解孩子的机会？

....

....

4. 当孩子出现问题，你处理问题的指导原则是什么？

....

....

一、每个家长都会遇到的难题——孩子不想上学怎么办？

孩子爱打架怎么办？孩子老被人欺负怎么办？孩子迷恋网络游戏怎么办？孩子偷钱怎么办？孩子早恋怎么办？

当孩子出现问题时，很多家长，会习惯性地采用父母当年对待自己的方式来对待孩子。还有人会用网上看到的某些专家的只言片语来对待孩子。

孩子不可能一直不犯错或不出任何问题。当孩子出现问题时，我们该怎么面对？

这个话题，其实在前面讲的很多主题中，都有所体现。但我发现大多数家长，包括一些家庭教育专家，在孩子出现某些问题时，还是容易陷入误区。

所以，我以"孩子不愿意上学"为例，以点带面来谈谈家长在孩子出现问题时应持有的正确态度和合适的处理方法。

1. 某爸爸的做法——发粪图强。

【黑镜头】

某小学六年级学生明明，连续两天没完成作业，被父亲带回乡下老家，接受了一次有味道的教育——挑粪。过程中，明明几次哭着保证自己会好好学习，但父亲态度坚决："我不相信你。你那个眼泪现在对我来说没有用，挑起，走！"

就这样，整个上午，明明挑着三四十斤的粪桶，在三百米的路上来回走了七八趟。

但父亲还是不解恨，还毒打了他一番。明明被逼承诺，以后如果作业没做就再次回去挑粪；如果期中考试成绩不好，就继续回来挑粪；如果英语考试进步不大，继续回来挑粪……

这条微博下面的网友评论，几乎一致叫好，但我认为这样的做法错得离谱。

先从表面似乎还不错的结果来看——孩子接受了父亲的观念灌输——挑粪苦、干活累，只有读书有出路。

等于说，父亲给他灌输了这样的信念：读书，不是出于热爱，不是出于求知欲，而是出于逃避惩罚，他是怕苦怕累怕被打，才不得不上学。因此，他的学习动力被破坏了。

当一个学生，不是出于求知欲，不是出于内驱力，而是出于恐惧惩罚的外驱力上学，就会缺乏热情和积极主动，很容易累，还难以持久。

其次，孩子的问题并没有得到解决。他连续两天作业没做被惩罚，但作业为什么没做呢？是他心里有别的事情，导致他对学习没心思；还是他根本不会做？或者单纯因为懒不想做？父亲没有去关心过这个问题。如果他是因为不会做才没完成作业，那父亲逼他做作业，只能让他去抄袭。父亲忙活半天，只解决了自己的问题——孩子作业没完成他难受，他努力让孩子承诺了一大堆，但孩子自己的问题依然存在。

再次，虽然孩子一再承诺以后好好学习，但父亲还是不信任孩子。如果父亲信任孩子，孩子就容易自信，也会信守承诺，不愿让父亲失望。可惜父亲却给了孩子一个"不值得信任"的标签，连父亲都不信任自己，那自己为什么还要信守承诺？这孩子就容易成为爱撒谎的人。

此外，孩子的成长环境显然很差，不被父亲信任不说，还动辄被打骂，在这样的环境下，他连基本的安全感都难以得到保障，身心如何健康成长？如何热爱学习？

当然，这个父亲自身的文化素质可能有限，这可能是他可以想到的最好办法了，我们不能对这样的家长要求太高。但是大部分评论者，并不是一样的家庭条件和文化水平，我们也不应该停留在为这种做法叫好的阶段。我们应该去思考，有没有好一点的办法呢？

2. 泰国妈妈的做法——捡垃圾。

【黑镜头】

有个五岁的小朋友对妈妈说不想上幼儿园了。他妈妈说：你可以不上一天，但要答应我一个条件。如果你可以在街上捡垃圾，并赚很多钱，那你就可以放假一天！天真的小男孩答应了。

小男孩很开心地与母亲一起出发，他开始努力捡垃圾（母亲没有捡，都是他一人捡的），经历了漫长的一天。他捡了两公斤多可回收的垃圾，卖了六美分。

小男孩走了至少两公里，精疲力竭，且几乎无法动弹（也没吃饭）。他问妈妈：我们可以搭公车吗？

他妈妈回答：你有足够的钱吗？搭公车要花三十一美分。

小男孩摇摇头。

他妈妈说：那你必须捡更多的瓶子来赚更多的钱。

小男孩说：没关系，我走路。

他开始再次寻找更多可回收的东西。

妈妈为了鼓励他，给他喝了点水，一个好心的老大爷给他了点零食。没多久，小男孩对妈妈说：我想要吃冰激凌。

妈妈说：冰激凌要十美分，我们钱够吗？

小男孩失望地摇头说：不够，我不想吃了。

辛苦了一天，妈妈认为孩子学到了宝贵的一课——金钱的价值。

妈妈还说：在学校，你可以学到更多有价值的人生课程。

最后，妈妈问他：所以，你想要工作，还是去学校？

他大声回答：我要去学校。

这个新闻据说得到了全世界大多数人的正面评价（这个妈妈穿着光鲜亮丽的衣服，把和捡垃圾的脏兮兮的儿子的合照发在了脸书上）。但我认为这样的做法，有很大的问题。

第一，这个妈妈活在自己的世界里，根本就没有关心孩子。没有问一下

223

孩子为什么不愿去幼儿园。是被同学霸凌了？被老师体罚了？学校的饭菜不如意？还是其他什么原因？

这个妈妈不在乎孩子为什么不去幼儿园，她只想用自己的方法，搞定孩子，让孩子按照她的期望去上学。

假如孩子是被同学或老师打骂了，妈妈不在意这些，只是用更难忍的惩罚（让孩子干脏活累活）来逼孩子，孩子被迫去了学校，但真正的问题，并没有解决。

就像一个小孩被性骚扰了，然后跟父母说，不想去幼儿园了。父母不问缘由，拿着棍子对孩子说：不去上学就打断你的腿……

这明明就是不负责任的父母的做法啊，怎么大家会一致叫好呢？

第二，赚钱的方式有很多种，这个妈妈却让孩子选择最笨最差的一种，从小给孩子植入了思维定式，让孩子形成了匮乏思维：生活艰辛，赚钱不易。赚钱就要干脏活累活……于是，他学会了把进学校当成逃避的手段。

事实上，擦皮鞋、送报纸、陪更小的小朋友玩，等等，有很多种他这样大的孩子赚钱的方法。当然，等他再大一点，他赚钱的方法会更多。这样教孩子的话，孩子会有丰盈的思维，对世界和自己充满信心和希望。但他妈妈的做法，却让他对世界和自己悲观，认为赚钱太难，从小就对金钱感到恐惧。

第三，妈妈撒谎。五岁小孩坐公交车，应该还不需要钱，需要付钱的是妈妈。妈妈坐车，应该自己付钱，不该让才五岁的孩子，替她付钱。

第四，孩子一天没吃饭，只给了一点水喝。还是好心的老大爷给他了些零食吃。孩子感受到了老大爷的爱，对爱又有了信心，于是向妈妈提出想吃冰激凌，妈妈却说：你赚的钱不够。孩子只好不吃。

意思就是，如果你敢不上学，我以后就不养你了。你的生活费没了，吃饭、坐车、买冰激凌都不可能了。你只有乖乖去给我上学，我才会给你提供这些。

这简直是在拿生命来威胁，孩子能不被迫妥协吗？

这算什么教育？

一个才五岁的孩子，就背上这么沉重的思想包袱，是很容易沦为金钱的奴隶的。将来孩子如果学会了这种逻辑，是不是也会这样威胁别人？只要对方不听我的，我就用惩罚对方的方式，迫使对方就范？

微博网友数学理工女也点评说：

我震惊的是从头至尾，几乎没人关心孩子为什么不想去幼儿园，是不是遇到了什么不好的事或者人，孩子不想去很正常，父母把孩子往坏的阴暗面去想，用最大的恶去揣测、折磨孩子……

的确如此，大多数家长在孩子遇到问题时，都会产生烦恼，但他们不去想如何帮孩子解决问题，而是在想：如何快速搞定孩子的问题，解决我的烦恼。

正确的做法，应该是：第一时间，通过耐心询问和观察去了解孩子为什么不想上幼儿园，是不是学校哪里让孩子不舒服，甚至受到了哪些伤害。

李雪用归谬法说：妈妈老了以后住养老院，对儿子表示想回家住一天，儿子非常体贴地把老母亲送到垃圾站，不知评论区还是否一片称赞？顺便说一句，这样不关心孩子感受，孩子最容易遭遇霸凌。

李雪的意思是，即便孩子没有受到任何伤害，只是上学上累了，也要允许孩子撒娇，允许孩子请假一天，这是爱的一种表达。就比如将来父母住养老院，想回来一天，我们会坚决不许父母回来吗？

有人说：我小时候就是这样，不想上学，但不可以不去。生病发烧，吃了药也得去。那时的我，多么希望父母可以让我在床上躺着休息，而不是逼我上学。

另一个网友说：我太能理解你了，小时候上学路上，我被车撞倒在水坑里，白色的外套一半变成了黑色，但是妈妈不让我回家换衣服，因为换衣服会迟到；从小学到高中毕业从没请过病假、事假，如果不小心生病了，会挨一顿骂，妈妈觉得生病是我的错，然后继续送我去上学。

由此可见，坚持让孩子上学，不上学就要挑大粪或捡垃圾，不允许孩子在家休息一天，这种方式不能让孩子感觉到爱，它或许会让孩子在多年以后，依然耿耿于怀。

3. 某育儿师的做法——让孩子在家也难受。

【黑镜头】

孩子在幼儿园上了三个月后，突然不想去了，半夜哭了两次，早上又哭了一个多小时，也不要穿衣服，反复念叨着不要去。身为育儿师的妈妈就先表达了共情和理解，但孩子还是不肯去。

她无奈，只好同意给孩子请假一天，并强调只能请假一天。

孩子没上学这一天，原以为可以由妈妈陪着玩，结果妈妈工作一天都没停，奶奶也出去玩了一天。孩子在家很无聊，就闹着要妈妈陪。妈妈坚决不陪，两个人都情绪低落了一天。

为什么妈妈不愿陪呢？因为妈妈担心陪了，孩子在家玩得开心了，就更不愿意去幼儿园了，所以故意让奶奶出去玩，自己也不陪，就要让孩子在家难受。

第二天，孩子虽然不情愿，但想着约定，还是去幼儿园了。

这个育儿师妈妈犯的错误，一点不比前面的中国爸爸和泰国妈妈少。

第一，只在乎孩子的外在言行，不关注孩子的内心感受。她只想解决自己的烦恼——如何让孩子乖乖去上幼儿园；没有去关注孩子的烦恼——孩子为什么突然不想上幼儿园。

孩子在幼儿园三个月了，一直表现不错，但突然说不去了，半夜还连哭了两次。由此推断，孩子很可能是在幼儿园受到了什么刺激，才导致情绪这么激烈。

这时候，应该耐心询问孩子及老师，查明孩子到底受了什么刺激，再帮孩子处理问题。

但是这个育儿师却对此无动于衷，一心想着如何搞定孩子不去幼儿园的问题，没有在意孩子本身面临的问题。

第二，孩子不愿上幼儿园，是因为受到了某些压力，此时心灵最脆弱、最需要安慰鼓励，但妈妈说共情和理解孩子了，简单重复说几句"妈妈知道你不想上幼儿园"，这就算共情了？这就叫理解吗？

第三，家庭没能成为孩子的避风港和温暖的港湾，妈妈却沾沾自喜。因为她认为，如果家庭是孩子温暖的港湾，孩子就会更不想去上学，会天天躲在家里享受。

假如孩子未来真的遇到很难承受的事情，会多绝望？因为她知道，即便回家了，也依然得不到家人的关注与陪伴。

第四，和孩子较劲的结局是两败俱伤。真正的问题没有得到解决，孩子的负面情绪写在脸上，也压抑进心里了。妈妈也浪费了一天，并且也情绪低落。原本应该是母爱的天性的自然流露，但被妈妈信奉的某些理论束缚了，强迫自己不给孩子爱，怕把孩子惯坏，所以母女之间，没有感情的流动……

第五，第二天，孩子不得不去幼儿园。妈妈并不认为需要留心，反而有一种成功的喜悦。她为"战胜"女儿感到很开心，完全看不见孩子的痛苦和烦恼。

由此可见，这个育儿专家型妈妈对待孩子不上幼儿园的方法，完全不值得提倡。

4. 某文化水平低的网友的做法——打骂踢踹。

【黑镜头】

我家小孩不上学！他妈吓唬他，他把他妈给挠了，还跑了。我爸把他接回家了，然后给我打电话。

我请假回去了。本来不想打他了，回去上学就好，谁知道他撒谎说有屎，然后又跑了。我逮住一顿踢！抓回去上学了。感觉他没服，我是不是应该再打一遍？

这位网友短短两段话，多处语句不通，错别字一堆，大家看到的是我修改过的。

这类人，没什么文化，只会用简单粗暴的打骂来代替教育，错得太明显。

5. 我学员于姐的做法——耐心观察。

【白镜头】

于姐三岁的女儿突然不愿去幼儿园了，但于姐当天没在家。奶奶觉得，作为幼儿园的学生，怎么可以不去学校呢？这可不行啊！如果允许你今天不上学了，那不是把你惯坏了吗？那你以后天天不去怎么办？

所以她就拉着孙女，强迫孙女去学校。孙女半路上不断抗争，路过小卖部时，为了不让孙女哭闹，她给孙女买了个棒棒糖，威逼利诱着把孙女哄到了学校。

奶奶很有成就感，觉得自己终于把不愿去幼儿园的孙女又送到幼儿园了。

第二天于姐回来后，得知女儿不想上幼儿园，就询问女儿为什么。女儿太小，一时说不出来。她也不急，就给女儿请了假，陪女儿玩了一下午。

晚上，女儿想上厕所，但不敢去。她鼓励女儿，你开灯就不暗了。女儿说："那妈妈你先把怪兽给打跑！"她一愣，发觉问题可能出在这里。

她问女儿什么怪兽啊，哪里的怪兽。通过一番耐心的询问，她终于得知：每天下午，幼儿园的老师都会给小朋友们放《奥特曼》的动画片。可是她女儿很害怕里面丑陋的怪兽，不敢看，也不愿看。但老师不许他们乱动，不许他们离开教室。所以，孩子才不愿意去幼儿园。

原来如此，她去找幼儿园老师沟通，最后给孩子换了班级（有的小朋友想看电视，不敢看《奥特曼》的在另一个班）。

这才是真正帮孩子解决了问题。如果她像孩子的奶奶一样，不关注孩子的内心，觉得孩子不愿上学就是不乖、不懂事、偷懒，把女儿训斥乃至打骂一顿，那孩子就会被迫长久看自己觉得恐怖的动画片，还得不到妈妈的理解和帮助，这样一来，孩子内心的阴影将无法估量。

6. 学员调皮的栗子的做法——共情。

【白镜头】

晚上，老公给儿子洗澡时，上幼儿园的儿子撒娇加抱怨：爸爸，我不想上学，上学太无聊了。

老公一听，像吃了火药似的，竖起眉毛吼叫着：你说什么？不想上学？那是不可能的！你必须要去！

果不其然，和我想象的一样，下一秒就是儿子被爸爸的野蛮和粗暴成功点燃，双重抵触和反抗——愤怒地打着澡盆里的水，咆哮着：我讨厌学校，我就是不去，怎么了！啊！怎么了？！

我从厨房走出来，老公透过我不满的眼神，意识到了刚才的野蛮和粗暴，收敛着对儿子说：讨厌归讨厌，但学校是必须去的！

我感受到老公强压着怒火……我更清晰地感受到自己的愤怒。

老公实在不懂得抱持和看见，重复儿子的话就好了啊，都说了 N 次了，可人家还是一点都没变……

等儿子洗好澡穿好衣服出来，我也忙完了。看到儿子坐在沙发上，我愤怒的心情也慢慢平复。儿子见我过来，就缠着我继续撒娇抱怨：妈妈，我一点都不想去学校……

我说：嗯，你一点都不想去学校。

儿子说：是的，我一点都不想去学校。

我看着儿子。儿子继续说：学校太无聊了。

我说：你觉得学校很无聊。

儿子说：是的，每次吃饭都要等好久，有一次都等到下午了。

我说：你想早一点吃饭，不想等那么久？

儿子说：是的，等得我实在太饿了。可什么事都是老师说了算。

我笑着说：嗯，你想像在家里一样，可以自己说了算。

儿子想了一下，说：不是的，我想早点吃饭。

我说：嗯，我知道了，而且你还跟我说过，学校里的饭菜很好吃。

儿子笑着说：是的，学校里的饭很好吃，我每次享受着学校美味的饭菜时，都会想到你正在家里做饭，想你在做什么菜。

我开心地笑着问：真的吗？我做饭的时候也在想你呢，想你每天中午在学校又吃什么好菜了。

儿子笑了笑。

我又继续说：看来学校也不是一点都不好，还是有一点好的，比如好吃的饭菜。

儿子说：是的。

聊到这里，儿子愁闷的心情明显舒展很多了。

第二天，儿子顺利去上学了。

孩子最需要的，不是我们同意他不上学，而是需要我们看见他的感受，共情他的情绪。当然，如果能和老师沟通，中午开饭不要太晚，或者让孩子早上多吃点，就更好了。

7. 我的做法——关注孩子的需求。

晴儿也有过几次不想去幼儿园的情况。

【白镜头】

有一天早上六点半，晴儿说不想去幼儿园。

我问：为什么不想去呀？

晴儿说：我想看电视，看《小猪佩奇》。

我说：你可以放学回来再看呀。

她说：不行。我就要现在看电视。

我说：好，那你起来看吧，先看两集，然后去上学，放学回来，想看再继续看。

晴儿说：我要看三集。

我说的两集，不是特指，但晴儿很认真，和我讨价，要三集。我也没和她较劲。

于是，她就看电视去了。等七点二十了，我说：晴儿，去上学了，校车来了。

她就把电视关了，跑着和我一起去了。

如果是别的家长，可能会因为孩子想看电视、不想上学而吵孩子，对孩子进行各种教育。最后，孩子可能会更不想上学了。

我顺应孩子的需求，皆大欢喜。

【白镜头】

另一次，晴儿早上哭着不愿去上学。

我问怎么了，她说：我就是不想去上学……

我说：不想上学，可以不去，但是你得告诉我理由。

可晴儿一直哭，却说不出理由。

我就提示她：是老师批评你了？同学欺负你了？

晴儿说：老师批评我了。

问她怎么批评的。

她说：老师说我都四岁了，吃饭还那么慢！

听了这话，我对晴儿说：你不想老师这样说你，是不是？

她说是。

我问她都哪个老师说她的，她说几个老师都说她了。

我说：你放心，我给你们老师打电话，让她们不再说你吃饭慢，好不好？

晴儿说好。

我就给她穿衣服，带着她去路口坐校车。看晴儿还有些不情愿，我就当着她的面给老师发语音，不过我没按发送键。

我说：刘老师，以后不许催我们快点吃饭了，我们晴儿吃快吃慢都不许催。

说完之后，晴儿放心地去上学了，我这才组织了一下语言，和老师交流起来。

"刘老师，麻烦你跟其他老师说一下，不要再对晴儿说：你都四岁了，还吃饭这么慢！

"因为这句话，晴儿不愿去幼儿园了，就连平时在家吃饭，她都会故意不和我们一起吃，害怕我们批评她吃饭慢。

"她是因为牙齿的原因才吃饭慢的，上面两个门牙都拔掉了，其他牙齿也不好，所以请老师们多多包容一下。"

老师解释说，她们没有批评晴儿，纯粹是出于好意，劝晴儿快点吃饭，因为她在班里年龄最大，所以希望她给其他同学做个榜样。

不管老师过去是什么口气，总之，她们不会再说孩子吃饭慢了，而且那天还特意表扬晴儿了，晴儿回来很开心，说老师表扬她了。

就这样，她去幼儿园，都是自己很主动、很开心的。每天放学回来，我问她今天开心吗，在幼儿园都玩什么了，她也会跟我说很开心……

后来，晴儿也闹过一次不去上学，原因是老师给她打饭太多，她吃不完，老师还不许剩，所以她不愿去上学了。

我和老师沟通了，以后不要给晴儿打太多饭，如果吃完想吃可以再添。这样压力不大，晴儿就没有吃饭的苦恼了。

另外，由于我妻子是工作三天才休息一天，而且工作的三天里，有两天晚上是夜班，在单位宿舍住，晴儿平时常见不到妈妈。因此，妈妈休息那一天，她就不愿去幼儿园，想和妈妈玩。妻子也很想陪她。所以每到妈妈休息日的时候，我们就会给晴儿请假一天。

我们都是让晴儿自己微信语音请假，我们再补充两句。这样她就不怕和老师说话，也不怕去上学了。不少家长总是替孩子请假，孩子很少主动和老师说话，可能就会回避和害怕老师了。

最初请假的时候，老师还劝我们不要经常给孩子请假，不然孩子会不爱上幼儿园，但和老师解释过后，老师就理解了。

如果我们非要让晴儿上学，那晴儿就会有受伤的感觉，会认为是上幼儿园导致她和妈妈不能在一起了，就会讨厌幼儿园。

8. 极端爱与自由派家长的做法。

有一些极端信奉"爱与自由"的家长，是另一种做法。听说孩子不想去幼儿园了，就会直接答应，不问问孩子为什么不想去，孩子说不想上学，那就让孩子在家好了。反正国家也没强制小孩必须上幼儿园，反正他们有时间带孩子。

等将来上小学了，孩子不想去了，家长就替孩子请假，也不去问孩子为什么不想去，甚至直接给孩子申请休学……

表面上，这是爱，但其实是在回避问题，是在讨好孩子。孩子学到的只能是——遇到问题就逃避的处世方法。

我觉得幼儿园上不上本身不重要，重要的是孩子遇到困难时，会采取什么样的态度来面对。父母如果威逼利诱把孩子赶回幼儿园，孩子就学会了忍气吞声，不敢坚持自己的想法；父母什么都不问，就直接同意，又容易让孩子学会退缩和逃避。

家长应该把关注点放到孩子不愿去幼儿园背后的内心感受和需求上，在孩子有了足够的安全感和亲密感的基础上，和孩子好好交流，帮助孩子在幼儿园找到成就感，这样孩子就愿意去上学了。

如果找不到成就感，甚至连安全感都得不到保障，那就给孩子换个幼儿园。

9. 当孩子出现问题，我们的关注点应该是什么。

当晴儿不想去学校的时候，我的重心并不是放在——她不去幼儿园怎么办呀？那以后会不会都不去啊？

我的关注点是：是什么原因导致晴儿不想去幼儿园了。

找到这个原因，再把这个问题解决掉，孩子就会继续上幼儿园了。如果这个问题无法解决，比如老师爱训人，又不愿改，那我们就给晴儿换个幼儿园。

我接过很多孩子厌学的咨询，有上大学的，有高中的，有初中的，也有才上小学三年级的……

厌学问题非常普遍。

大家可以趁着孩子才上幼儿园，多花点时间，把这个问题处理好。我们的根本目的是让孩子喜欢上学，让孩子不恐惧学校，这样他们遇到挫折时，才敢于面对，并相信问题可以解决（父母要做榜样，做孩子的避风港，遇到问题不退缩，不把压力都转嫁到孩子身上）。别求快，不要急，如果为了一时的利益，揍孩子一顿，逼他上学，会后患无穷。

也别因为孩子说不想上学，就说"那咱就不上"，然后不去看孩子为什么不想上，就让孩子天天在家玩。

孩子不想上幼儿园的原因有很多种，同在一个幼儿园，孩子不愿上学的原因也未必一样。有的小孩是因为被同学欺负了，不愿去；有的小孩是被老师训斥了，不愿去。

【黑镜头】

晴儿刚三岁的时候，第一次上幼儿园，我们给她送到了附近一家硬件设施最好的幼儿园，老师们也普遍年轻、学历高。

晴儿去了一周幼儿园，天天哭，晚上做噩梦、惊叫，每天回家都会吃很多。本来已经开始看《汪汪队》《卡游》《狮子王》了，又开始从头看《小猪佩奇》了（用来压惊）。

到第五天午休时，晴儿和一个小男孩都哭了，说想妈妈。

老师说："不许哭，谁再哭，把谁丢出去！"

这句话导致晴儿不愿去幼儿园了，反复说：老师要把我丢出去……

我们觉得她可能是太小了，这个幼儿园又比较严苛一点，所以就给她办了退学，在家又待了半年，然后把周围四家幼儿园都考察了好多遍，才选了晴儿最能接受的一个幼儿园。

后来，晴儿的一个好朋友才告诉我们，在最初那家幼儿园，有一天中午，晴儿吃饭时，不小心把一勺米饭掉地上了，老师严厉批评了她，还要求她把掉到地上的米饭捡起来吃……当时晴儿还小，吓得不敢跟家长说，所以这个事情我们都不知道。

幸而我们当时尊重了她的感受，没有逼她去幼儿园，让她回家玩半年再上幼儿园，后来是直接换了个幼儿园。要不然晴儿要在这个严苛的幼儿园遭多少罪呀。

尹建莉说：在幼儿园被管束过度的孩子，上小学后会表现出更严重的注意力涣散，在幼儿园被作业奴役过的孩子，从上小学一年级就会出现厌学的症状。

认知心理学家皮亚杰说：儿童的思维是在与环境的相互作用中发展起来的。因此，如果幼儿园的环境太苛刻，就会影响孩子的思维发展。

所以，我们要避免让孩子上这种管束过度的幼儿园。

我遇到过无数家长问怎样让孩子不抗拒去幼儿园这个问题，在很多群里也看到很多家长探讨这个问题，但是他们所想的主意，全都是"术"，都是如何威逼利诱、软硬兼施迫使孩子去幼儿园。

可是他们都没有想过，孩子为什么不愿意去幼儿园呢？可能他们认为，孩子为什么不想去不重要，怎样让孩子去才重要。但找到孩子不愿意去幼儿园的原因，及时化解，这才是根本之道，这才是爱孩子的家长应该做的呀！

我一直坚信养花重在养土，养鱼重在养水，要在孩子的成长环境上用心。如果孩子出现了问题，应该是某个环境因素出现了问题，应该和孩子一起面对和解决，孩子会因此学会正面面对困难。

还有一些问题，是孩子小时候的自然现象，我们不要把它当成问题，平常心对待就好。

比如吃饭问题。

【白镜头】

晴儿以前吃饺子的时候，光吃皮不吃馅儿，但是我们不把这个当问题，也就没什么焦虑的，也没催过她。后来她就整个饺子都吃了。

我问她：你以前不吃饺子馅啊，现在怎么又吃了？

她说：因为我长大了。

最初她吃烩面时，吃里面的海带、豆腐皮，但就是不吃青菜，我们也没逼过她，只是在她面前吃青菜，说青菜有营养，也好吃。一段时间后，她也开始吃青菜了。

如果我们逼她吃，可能会适得其反。因为一开始就破坏了孩子对食物的感觉。她不再是享受地吃，而是憋屈地吃了。

二、关注孩子的感受和需求，而不是表面的言行

以上只是拿不上幼儿园这个问题来举例。大家可以举一反三，活学活用。总的原则都是一样的，就是当孩子出现问题时，我们一定不要只关注孩子外在的言行，要关注孩子内在的感受和需求。不要只想着如何快速搞定孩子，让自己摆脱麻烦。

看到孩子哭了，哭得很伤心，你听得很烦。如果你只关注自己的烦恼，或孩子外在的言行，你就会对孩子吼：别哭了，再哭揍你！再哭不要你了！

可能一下把孩子镇住了，孩子吓得不敢哭了，你的烦恼解除了。但是孩子的烦恼却更大了。从意识压抑到潜意识了，就好比外伤变成内伤，更难治疗了。

孩子出现问题时，如果家长不先放下身段去倾听，听听孩子到底是怎么想的，反而立刻开始"讲道理"，不了解孩子，就妄下结论，妄谈道理，这是懒政。

倾听的重要性，是很多家长所忽略的。大多数家长认为教育孩子，就是管孩子，就是凶着一张脸监督孩子写作业，就是要求孩子不许打架，不许违反各种规矩，要听话……

家庭教育的一大误区就是：有无数的父母，都把注意力放在孩子外在的行

为上；而不去关注孩子内心的感受和需求。

外在的行为，不是原因，只是呈现的结果；内在的感受和需求，才是根源。解决外在的行为的教育办法，都是"术"，往往治标不治本。关注孩子的内心，才是从根源入手。

很多家长不这样做，是因为他们是"勤惰"的父母，勤于用嘴和手；却惰于用心，惰于用耳。他们不愿用心去关注孩子的感受和需求，不愿用心去倾听孩子；只是不断地唠叨，念咒语一般：好好学习！赶快做作业！要勇敢！要自信！要背单词……

其实，想了解孩子的感受和需求很简单，不需要费多大的力气，只要用心就够了。只要你怀着关注孩子的心态去倾听孩子，孩子会告诉你的。

三、避免讳疾忌医，把问题当谏臣

对待孩子的问题，就像对待我们自身的疾病一样，不要只停留在表面，只停留在如何快速搞定孩子上。

下面我这篇文章讲的是面对疾病的态度，面对孩子的问题，也应该是这样的态度——积极面对，而不是掩饰或回避。

疾病如谏臣

有个国王待在宫殿里。一天，一位谏臣前来报告，说因东门年久失修，最近又不断下雨，城墙倒塌一部分，有盗贼不断混入，我们应该修补城门，防止盗贼再进入。

国王听了很烦，将谏臣赶了出去。

过了一段时间，谏臣又进来报告，说东门已经倒塌，一队敌军进来了。国王觉得谏臣很烦人，打搅了自己的美梦，干脆下令将谏臣杀掉了。这样，他再也听不到坏消息了。

再后来，敌军悄无声息地从东门进入宫殿，毫无防备的国王被杀死了。

看了这个小故事，你是不是觉得这个国王太昏庸了？可是，我们很多人都做过这样的傻事。

有人因为经常熬夜，造成眼睛疼痛。但他不改变熬夜的坏习惯，只用眼药水来消灭给他报警的症状。眼睛虽然暂时不疼了，但他的处境却如同杀了谏臣的国王一样，反而更危险。

有人喜欢纵酒，导致头疼，肠胃也不舒服，但他不改变纵酒的恶习，却靠吃解酒药来消除这些不良症状。表面看，不良症状消失了，但这是鼠目寸光，危害更大。

有人常常久坐，不运动，导致身体发胖，他不改变习惯，不积极运动健身，反而靠吃减肥药来达到瘦身的效果，长此以往，身体又怎能吃得消？

还有很多人，心事太重，造成失眠。他们不想着如何修身养性，把心放宽，或者找咨询师化解内在的痛苦，让心平静下来，反而依赖安眠药来解决失眠问题。这种本末倒置的做法，不但无法解决真正的问题，无法缓解心理压力，反而伤害了脑神经。

是药三分毒。很多疾病都源于不良的生活习惯。不要急着找药消除病症（除非是中毒、外伤等急病），先要反思为什么得病。

疾病不是敌人，疾病犹如谏臣。几乎每一种疾病都对应一种不良生活方式，把疾病看成谏臣，找到得病的原因，及时改变不良生活方式，才能使身体保持长久的健康。这才是治本之道。

四、用名中医对待疾病的态度，对待孩子的问题

著名中医师李辛在《儿童健康讲记：一个中医眼中的儿童健康、心理与教育》一书中，对待儿童疾病的态度，就是我提倡的对待孩子问题（包括犯错误等）的态度。

1. 李辛：我们需要了解，生病是正常的。孩子生病，还有小孩的生长、发育、修复……是一个身体自然变化调适的过程，尤其是那些常见的症状，如发烧、咳嗽、感冒等。

我们需要了解，出现问题是正常的。孩子在成长过程中，出现问题，或者出现错误，都是他们自身自然成长过程中一个变化调适的过程，尤其是那些常见的问题，比如哭闹、打架、迟到、撒谎，等等。

2. 李辛：要从每一次生病中学习。偶尔的一次生病，可以不需要在意；但经常性生病，也就是生病的频率比较高，或者某一种病常常出现，那就要注意观察和学习，去探究孩子为什么会生这样的病，不要每次生病都白生了。找出原因和规律，我们会对孩子的身体情况更了解，可以知道以后要注意哪些问题，可以让孩子少生病。

要从孩子的每一次问题中学习。孩子偶尔出现的问题，可以不需要在意。但如果经常出问题，或者某一类问题经常出现，我们就要重视，看孩子为什么会出这样的问题，找出内在的原因和规律，我们会对孩子的内心有更多的了解，可以知道以后应该注意哪些问题，可以让孩子少出问题。

3. 李辛：孩子出现问题时，父母安心、静心的状态很重要。心不静的话，不可能学习到什么东西。每次急急忙忙应付症状，没有安心观察整个过程，或者因为生活太忙、太满，节奏过于紧张，孩子一生病，你根本不能静下心来观察、处理。还要上班，你会心急火燎，见啥都烦，急匆匆带孩子去看病，医生说啥就是啥，甚至会给医生施压，要求医生赶快消除孩子的症状（比如发烧 38.5℃ 以下，持续时间不超过三天，医生让多喝水，性急的家长会要求医生给孩子打退烧针，说好得快……）

孩子出现问题时，父母安心、淡定很重要。只有这样，才能认真去面对问题。如果孩子一出现问题，就着急上火，就会陷入庸医剪箭杆的状态，急于搞定孩子的问题，而不是真正帮孩子化解他们内心的问题。

《大学》说: 知止而后有定, 定而后能静, 静而后能安, 安而后能虑, 虑而后能得。

没有淡定和宁静, 是无法有所得的。要淡定和宁静, 首先需要的是知道事物的尽头在哪里。也就是你培养孩子的目标是什么。确定了这些, 就容易淡定和宁静了 (有了长远目标, 就不会在意日常小挫折了)。

孩子不想上学, 如果急着搞定孩子, 那就是把孩子打骂一顿, 或恐吓一顿, 逼孩子上学, 但这只是搞定了孩子表面的问题, 却没有帮孩子化解问题。我们没有烦恼了, 但孩子的烦恼依然存在, 而且还多了家长给他们增添的烦恼。如果我们以孩子为本, 就会明白急于搞定孩子的问题, 对孩子来说, 是有百弊而无一利的。

4. 李辛: 医学上, 如果孩子发烧, 或拉肚子, 或咳嗽, 但孩子精神状态还不错, 能吃能拉能玩能睡, 那就无大碍。注意观察即可。

生活中, 虽然孩子出现了一些问题, 但孩子整体精神很好, 说话、交流、上学等状态都没问题, 那就无大碍, 不必紧张, 注意观察即可。

我们要在意的不是孩子的外在言行, 而是他内心的精神状态。

5. 李辛: 治病要看体质。不同的小孩有不同的体质。不同的体质, 治病时, 要采取不同的手段。

应对孩子的问题, 也需要看孩子的性格气质。

不同的小孩有不同的性格和气质。帮助孩子化解问题时, 要根据孩子的性格和气质, 因材施教, 顺势而为。

五、用中医思维对待家庭教育

上古的医书中有很多话, 我觉得充满了智慧, 如果用到家庭教育上, 也非常恰当。下面简要分析一些中医中的思维。

1. 圣人不治已病治未病，不治已乱治未乱，此之谓也。夫病已成而后药之，乱已成而后治之，譬犹渴而穿井，斗而铸锥，不亦晚乎？（《素问·四气调神大论》）

上医医未病之病，中医医欲病之病，下医医已病之病。（唐·孙思邈《备急千金要方·诊候》）

这两段话告诉我们：高明的医生会在病患还未发生时就去化解，及时清理会导致疾病诞生的环境，而后知后觉的医生会在病患发生后，才想办法去医治。疾病发生再去治疗，犹如渴了才去挖井，太迟了。

高明的家长，也会注意孩子的成长环境，及时把不利于孩子健康成长的因素排解掉，不会看见孩子心里别扭或难过而不管，更不会等孩子出了大问题才着急去解决。

如果在孩子的心理问题还没有形成时就及时关注，就很容易解除隐患了。犹如一个大堤，溃坝前及时加固很容易。可溃坝后，想再恢复就要付出很大的代价了。

不要等问题严重了才去处理，而是在问题刚有苗头时，就及时和孩子沟通，帮孩子化解心中难以自行化解的负面情绪。很多心理问题，都是从小问题拖成大问题的。

2. 人生如天地，和煦则春，惨郁则秋。（清·程杏轩《医述·医学溯源》）

一个人开心快乐时，整个身心就会像春天般温暖而有生机；如果凄惨郁闷，就会像萧条的秋天一样衰败颓废。因此，我们要让孩子健康成长，就要让孩子活在宽松愉快、充满爱与自由的环境中，而不是活在憋屈郁闷的环境中。

3. 善服药者，不如善保养。（明·解缙《永乐大典·卷一万一千六百二十》）

善于解决孩子问题的人，不如给孩子提供适合成长环境的人。亡羊补牢，不如防患于未然。如果不注意预防，只等问题出现才解决问题，那么问题就会层出不穷。比如水管开着，下面不断流水，正确的做法是把水管关了，而不是只在下面接水。

4. 小儿无冻饿之患，有饱暖之灾。（清・吴瑭《温病条辨・解儿难》）

不要包办孩子的生活，要允许孩子做主。允许孩子在成长的道路上出现各种小错误、小问题、小挫折，别因为怕孩子受挫就对孩子过度保护，什么都不让孩子经历。

5. 虚邪贼风，避其有时，恬惔虚无，真气从之，精神内守，病安从来。（《素问・上古天真论》）

外界的环境肯定有糟糕的一面，不可能十全十美。我们要做的不是帮孩子除掉他身边一切不好的因素，而是培养孩子成为一个有着健康身心的人。如此，即便遇到环境中不好的一面，他们也会因为自身的健康和免疫力，不会被外界的坏东西诱惑、侵扰。

6. 世无难治之病，有不善治之医；药无难代之品，有不善代之人。（南齐・褚澄《褚氏遗书・除疾》）

世上没有难教的孩子，只有不会教孩子的父母。教孩子的方法很多，不是只有一种，只是有些父母视野狭窄，思维固化了。

7. 见病医病，医家大忌。（明・周之幹《慎斋遗书・辨证施治》）

病在上，取之下；病在下，取之上；病在中，傍取之。（《素问・五常政大论》）

从阴引阳，从阳引阴；以右治左，以左治右。（《素问・阴阳应象大论》）

避免头痛医头、脚痛医脚。

看到孩子有问题，就想去搞定孩子，这是大忌。我们不要急于去搞定问题，而要通过观察、询问和倾听，去探寻问题背后的深层原因，然后去解决那个原因，问题就自然化解了。

比方说一个人头痛，但头痛的原因有很多，有可能是颈椎病造成的，有可能是高血压造成的，有可能是头部被重击导致的，有可能是烦恼太多导致的……不弄清楚原因，就乱开药，或者干脆只吃止痛药，这不是治病，这是害人。

还要从整体来看问题，不局限于某个细节。

比如，孩子不想上幼儿园，全国各地大多数小孩，都会出现这样的情况。有的是因为分离恐惧，有的是因为不喜欢老师，有的是不喜欢被束缚，有的是不喜欢同学，有的是被老师体罚，有的是被同学欺负，有的是吃不惯幼儿园的饭，有的是在幼儿园大小便不方便（要排队），有的是和父母闹别扭故意拿不上学来对抗父母，有的是不想早起……

不弄清楚原因，就采取讲道理或威逼利诱的方式，同样不是教育，是害人。

孩子到小学或中学以后，很多老师都习惯从一个点考虑问题，而不能考虑孩子的整体和长远利益。比如英语老师会刻意片面地强调英语的重要性，语文老师会刻意片面地强调语文的重要性，数学老师会刻意片面地强调数学的重要性……

这些学科都重要，但却没有孩子的人格健康发展、人际交往能力的培养、独立思考和兴趣爱好的发展，以及健康重要……为了孩子考个好成绩，不许孩子打篮球、看课外书，不许孩子为兴趣爱好花费时间，不许孩子交朋友等，都是错误的，都没有从整体和长远的角度对待孩子。

很多家长不关注孩子整个人，只看重问题本身，比如孩子不喜欢做作业怎么办，孩子贪玩怎么办，孩子爱上网怎么办。很多问题背后都是有深层次原因的，仅把注意力局限在细枝末节上，无法真正解决问题。

8. 百病生于气也。（《素问·举痛论》）

孩子的身心出现问题，同样是因为生闷气。因此，做父母的，不要让孩子生闷气，孩子难过时，要及时与孩子沟通，化解孩子的心理阴影。

9. 五谷为养，五果为助，五畜为益，五菜为充，气味合而服之，以补益精气。

孩子的身体健康，需要很多营养，比如五谷、五果……孩子的心灵健康，需要的东西更多。可是我们家长给孩子提供了哪些心灵营养？

一个人成才，也需要吸收各种各样丰富的营养，但很多家长，却只逼孩子用功学习，阻止了孩子从大自然、社会、游戏、人际关系中学习，孩子怎么可能不营养不良？

10. 急症治标，缓症治本。

如果孩子的问题很急，比如离家出走，甚至自杀时，要从表入手，立刻制止他的行为，缓解他的情绪，防止孩子做出过激行为。而当问题不那么急时，则不要急于改变现状，要从根本上入手，也就是从孩子的生长环境上入手，给孩子提供更好的成长环境，对症下药，慢慢改善。

【黑镜头】

有一天半夜，晴儿睡得迷迷糊糊的，翻到了床边。

妻子说：晴儿，快过来，你快掉下去了。

晴儿不肯。

妻子还想劝，却听"啪"的一声，晴儿掉到了床下，大哭起来。

我一下惊醒了，赶忙把晴儿抱了上来，发现晴儿头上磕了个包。

我对妻子说：晴儿都快要掉下床了，直接抱到床中间才是好的解决方法。

11. 望闻问切。

中医看病，并不单凭病人叙述，或单凭自己扫一眼，就下判断。而要通过望闻问切多方面、多角度了解病人的现状和致病原因。同样，我们对待孩子，也要先多方面、多角度了解孩子。不要以为自己吃过的盐比孩子吃过的饭还多，就单方面臆断孩子的行为和想法。

12. 萝卜白菜皆可入药。

食疗也能治病。也就是说，并非只有高大上的国际教育专家或者著名专家的理论才能帮孩子成长。

父母平时关心孩子的话语，对孩子的鼓励、支持、排忧解难，等等，还有小朋友之间的友谊，都有助于孩子的健康成长。这些日常小事做好了，比靠专家效果更好。

如何让孩子从
厌学变得热爱学习

知之者不如好之者，好之者不如乐之者。
——孔子

教育不是灌满一桶水，而是点燃一团火。
——苏格拉底

1.小时候，你学习成绩如何？是很喜欢学习，还是没兴趣甚至厌学？

2.如果厌学，原因是什么？如果喜欢学习，原因又是什么？

3.你现在还热爱学习吗？你的孩子热爱学习吗？原因是什么？

4.你认为学习成绩重要吗？你如何提高孩子的学习兴趣？

一、孩子对学习的兴趣，影响孩子的成绩

我国著名物理学家杨振宁说：成功的秘诀在于兴趣。

爱因斯坦同样认为：只有"热爱"才是最好的老师。

那怎样才能让孩子热爱学习呢？

很多家长因为孩子不爱学习而焦虑，总想找到灵丹妙药，让孩子一下变得热爱学习。还有很多人强调学习本来就是很苦的事情，孩子不可能对学习感兴趣。这个观点我不赞同。

著名教育家苏霍姆林斯基说：人的内心里有一种根深蒂固的需要——总感到自己是发现者、研究者、探寻者。在儿童的精神世界中，这种需求特别强烈。但如果不向这种需求提供养料，即不积极接触事实和现象，缺乏认识的乐趣，这种需求就会逐渐消失，求知兴趣也与之一道熄灭。

众所周知，当一个孩子厌恶学习的时候，那即便他再聪明，学习成绩也不会好。只有孩子热爱学习的时候，孩子的成绩才会好。

心理学家武志红也说过：驱动我学习的动力绝不是父母和老师的奖励，而是掌握知识满足好奇心所带来的天然快乐。

也就是说，孩子天然地对未知的事情感兴趣，但是，如果父母不鼓励孩子探索未知世界，就会把孩子的求知兴趣毁灭掉。

为什么有的孩子记忆力好，有的孩子记忆力不好？虽然确有智商的差别，但大部分孩子的智商差别不大，影响记忆的主要原因正如歌德所说：哪里没有兴趣，哪里就没有记忆。

心理学家李子勋认为：小学阶段，学习的具体内容不重要，重要的是，要保护孩子的学习兴趣。只要孩子对学习有兴趣，那么暂时的学习成绩不好根本不是问题。如果对学习没兴趣，那即便一时成绩很好，也是很让人担忧的。

因此，就孩子的学习而言，我们的首要目标，是保护孩子的学习兴趣。

二、为什么有些孩子会厌学?

1. 常见的厌学原因。

只有先找出孩子厌学的原因，才能对症下药；也只有先回顾自己上学时的经历，才更能理解孩子如今的处境。所以大家先回顾一下自己当年喜欢学习或厌学的原因。

经过几期亲子关系群群友的总结，大概有如下十种厌学原因：

（1）老师和家长只许孩子学习，不想给孩子自由的时间。孩子认为是学习导致他们不自由，所以迁怒于学习。

（2）不喜欢某个任课教师，从而连这门课也不喜欢了。

（3）学习不好，父母、老师批评，导致学习压力大，甚至被歧视。

（4）家庭氛围不和谐，或亲子关系出现问题，导致孩子无心学习。

（5）学习不见成效，付出没有回报，屡战屡败，自尊受损，于是讨厌学习。

（6）同学关系不好，或被排挤、霸凌，因此学校也不想去了。

（7）听不懂，跟不上老师的节奏。

（8）父母给孩子的压力太大，焦虑的父母还常催促、唠叨孩子，让孩子觉得是在为父母和老师学习，而不是为自己学习，所以叛逆。

（9）有慢性病，身体不舒服，却被父母忽视，无心学习。

（10）父母望子成龙，给孩子无止境的要求。不论孩子考多好，父母都不满意，不肯定孩子的努力，还给孩子设定更高的要求。孩子感觉无论他怎么努力，都不能让父母满意，于是心生倦意和厌烦。

群友说上次女儿班上一个小朋友语文考了 98 分，本来很开心，但老师看她开心，就说 98 分有什么可高兴的，你是能考 100 分的，于是小朋友回家哭了一上午。

以上只是厌学的部分原因，但都很有代表性。你的孩子厌学，属于哪种原因呢？

2. 父母或老师把简单的问题复杂化，超出孩子的承受能力，导致孩子厌学。

小学阶段学到的那点知识，几乎不值一提。学习兴趣，才是学生们最需要培养的。如果为了让孩子学到这些知识，破坏了孩子的学习兴趣，那就是舍本逐末了。

现在的问题是，别说小学了，从幼儿园开始，甚至上幼儿园之前，孩子们的学习兴趣就被破坏了，其中一大原因就是教育者（父母或老师）把简单的问题，给复杂化了。

假如你看到一个妈妈教蹒跚学步的幼儿正确的走路姿势，先抬起左脚，往前伸一点放下；再抬起右脚，往前伸一点放下；再接着抬起左脚……同时胳膊要和腿的动作配合，不能顺拐，还得抬头挺胸提臀，目视前方……

如果孩子的姿势不对，就及时喊停，让孩子从头再来；如果孩子的姿势还是不标准，或者步伐乱了，就严肃地批评孩子，以确保孩子在一开始就养成良好的习惯和正确的走路姿势……

大家猜，有了严格的姿势标准和监督，这个小孩是不是会比其他孩子更早地学会走路，并且走得更稳、更快呢？

我想，很少有人会给出肯定的回答吧。大家会认为这样的家长有病，孩子会比其他孩子更晚学会走，而且根本不想走路了。

即便教育者无比耐心，孩子也很容易出错，因为这些标准动作要素太多，会把孩子整得晕头转向。在教孩子的时候，把简单的问题复杂化，会导致孩子学不会，也没兴趣学，这不是孩子笨，是家长蠢。

别说孩子，走了大半辈子路的老人，也经不起这样的折腾。

小品《英雄母亲的一天》里，赵丽蓉扮演的老太太被导演各种要求后，被折腾得路都不会走了。

【黑镜头】

赵大娘：我就问你啊，我这一进门，我先迈哪条腿？

导演：？？？

赵大娘：迈右腿中不？

导演：就右腿，好不好？

赵大娘：就右腿！那个……哪边是右来着？

导演：外边那条是右腿。

赵大娘：就这条啊？那我就迈这条腿了。

导演：您就迈右腿就行！

赵大娘：就迈它了。

导演：就迈它了。预备……开始！

（赵大娘开始横着往里走）

导演：哎哎哎……停！您怎么横着就进来了？

赵大娘：你说我平常吧，走着它也挺好的，那我看见这个它（指摄像机）咋就走不上来了呢……

风华正茂的大学生，也有不少人经不起这样的"训练"，老是顺拐，被教得越来越笨，最后几乎不会走路了。

如果不刻意去教，而是让大家放松跟着走，就不会出现走不好的情况。

我并不是反对标准姿势本身，而是认为在孩子学习的最初阶段，是不适合以这样严格的标准要求孩子的，因为这样做，违背了循序渐进的规律，一上来就给孩子一个下马威，破坏了孩子的学习兴趣。

就像孩子初学走路一样，父母不必给孩子任何标准姿势的要求，甚至都不需要教，只要不去打扰和阻碍，孩子自己会通过模仿学会走路的。最开始，孩子走路的姿势会不太标准，也不稳健，但他们会在练习的过程中，越走越好，越走越稳。

这些能考上大学的人，心理素质普遍比考不上大学的人高，但是大家会发现，在这样的环境下，他们反而更学不会。因为压力太大了，太紧张了。

那才几岁的孩子，如果被过度关注或教育，怎么能期待他们的表现会很好呢？

我没有教过女儿走路，也没有给她用过学步车，她就自己学会走路了。只要父母没问题，孩子自己会不断调整优化走路姿势的。就算家长要给孩子提意见，也要到孩子学会自己走路之后。如果孩子还不能独立走路时，就教孩子标准姿势，就是把简单的问题复杂化，只能破坏孩子学走路的兴趣，打压孩子走路的信心。

我相信现实生活中没有给刚学走路的孩子制定各种标准姿势的蠢家长。但是在孩子稍微长大一点后，给孩子制定各种标准姿势的家长和老师却有很多。

比如，孩子刚开始学说话的时候，家长就特别注意孩子是否吐字清晰、发音标准，一遍遍纠正孩子的发音，这就会打击孩子学说话的兴趣。

尹建莉在《最美的教育最简单》中也提到一个类似的故事。

【黑镜头】

有位家长为了让刚刚一岁半的孩子口齿清楚，天天用小饭勺调整孩子的舌头，训练孩子发音，结果本来已经会说话的孩子突然不再开口说话……

孩子刚会从说词到说句子的时候，可能会犯一些语法上的错误，或者用词不当。这时候，家长过分纠正孩子的用语，同样是打击孩子说话的兴趣和信心。应该包容孩子的错误，允许孩子犯错误，只要孩子愿意说话，自然会越说越流利。

又比如孩子刚开始学写字的时候，有的家长特别重视孩子握笔的姿势，孩子才上幼儿园大班，就对孩子威逼利诱，要求孩子必须用最标准的姿势握笔，否则就不断纠正。孩子的姿势对了，就给奖励；不对了，就打手心……

字还没学会写，就和孩子的握笔姿势较起劲来了。

家长只在意孩子是否养成了这个表面的"好习惯"，不在意孩子的学习兴趣已经被破坏了。

这样做等于一上来就给孩子一个下马威。都说万事开头难，孩子一开始就面对一个强大的拦路虎，还怎么有信心？何况孩子还年幼，手指发育还不完全，握笔姿势别扭也是很正常的。

不管学什么，初学阶段，要求越少越好。一上来就要孩子按照多种标准要素去做，特别是在这个过程中，常对孩子说严厉批评的话，会严重打击孩子的兴趣和信心。从不会到会，再从会到精通，是一个漫长的过程，家长和教师需要有耐心，要允许孩子刚开始不标准，只要能做出来就好，需要遵守循序渐进的规律。

钢琴教师虎皮纱在谈音乐教学时，说过一段很精彩的话，也可以用于幼儿园和中小学的日常学习，以及父母对孩子的辅导：

老师的职责是帮助学生，而不是为难学生，更不是在学生面前秀优越。真正的好老师，应该反过来做，把复杂问题将简单了，抓住最容易掌握的要领，为学生和作品架起桥梁。这才是对学生的成全。

我上面谈的是幼儿教育，对于小学生的教育，其实同样应该遵循这个原则，不要把简单的问题复杂化，不要上来就给孩子提很高的要求。

【黑镜头】

有个朋友，小时候刚学乘法的时候，她爸爸每天都会考她，要求她速算。算不出来或算错，就会严厉批评和嘲讽。结果她每次一到要算乘法的时候，就会紧张不安，大脑一片空白。所以即便她后来大学毕业了，在个位数乘法上，也还是常出错。

还有几个朋友，小时候刚写作文时，因为写得不好，被老师严厉批评或羞辱过，到如今三四十岁了，有的都是公司副总了，还是写不出一篇文章……

还有个朋友，她爸爸是英语教师。从学英语开始，就经常考她词汇，回答稍微慢点，就会被训斥，回答错了，还会被惩罚，所以，一直到大学，她的英语都很差，四级考了几次都没考过……

如果刚开始学乘法、作文或英语时，父母和老师们不给他们提那么高的要求，他们不会这么恐惧和厌恶这方面的学习，也不会成绩一直这么差，多年以后阴影都还无法消除。

著名作家贾平凹也谈过类似观点，他在谈写作方法时说：

就像我经常给人说的怎样走路一样，其实人呀，只要是人，生下来十几个月以后呢，他自己就慢慢会走路了。如果给他讲怎么迈出左腿的时候，再伸出右胳膊，然后再把左腿收回右胳膊收回，再把右腿迈出去左胳膊伸出去，三说两说他就不会走路了。

3. 有时候孩子无心学习，可能是身体原因。

【黑镜头】

东东上小学四年级时，曾经得了鼻窦炎，常有鼻涕，鼻子很不舒服，头晕。但村里小诊所的医生看不出问题，总说是感冒后遗症，吃了很多药，却不管用。

爸爸听医生这么说，也觉得没多大的事，不值得去大医院花很多钱看病，拖了快一年，最后东东完全无心学习了，甚至以不上学来要挟，爸爸才带他到大医院。

医生给他清理出了很多鼻涕，东东说头脑一下就变清醒了。爸爸这才后悔没有早点带他到市里的医院看病。

【黑镜头】

初三时，一个同学突然长了满脸青春痘，原本秀气的脸变得惨不忍睹，大家都无法直视，他自己也很崩溃抓狂。

原本阳光的他，一下坠入到黑暗中，课余时间，也不和大家玩闹了，每天躲在角落里，不得不出去时，也是低着头。他把自己封闭了起来，不和任何人交流，时不时用个小镜子照自己的脸，有时会用手挤脸上的疙瘩……

一天，他上课时，又用镜子照自己的脸，被老师狠狠批评了一顿，说他脸都那样了，还有什么照镜子的必要。

他的头垂得更低了。从此，他更无心学习了，原本有希望考上不错高中的他，成绩一落千丈，初中毕业后就永远离开了校园。

这个同学长青春痘本来是正常的，但因为没有及时疏导心理问题，导致放弃了学业。

有很多女孩第一次来例假，不知所措，没有人告诉她们，她们也不敢问，还以为自己得了大病，然后无心学习……这也是当家长的需要注意的。

三、十二岁之前，最影响孩子学习的，是父母提供的家庭环境

如果孩子的家庭和谐，那孩子就可以静心学习；如果家庭不和谐，常常鸡飞狗跳，孩子就会无心学习。

有的家庭虽然没有这种直接的冲突，但同样可能会导致孩子无心学习。

【黑镜头】

有个少年，从小学习很好，但是上高一时，因某次考试成绩不好，就变得一蹶不振，不愿意再参加考试了。

原来，孩子和母亲在老家生活，孩子的父亲在上海做生意。父母两地分居多年。这孩子从小就有个梦想，想考上上海的大学，让父母团圆。

但考试失利，让他觉得梦想破灭了。

母亲对他说：我这样挺好的，父母不是非要在一起生活，我们这样也很好啊，你不用管我们。

但这样的劝解，让孩子更难受了，他失去了奋斗目标……

不少朋友说过，他们最无心学习的阶段，就是父母闹离婚的阶段。父母天天吵着闹离婚，天天担心父母离婚，哪里还有心思学习呢？

童话大王郑渊洁的小说《白客》开头也讲过一个故事：

【黑镜头】

一个高三的学生，高考前父母离婚了。这导致孩子情绪低落，高考落榜。

郑渊洁借主角之口说：如果父母早离婚一年，或者晚离婚一年，我的高考成绩就不会受那么大的影响了，有个适应期。可惜父母在这个重要关头离婚了。

父母不和睦，即便不在孩子面前表现出来，但他们的关系和情绪是藏不住的，孩子看在眼里，是会受影响的，特别是天天吵着离婚的家庭，更会导致孩子每天忐忑不安，无心学习。

如果父母恩爱和睦，自身也积极上进，同时又会享受生活，也给予孩子宽松愉快、充满爱与自由的环境，孩子就赢在起跑线上了！

愚蠢的家长，发现孩子厌学，会火冒三丈，试图以打骂的方式，逼迫孩子好好学习。普通的家长，得知孩子厌学，会忧心忡忡，到处求医问药，想要求得几个妙招，软硬兼施、威逼利诱搞定孩子的厌学问题。明智的家长，会尽可能地去理解孩子，包容孩子，帮孩子化解心结，解除后顾之忧，给孩子创造宽松愉快的学习环境，让孩子自发地爱上学习。

四、怎样让孩子热爱学习？

厌学的反义词是热爱学习，在什么样的情况下，一个学生会热爱学习？

假设父母对孩子说，只要考进前三名，就给你买某种玩具，或者奖励多少钱什么的，能让孩子热爱学习吗？

群友甲：不能，只会让孩子为获得奖品而学习，而不是真正热爱学习。

群友乙：我也觉得不能，只会增加孩子患得患失的焦虑心情。

假如对孩子说：如果你考不到前五名，就"家法伺候"！这有助于孩子热爱学习吗？

显然也不会，只会让孩子对学习心生恐惧和厌恶。孩子会出于恐惧和逃避惩罚去学习，但绝不会热爱学习。他和学习的关系，会非常扭曲。

但假如孩子有了一个非常欣赏他的新同桌或者新老师，他又很喜欢对方，这样有助于他热爱学习吗？

我觉得有助于提高他学习的积极性。因为虽然也是证明给别人看，但却是他发自内心的主动意识，是内驱力决定的，不是被动的。

当然更好的，就是自己本身对学习很感兴趣。出于兴趣进行学习，不需要别人监督，也不是证明给谁看，他只是自己好奇，自己喜欢探索，而学习成绩只是他掌握相关知识后的一种表现。

用奖励或惩罚的方法督促孩子学习，虽然是家长们最常用的，但却弊大于利。

遇到对孩子影响很大很好的老师或同桌，是可遇不可求的。

本身对学习有兴趣则是最好的，它不受外界干扰，自发自觉。

苏格拉底也说过：教育不是灌满一桶水，而是点燃一团火。

点燃孩子内心的火焰，孩子自然热爱学习。

五、马斯洛需求层次论的启发

马斯洛认为，人的需求是分层次的，只有先满足了下层的需求，才能顾及上一层的需求，然后层层推进。

对孩子来说，尤为如此。这个需求层次，只有极少数人可以不受限制（威武不能屈，富贵不能淫的"士"），大多数人，尤其是未成年人，都是受这个限制的。

1. 马斯洛的需求层次论告诉我们：孩子需要什么。

最底层是生理需求。也就是最基本的衣食住行，比如有的留守儿童，可能会缺衣少食没处住。

其次是安全需求。如果父母经常吵架、打架、闹离婚，这样的家庭环境，就无法满足孩子的安全需要，这也是很多孩子成绩突然大幅退步的原因。

群友说：那天和儿子聊天，问他想要什么样的爸爸妈妈。儿子回答：不吵

架的爸爸妈妈！

是啊，孩子的要求往往并不高，但很多父母却做不到。

再次是归属感和爱的需求。重男轻女家庭中的女孩，寄人篱下的留守儿童，有了小宝后被忽略的大宝，或者父母工作忙给孩子陪伴太少等环境糟糕的家庭，孩子都会没有归属感，还会缺乏父母的关爱。他们会陷在这个层次，拼命挣扎想获得归属感和爱，没有心思往更高的层次发展。

接下来是尊重需求。家长们扪心自问一下，我们平时对孩子够不够尊重？早餐摊上，我经常见到对孩子辱骂和怒吼的家长……

如果不够尊重孩子，那就别怪孩子厌学，因为只有满足了以上所有需求，孩子才会顺利进入第五层认知需求和第六层审美需求，最后进入第七层自我实现需求。

【黑镜头】

楠楠的妈妈每天为了她及时做作业，总是吵她，甚至打她，然后还经常说，对她很失望，就当白养她了，以后都指望她妹妹了。爸爸在外地工作，一年才回来一次，也对她不冷不热的。

所以，楠楠在家就没什么归属感，感受到的爱也很少，尊重更是没有，所以她对学习毫无兴趣。她学习，完全是为了应付妈妈。

可怜她妈妈一边兼职打好几份工，一边给她报各种培训班，还指望她考上重点初中，不知道女儿完全没有兴趣学习……

这样的悲剧，真不知道正在多少家庭上演。

要想让孩子成为自发学习的人，首先得满足孩子的生理需求、安全需求、归属感和爱的需求、尊重需求，满足了这些条件，孩子自然会产生认知需求，会自觉自发地学习。

你的孩子属于哪种情况呢？孩子哪个需求没有得到满足，父母就尽力去满足那个需求。

直接对孩子念咒语："你要好好学习！"是毫无效果的。想要有效果，就要给孩子好的成长环境，孩子的这些需求都得到充分满足了，他们自然会产生求知需求，自然会对学习有浓厚的兴趣。

怀着兴趣去学习，比咬牙切齿努力学习的成效要好得多。

这也是伟大的教育家孔子所说的：知之者不如好之者，好之者不如乐之者。

2. 用马斯洛需求层次论分析孩子的学校环境。

上面分析的是家庭环境，我的心理学学习群的群友们还举一反三，用马斯洛的需求层次论分析了孩子的学校环境，非常精彩，摘录两个群友写的分析。

一位女性群友：

生理需求：食堂饭很难吃，没营养，总是会饿；住宿条件很差，拥挤，感觉不到生活是美好的，没有动力好好活。

安全需求：校园霸凌、老师的欺压，成绩差的学生常被嘲笑和攻击。

归属感：插班生和转校生难以融入新集体，往往没有归属感。

自尊需求：填鸭式教育，没有空间自主思考。

认知需求：填鸭式教育，不提供学生真实体验的机会，非常空虚。

一位男性群友：

安全层面：学校霸凌问题，我弟曾因被霸凌而不想去上学，但我们当时给予的支持不够，他没读完高中就辍学了。

情感归属层面：被老师或同学排挤。

尊重层面：被老师或者同学严重不尊重。

自我实现层面：学校对孩子的创造力、好奇心等不够尊重，孩子感觉压抑，想要离开这样的环境。

……

总之，当孩子厌学，不想学习或者干脆不愿上学时，父母不要用训斥或唠叨的方式，而要用心去观察和倾听孩子，弄明白导致孩子厌学的深层原因，然后对症下药帮孩子化解心结，这才是根本之道。

六、我中学时的考试经历

1. 高中成绩糟的原因。

我小学和初中时，成绩一直都是全班前几名。但到了重点高中，突然成绩变得很差，六十多个同学，我的成绩常在倒数十名。

现在来回顾高中为什么成绩突然变糟，我觉得原因很多，写出来，供大家避坑。

（1）我初二开始近视，当时戴眼镜的同学很少，容易被嘲笑；也都担心戴眼镜会近视越来越厉害，一辈子离不开眼镜（当时的农村，很少见戴眼镜的人，全班也只有一个同学戴眼镜，备受歧视）；班主任当时也劝我不要配眼镜；而且我个子矮，座位不是第一排就是第二排，黑板还看得见，所以，我没有佩戴眼镜。

但到了高一，我座位在倒数第二排，根本看不清黑板。但是由于过去形成的对戴眼镜的错误认知——戴眼镜很羞耻，我不敢去配眼镜。

就这样，高一的前九个月，我都是在听天书，完全看不清黑板上老师的板书。所以，在学习上，我是吃了大亏。一直到第十个月，才和父母说了，去医院配了眼镜。

（2）我所在的重点高中是军事化管理，定点熄灯，时间被安排得特别满，每一分每一秒几乎都被规划好了，完全没有一点自由时间。我过去会花时间预习和复习，按我的学习方法来学，会思考很久。但是这个重点高中是题海战术，所有时间都被如山的作业占据，我疲于应付作业，没时间思考和回顾。没有时间预习和复习，这让我非常不适应，学得一团糟。

（3）学习压力太大，就像《三傻大闹宝莱坞》那个自杀未遂的同学一样，肩膀上的担子太重了（要为父母争光、光宗耀祖），脑袋变木了。

初中和小学，我学习没有压力，也没有刻意努力过，都是顺其自然地学习，但到了重点高中，父亲给了我很大的压力。说高中都是卧虎藏龙，各镇的尖子生都在这里，不努力肯定学不好。压力一大，学习效率就变低。

（4）没有劳逸结合，没有体育运动，只是埋头做作业，学习效率很低。

（5）刚到重点高中时，我看了一本叛逆学生的作文集，里面都是喜欢和老师或父母对着干、放荡不羁爱自由的叛逆学生们写的自己离经叛道的经历。他们有的成绩差，有的成绩好，但都很有个性。这本书激发了我的热血，我的青春期被激活了，从此不再是一个乖学生，学会了叛逆。这虽然是人生必经阶段，但开始得有些晚，导致我成绩大降。

（6）高二要分文理科，我文科好，理科差，但当时胸有大志，幻想将来能干出一番大事业，不希望自己有短板，所以特意选报理科，觉得文科可以自学，想文理双修。扬短避长，焉能不败？

这些理由每一条都是一个大坑，我都掉进去了。

2. 破茧化蝶。

在十八岁生日那天，我确定自己高考落榜。其实，这不意外，高考前最后一次模拟考试，我是班里倒数第一名。但我突然觉得很轻松，我再也不用去让我感到恐惧和窒息的重点高中了。

我父母当然不这么想，他们一心要让我复读。我坚决不同意，我说我永远不想再去校园了。学习不好，在那里就会饱受歧视，连自己都觉得自己简直不是人，花着父母的钱，却考不出对得起父母的成绩。我真的不想再当废物了，我要自食其力。父母沉默了。

第二天，我得知一个让全家人脸上无光的消息，我的同班同学兼邻居收到了北大的录取通知书。三年前，我们以相同的成绩考上了市重点高中；三年后，人家金榜题名，我却名落孙山，两相对比，父母怎么受得了？

不光父母坐不住了，连亲戚朋友们都赶来劝我复读。

有的说没有文凭将来找不到工作，我厚着脸皮说李嘉诚就没上过大学。

有的亲戚说，如果不上大学，以前那么多年就白上了，我说，我再复读一年更是白上，因为我肯定考不上大学。

还有的亲戚说，邻居考上了大学，你什么也没考上，你让你爸妈的脸往哪里放？

我叹了口气，说："我也没办法，我已经尽力了。你们不要再逼我了……"
大家都叹着气走了。

中秋节那天晚上，吃过饭，父亲突然又谈起了复读的问题，我很惭愧地对父亲说："爸，我知道，没考上大学让你很没面子，但我去复读也还是考不上的。那时，你不是更没面子？"

父亲摁灭了手中的烟头，长叹了口气，说："我不要你考大学，我只要你再去复读一年。"

我愣住了，这是什么意思啊？父亲不是被我气糊涂了吧？

父亲解释说："我知道这三年你很努力，付出却没有回报，让你失去了信心。不过，我知道这不是你笨，而是你压力太大了。你还记不记得小时候你打针？"

我想起来了，小时候，有一次打乙肝疫苗，我紧张得咬紧牙关，握紧拳头，结果医生的针根本打不进我的胳膊里，医生使劲儿按，结果针管和针尖都弹开了。后来医生总是先让我放松，再给我打针。

父亲说："学知识和打针一样，太紧张了，就无法吸收。你得放松才行。这一年，你不要再那么拼命了，只要把握好上课时间就够了。课余时间，你可以到处转转，放松放松，想做什么做什么。晚上早点睡觉，早上不用起那么早。另外你到普通高中去复读吧，换个环境好，那里的压力也应该小些。"

父亲的一番话把我说动心了。但想到自己曾经屡战屡败，我还是信心不足。

见我迟疑不决，父亲又语重心长地对我说："屡屡失败是会让人沮丧。但我不希望你因此丧失斗志。考不上大学不丢人，但不敢去考就有问题了。如果你不去复读，高考的阴影就会一辈子伴随着你。那该是多么可悲的事情。我不希望你将来回忆高中生活时，只有痛苦和挫败。至于你能否考上大学，我并不看重。我希望你能乐观从容地面对失败，而不是一味地逃避。要记住，你可以被打败，但不能被打垮。"

父亲的话让我开悟了，我感觉自己那颗被学习成绩折磨得麻木的心灵突然苏醒了。

几天后，我去了离家较近的普通高中。在那里，我遇到了很多同样在复读的初中同学。普通高中不是封闭式管理，下午放学后，我会和一些同学一起到外面跑步，一路上都是农田，我们一直跑到河堤上。有时候，也会走到河堤下，来到小河边玩。

在这里，我觉得大家都像兄弟姐妹一样，互相关心，互相帮助，我感受到了很多温暖。重点高中那种冷漠的环境和激烈的竞争在这里都不存在。我冰冷的心被暖化了。

我不再像原来那样一味地沉浸在书本中，我常常在下午放学后坐在沙滩上，望着黄黄的落日、对岸的杨柳、宁静的小河……伤痕累累的心逐渐康复，僵化的心灵开始感受到大自然的魅力了。

十九岁生日时，我收到了我期望的大学录取通知书。这一年，我最大的收获不是一张通知书，而是一颗破茧化蝶的心。

3. 考试成绩好的秘密。

【白镜头】

爱睡觉的女学霸

初中时有个女同学，入学考试时我是班级第一名，她紧跟在我后面。但此后，不论大小考试，她的名次都在我前面。也就是说，由于她的存在，我再也没得过第一。

她让我对自己的智商产生了怀疑。

因为我听课很认真，做作业也很认真，我也很热爱学习，但为什么每次考试都输给她呢？

如果她也同样认真，那我无话可说。我承认有人比我勤奋。

问题是，她每天下午上课的时候，几乎都是趴在课桌上睡觉的。上课的时候，我经常发现她又睡着了。

这样一个睡着上课的同学，老是比我考得好，这怎能不让人崩溃？

好在我大部分时候的注意力并不在她身上，所以才没有被她影响太大。

不过，中招考试的时候，我比她考得好。

很多年以后，在路上遇到，我和她交谈起来，诉说当年她带给我的阴影。

她不好意思地笑着说：我不是比你聪明，我也不是爱睡觉。我爸当初天天晚上逼我学习，不到晚上十二点不许我睡觉。所以我睡眠不足，才下午老是睡着……中招考试发挥不好，也是因为下午考试的时候太困了，迷迷糊糊差点睡着。

原来如此，我明白了。我那时放学除了做作业，其他时间都是看课外书或玩的，晚自习后我直接就回家了，很多同学都还在点蜡烛继续学习。她也是花费了远比我多的学习时间，还透支了健康。

爱发誓的男同学

我有个初中同学，他经常发誓一定要好好学习。但每次发完誓，精力已经耗去大半了。所以每次要不了多久，他就没精力保持好的学习状态了。

所以虽然大家都觉得他很聪明，但他的成绩总是在班级第十名那里徘徊，没考过前九。

我那时虽然学习时间不多，但我学习很高效。我从来没有发誓要努力学习什么的，但我学习时却很专注。我喜欢学习本身，我不需要刻意摆出努力的姿态，我享受在知识里翱翔的乐趣。但在别人眼中，我挺努力的。

后来，这两个同学，居然成了一家人，也都成了中小学老师。

为什么突然想起他们呢？

因为刚才看到一个网友说：

我必须告诉你一个很残酷的事实：在你中学时期遇到的最顶级的学霸（也就是最强的一些人），至少百分之六十是提前学习过的（所以别觉得你考不过他们，是你智商低）。

我不知道这位网友的数据准不准，但上文这个女生算是一个典型的例子。

不守纪律的男学霸

高中时，我还有个同学，也是当时我屈指可数的朋友之一，他很不守纪律，还常旷课去网吧玩游戏，经常被班主任叫到年级组办公室羞辱，他和其他强势的老师关系也很不好，以至于好几次差点被开除。但奇怪的是，他成绩一直不错，在全班前十名的水平。

他成绩好的秘密，是什么呢？

他自己说他是天才。但我事后回忆，觉得他虽然学习时间少，玩闹时间多，但他学习时，是非常专注的，而且他没有思想压力。

第一，他家境富裕，不用考虑太多，即便考不上大学，也不愁无路可走。

第二，他年龄小，比我们小两三岁。他再复读两年，年纪也不大。

第三，他父母给了他爱与自由。

他父母从来不逼他考出好成绩，他需要什么书，需要什么工具（比如跑步时绑在腿上的沙袋），父母都支持。他经常被老师教训，他也经常和老师对着干。他父亲常常被迫到学校和老师说好话，但他父亲从来不批评他。

也就是他学习时是和知识本身链接，而且他擅长举一反三，学习效率特别高。不像我那时，学习压力特别大，大到几乎无心学习。

我压力大，不是因为学习本身，而是父母的期望。父母把一切希望都寄托在我身上了。我就好比是一个拿着平衡木，站在钢丝绳上的实习杂技演员。而这钢丝绳的两端是两座大山，下面是万丈深渊，而我背上还有父母的荣耀和前途。

怎么比得过？我能坚持活下去已经很不容易了，哪里还能奔跑呢？

由此，我想到，学习好的秘密，其实主要是内心纯净、不内耗。可以和学习本身链接，不受其他干扰。

我初中和小学时成绩好，并非因为我用在学习上的时间长。实际上我花在学习上的时间，可能是全班最少的。

比如小学时，我每天要很早就起床，和父母一起去拉土垫院子，放学回来也是干活儿。

只是我学习的时候，是和学习本身链接了。没有干扰项，所以可以过目不忘，还能举一反三。

但高中时，父母开始重视我的学习了，他们一方面为我考上重点高中自豪，另一方面又为我焦虑，觉得重点高中里卧虎藏龙，我凭什么和别人（市里的孩子）竞争呢？所以他们反复强调，让我一定要好好学习，给他们争光。当父母把所有期望都压到我身上时，我就没法正常学习了。

我变成了那个初中男同学了，时常给自己打鸡血，但就像《三傻大闹宝莱坞》里的拉朱一样，因为压力太大而心生恐惧，然后精神内耗太大，身心常常处于僵化状态。那时候也没有心理咨询师，得不到任何帮助，无法释放压力。学习效率可想而知。

那个高中同学，刚好和我相反。他的学习状态，和我初中时很像。

我觉得这就是他学习效率高、成绩好的秘密之一。

后来看到武志红老师关于学习的几段话，和我这个体验很吻合，他说：

听别人的故事多了，越发明白，当年上学的时候，我有一个很少有的优势：脑子里没有太多杂乱的声音。因此，虽然智商并不明显高，但这种脑子不乱，构成了一种难得的东西。

通常这份杂乱的声音，首先来自于父母的控制与入侵。父母或老人，非要把自己的意志灌输到孩子心中，和孩子自己的声音构成了一份矛盾，导致孩子左右为难……

脑子不乱，心灵不乱，也是一种难得的力量。

七、好老师的标准

1. 误人子弟的"好"老师。

【黑镜头】

王老师是全市知名的好老师，她在重点初中任教，她班里的学生考上重点高中的最多。她的教学方法就是严格管理，而且非常用心，把每个学生的表现都看在眼里，会一直督促你努力学习。可以这么说，别管你是多没自制力、多贪玩的学生，只要在她的班里，你就自动变得规规矩矩了。

这一年，她刚刚送走了初三的学生，又开始从初一教起。学校一直都是这样安排的，其他老师可能会随着你升级而换，但班主任都是从初一到初三，连干三年，这样会比较熟悉学生，方便管理。

很多有钱、有关系的家长们都八仙过海，各显神通，想尽办法把孩子往她的班里塞……最终没能把孩子塞进这个班的家长，非常遗憾；而进去的家长会欢天喜地，仿佛孩子的一只脚已经跨进了重点高中的大门，甚至跨进了重点大学的门。

一年后，这个班的总体成绩和纪律确实都优于其他班级，家长们普遍很满意。可是这时，让大家没料到的事情发生了，王老师宣布不当这个班的班主任了。原来，王老师的女儿也进这个学校了，刚上初一。为了女儿的前途，王老师不顾家长们的挽留和抗议，去当她女儿所在班级的班主任了。于是，这个班只好临时新换了一个班主任。

新班主任是刚教学没多久的年轻女老师，比较和善，不严厉。按说这样的老师是比较受学生欢迎的，可问题是，这个班的学生已经被严厉的王老师给严加管教惯了。何况正值青春期的孩子们被压抑了整整一年，突然没有了外在的强大压力，他们开始无所适从，继而陷入放纵的混乱中。

新老师很努力，很辛苦，但她缺乏经验，手腕又不够强硬，温柔的言语也打动不了习惯了被严厉训斥的学生们，学生们反倒经常把她给气哭。就这样，在学生们不听、胡闹以及老师的委屈和无奈中，度过了半年，班里学习成绩大降，纪律也很差。

于是，深受挫折的新班主任辞去了班主任职位，学校又安排了一个经验丰富，但快要退休的、已经不当班主任好几年的老教师来管理这个班。

老教师倒是挺威严，也有经验，可是他毕竟年纪大了，身体也不好，也就没操那么多心。学生只要不在他面前闹，他也不去管。因此学生们在他面前比较乖巧，一旦他不在，就照样放纵。

到了初三，班主任生病了，时不时请个病假，学生们更闹腾了。再后来，班主任住院了。学校只好又临时找了一个老师来当班主任。当然，新班主任连学生名字都叫不全，更何况也快中招考试了，也没工夫管太多了。

最后，这个班在中招考试中，成绩非常差。家长们都很郁闷，也都在抱怨王老师误人子弟，认为她害了整整一个班。如果她不是为了女儿而抛弃这个班，也许会有很多学生能进入重点高中。当初很多家长都是因为她，才想尽办法把孩子弄进她所在的班级，没想到，最后落得这样的结果。

真是可悲可叹！

你希望孩子遇到什么样的老师呢？什么样的老师才是好老师呢？

2. 如何评判老师好或不好？

如果我们希望孩子变得努力学习，最快也最有效的办法是什么？是用暴力手段监督和考核孩子！

比如，我拿一把枪，对学生们说，你们今天要背会某篇课文，学会某些英语单词，学会做某些数学题。学会的可以安全离开；学不会的，枪毙！只有八个小时时间，现在开始上课，放学时一一考核。

我相信，课间没有学生去玩，他们都会待在教室里认真学习，并且效率很高。一天的时间，全班的学生都会进步很大，并且，只要不是弱智，或者心理太脆弱，应该都能通过考核。

很多以管理严格闻名的"好"老师，之所以能让班里的学生们在纪律和学习方面，取得好成绩，采用的都类似于我上面所讲的办法。

那么，这种手段好吗？有的家长会说："管他什么方法，只要能提高孩子的学习成绩，就是好方法。"既然如此，为什么全国的学校和各类培训机构不推广这种方式呢？

原因很简单——有效只是暂时的，而且有非常大的副作用。

比如，前文故事里说的，一旦这个强制力消失了，就会激起巨大的反弹。

假如我拿手枪逼迫学生们努力学习，学生们肯定会努力的，但连续三天后，我不用手枪了，我本人也离开了，换了一个温柔可爱的女老师，或者换了个不够暴力的老教师做他们的班主任，又对他们采取比较宽松的管理制度，学生们会怎样做？

哪怕我本来是个会主动学习，且热爱学习的学生，在遭遇这样令人压抑的教育环境后，一旦暴力和强压消失，我一定会放纵，来补偿此前自己所受的罪，本来就主动性不强的学生更会如此。

我们来评判一种办法的好坏，不能只看一时，要用长远的眼光；否则拿手枪教学就是最好的教学法。同样，我们评判一个老师是否是好老师，也不能只以一时的学习成绩和班级纪律来看，而要看他是否能给学生们带来长远的积极影响。

如果一个老师在教学的一年中，学生们的学习成绩没有提高多少；但是学生们喜欢上了学习，并且学会了主动学习，甚至学生们的人生观、价值观都受到了正面的影响，那我们就不能不说这是一个好老师，他正面影响了学生们的一生。好老师不是灌输给孩子多少知识，而是点燃了孩子心中的火焰，让孩子能够更好地独立成长和热爱学习。

老师和家长，在有一点上是一致的，他们传授孩子知识或经验，并不是为了让孩子更加依赖他们，而是为了让孩子能更好地独自面对世界。

那么，上文中王老师的行为，是否有助于实现这样的目标呢？显然不是！正如拿手枪逼孩子学习一样，不可能逼孩子一辈子。为什么有些父母为孩子操碎了心，却依然不是合格的父母呢？因为他们的过度包办，导致孩子无法自立。这是一个大前提，也是衡量父母是否合格的最重要的一个标准。

假设王老师忍痛放弃对女儿的"栽培"，全心全意扑在这个班的教学和管理工作中，并最终让这个班进入重点高中的学生人数大幅提高，超过其他各个班级，我们能否说王老师是好老师呢？

我想，无论是学生家长、学生本人、学校领导，以及媒体，恐怕都会齐声称赞王老师"为大家、舍小家"。王老师会被评为先进标兵、道德模范、优秀教师……

可是，从长远的角度来看，王老师的这种做法，却并不值得提倡，这种逼迫孩子学习，对让学生更好地独自面对世界，是无益且有害的。学生们在她的"教育"下，不会更自立，只会更依赖。学生们成绩一时提高了，但自主学习、积极学习的兴趣都被扼杀了。

假设学生们在她的严管下，进入了重点高中，接下来等待他们的是什么命运呢？一种是他们遇到了宽松的老师，而他们压抑了三年，好不容易进入了重点高中，可该放松和补偿自己一下了，于是一发而不可收，像初二换班主任一样，重蹈覆辙。另一种可能是，遇到了同样严厉，甚至更严厉的班主任，于是继续在高压状态下拼命学习。但是很可能后劲不足，成绩退步、崩溃了；或者是终于透支过度，承受不了，厌学了；当然，还有一种可能，是硬撑下来，考上了大学。

大学的老师，几乎没有严管的。十多年的压抑，终于到了大学，不放纵才怪。如此，又怎能学好本领？将来找工作，或者在工作中，都可能会持续这种消极、被动、疲惫，这样显然无法获得精神上的幸福，甚至很难在现实中立足。

这是家长和老师们希望看到的结果吗？

老师只负责学生们一年或三年，他们不需要考虑学生长远的发展，但家长们不能不考虑。因此，家长朋友们要从小培养和保护孩子对学习的兴趣，并且保护这种兴趣不被老师扼杀。如果你不保护，还做应试教育的帮凶，孩子的未来就不是把握在他们自己手里了。

别以牺牲孩子的学习兴趣为代价，来讨好部分功利心强的老师。

你的孩子对学习有兴趣吗？你是否保护了孩子的学习兴趣呢？

八、成绩与未来

【黑镜头】

一个妈妈反省说：她从孩子上一年级开始，就因为孩子的成绩焦虑，经常打骂孩子，希望孩子考进前十名，但是孩子始终在二十多名的中间状态。

儿子的好朋友都是前几名的，所以父母越发焦虑，以至于忽略了孩子的优点，总是看孩子不顺眼。

这样过了六年，到现在孩子六年级了，她终于意识到孩子是个平凡的人，接受了孩子的成绩。

但是为时已晚，孩子已经被她折磨得非常自卑，以致厌学了。

父母放下焦虑，就等于是给孩子松绑。

当孩子获得自由，就会更有活力和灵性。

走入社会后，一个人是否成功和幸福，不是看学生时期的成绩，而是看他人格发展水平。

人格发展水平，取决于父母给子女多少爱与自由！

【白镜头】

高二时，班主任组织学生去宜阳花果山旅游。因为要付费，所以是自愿报名。

本来我肯定是不去的，我一向都很节约。但是那次我犹豫了一下，报名付钱了。

为什么我想去呢？

因为那段时间，正是我人生最低谷的时期。屡战屡败……感觉自己非常努力，都透支过度了，但考试成绩却停滞不前，甚至是小步后退，一直在后十名徘徊。那时候，感觉好绝望，都有些怀疑人生了。加上当时人际关系也很差，和老师同学关系都不好，感觉人生好灰暗。

如果不是有父母，都想一死了之。所以，就抱着不能白活一世的心情，去看看外面的世界。

到了花果山，去程大家基本还是一起的。但爬山到一半，就开始自由活动了。大家大都三五成群地开始走了。谁有照相机，谁就是最红的，身边一堆人围着。只有我是一个人在走。我也乐意一个人走。

那是我人生中第一次上山，第一次见到山。我在山顶看向远方，那场景难以描述，总之就是：好美呀！人间仙境，也不过如此吧！既有"荡胸生曾云，决眦入归鸟。会当凌绝顶，一览众山小"的震撼和豪迈感，也有"相看两不厌，唯有敬亭山"的孤独和欣慰。总之，我感觉自己的心胸瞬间打开了，格局变大了。

我的内心和头脑，不再局限于我们那个所谓军事化管理的重点高中了。我也不再被高考困住了。我发现世界其实很大、很美，离开高中，还有很多地方可以去。因此，我当时就明白了：即便是高考失败、名落孙山，这世界也依然是美好的，值得热爱的。我的世界，并不会从此只有灰暗。

所以，我不能做自杀这样的傻事。

多年以后，读到北宋时期我们洛阳先贤邵雍的《逍遥吟》，我首先想到的就是花果山。

我很庆幸，在那个资金很紧张、学习时间也很宝贵的时刻，我花钱、花时间，和老师、同学们去了一趟花果山，改变了心境。

270

第 13 课
如何对待孩子的作业

老师让家长陪孩子做作业，这是对孩子的双重逼迫，是对孩子的中国式逼迫的登峰造极表现。辅导作业，在一些家庭里像战争一样可怕，因为藏着你死我活的激烈绞杀。

——武志红

自由、无打扰的玩耍对儿童十分重要，是成长的必需养分。让作业和课外班挤占孩子所有玩耍的时间是杀鸡取卵或拔苗助长，愚蠢且危险。孩子写作业占的时间越长，学习的兴趣和能力越低；报的课外班越多，能力和才华发育得越差；成绩被逼得越紧，将来找心理咨询花的钱越多。

——尹建莉

1.你小时候做作业的情况如何？需要父母催吗？对待作业是什么态度？

2.高中时期呢？大学时期呢？

3.你如何对待孩子的作业？会要求孩子先做作业后玩吗？会催孩子写作业吗？

4.你的孩子目前对作业是什么态度？如果孩子不想做作业，你会怎么办？

5.你用过哪些方法督促孩子做作业？哪些方法有效，哪些方法无效或有反作用？

一、荒诞的现状

不写作业，母慈子孝。一写作业，鸡飞狗跳。这种悲剧在无数家庭上演。很多家长说，孩子小时候很可爱，但从上小学开始，这种可爱就一去不复返了，孩子变成了能把自己气出心脏病的小冤家。

也有很多学生说，小时候父母还是挺好的，从上小学开始，父母就再也不爱自己了，只关心他们的作业，并因为作业，把他们当仇人。

大多数家长认为，关心孩子学习，就是要监督孩子写作业。如果孩子不写作业就批评，批评不行，就打一顿。

这样的教育方式在很多家庭上演，很多教师家庭也是如此。我一个朋友，从外表上绝对看不出来是个"暴力"的母亲，但她天天上演和女儿的作业大战。每天都是先哄，再催，不管用再开骂，最后追着打……每天晚上，她女儿都是哭着写作业。

她认为必须得管，孩子如果不做作业，就废了……结果是恶性循环，孩子更加讨厌做作业，对学习也一点兴趣都没有了。

网上还有不少看起来很荒诞，但又无比真实的新闻：有的家长因为监管上小学的孩子写作业，气得心脏病发作；有因为监督孩子做作业气得脑出血的；还有因此放了两个支架的……

找我求助的家长，主要是这两大原因：一个是孩子不愿上学了；另一个就是孩子不爱做作业，特别是假期作业。

一般都是孩子先不爱做作业，然后父母采用不当的方法试图改造孩子，一段时间后，孩子就不愿上学了，这样家长更头疼了。

可以这么说，如果父母不能很好地对待孩子的作业的问题，将会后患无穷。对孩子来说，可能导致厌学。对父母来说，不仅长期心理郁闷、焦虑、抓狂，造成亲子关系恶劣，还可能气出包括心脏病在内的各种疾病。

所以，这个问题很重要。大家先回顾一下，自己当年做作业的情况。

二、家长对做作业习惯的认识误区

我小时候比较热爱做作业，因为我觉得做作业是一种享受。父母从不催促我做作业，相反还常剥夺我做作业的时间，让我干各种家务活儿和地里的农活儿，晚上也要压水、洗菜……我都是忙里偷闲，抽空做作业的。

但像我这样让家长省心的学生不多。

【黑镜头】

茜茜特别烦写作业，每天都是拖到很晚还不想写，再拖到第二天早上起床后匆忙去做。每天都是晚上睡不好，早上很匆忙，做作业都是应付。

父母总在她面前说别人早早就做完作业了，激起了她的逆反心理。

很多家长之所以对孩子的学习焦虑，主要是他们发现孩子不爱做作业。于是，他们开始努力改造孩子，和孩子较劲，试图让孩子养成先做作业的习惯。为此，他们也很纠结。想给孩子爱与自由，又担心孩子不做作业；逼孩子做作业，又为没给孩子爱与自由而愧疚。

我认为，这些家长的教育方向和考虑的问题，都没有在关键的点上。

不少家长在孩子才一年级时，就着急培养孩子做作业的习惯，认为这个非常重要；但实际上，重要的是孩子内在的感受和需求，重要的是孩子对学习的态度。

做作业的习惯是最表层的东西。如果一个孩子不热爱学习，对学习没有兴趣，厌学，那么即便被父母训练成"一回家就做作业"，又有什么用呢？他做作业不过是身在曹营心在汉，敷衍和应付而已。

如果一个孩子真心热爱学习，即便他不做作业又有什么关系？

我从小到现在，认识很多很多学习优秀的同学，我发现他们有的做作业很认真，有的根本就不爱做作业，甚至常不做作业，但是他们的成绩一样很好。我还和现在的很多孩子交流过。考试全年级前几名的孩子，有的爱做作业，有的也不爱做作业，但是丝毫不妨碍他们名列前茅。

也就是说一个人考得好不好，跟是否喜欢做作业关系不大。考试成绩跟他们是否热爱学习更有关系。

孩子自己喜欢做作业，这当然是好事，但是如果一直是被逼的，就是坏事。这是他律，不是自律。

只关注做作业的习惯，不关注孩子是否热爱学习，这是本末倒置了。

总之一句话，你在教育孩子的时候，是关注孩子的感受和需求，还是逼迫孩子满足你的需求呢？

如果是逼迫的，那就像尹建莉老师所说：一个人坐监狱时间再长，也不会习惯坐监狱，只会生长出更多逃离监牢的念头。被迫写作业的人，永远也不会爱上写作业。

三、关于作业的三个观念

1. 作业是为谁做的。

我希望大家重视这个问题：让孩子意识到，作业是为自己做的。

这个问题，如果不能搞清楚，那么后面无论做多少努力，都是在做无用功，甚至会南辕北辙。

【黑镜头】

妈妈：你怎么还不写作业？你作业是为谁写的？

冬冬：为妈妈写的。

妈妈：什么？

冬冬：那，我是为老师写的？

妈妈：你是为自己写的。

很多家长认为孩子必须完成作业，不完成不行，结果就变成孩子是在为父母做作业了。孩子一旦丧失了做作业的主动性，丧失了做作业的动力，做作业的效果，自然大打折扣。即便是父母每天监督着做完，也没什么益处，甚至，孩子会为此和妈妈讨价还价。

【黑镜头】

北北：妈妈，你给我买下那个盲盒吧？

妈妈：不行，昨天刚买过一个。

北北：你要不给我买，那我就不做作业。

妈妈：好好好，我给你买，你赶紧写作业……

2. 作业有没有必要做？

我认为中小学应该布置作业，适当的作业是必要的。

但我坚决反对很多无意义的作业，我小时候就做了大量无意义的作业，包括中学。比如，做作业必须要抄题目，特别是数学题的题目，好长。还有动不动就抄写十遍这种，毫无正面意义，只会刺激孩子厌学。

3. 作业重要，但不是最重要的，不值得占用太多业余时间。

大量的作业，会把孩子玩耍和自己复习、预习的时间给占用，做作业往往变成了应付任务式的学习，不仅不利于学生和作业进行深度链接，还容易导致孩子厌学。

如果将来我发现晴儿的老师布置太多这样无聊的作业，我会帮她和老师沟通，给她减少一部分作业。

孩子的业余生活很重要，作业只应占一部分。

很多家长恨不得孩子把所有业余时间都花在学习上，以至于孩子不仅要完成学校的作业，还要完成父母额外布置的作业，这也是孩子写作业很磨蹭的一个原因，只有这样，父母才不会再额外布置作业了。

还有很多家长认为，做作业是为了考出好成绩，考出好成绩是为了考上好大学。学习的唯一目的，就是考上好大学，将来有个好工作……这样的认识，从根本上就是错的。

孩子不仅需要学习科学文化知识，还必须留下足够的课余时间，用于培养和发展其他多种能力。比如和同学玩耍交流的能力、做家务的能力、玩游戏的能力，还有发展自己的兴趣爱好，等等。

下面这样的场景，曾在很多家庭上演：

【黑镜头】

冬冬的父母文化水平不高，限制了他们的发展。他们特别希望孩子能够好好学习，将来出人头地。

冬冬的爸爸经常出差，教育孩子的责任都落在了妈妈身上。

每天妈妈一回家就会问冬冬："作业做完了吗？"

除了问孩子的学习情况外，她就没什么和冬冬说的了，她觉得再说就是浪费他的学习时间。

冬冬好几次想帮妈妈做家务，都被妈妈赶到了书房；他也曾花了两天多的课余时间，给妈妈做了个生日礼物，可妈妈并没有很开心，反而严肃地对他说："我要的是你的成绩，不是你的礼物！家里什么都不用你做，快去写作业！只要你好好学习，将来考个好大学就行了。"

【黑镜头】

楠楠的妈妈出车祸，腿受伤住院了。好几天了，同在一个城市的楠楠却不曾来看望一次。小姨有些生气地打电话给楠楠，让她快来医院。

没想到，十五岁的楠楠却说："过几天我妈不就自己回来了吗？我不用去了吧？我还得写作业呢！"

我们要谴责楠楠的冷漠无情吗？可是，她的冷漠无情，正是父母造成的啊。

不少父母平时把孩子的作业看得那么重要，其他什么事情都不让孩子管。亲戚结婚，不让孩子去，怕影响孩子学习；家务都不让孩子做，怕耽误学习时间。他们把学习和作业搞得这么重要，所以孩子自然认为这些是最重要的事情，比妈妈住院还重要。

四、小学阶段最需要学习的三大内容

心理学家李子勋说过这样的话：

在小学阶段，孩子学的知识不重要，最重要的是这三件事：一要对学习保持好奇心，有学习兴趣，不厌学；二要能够和同学玩得开心，人际关系和谐；三要有生活自理能力、做家务的能力。

这三个是需要父母给孩子提供这样的环境，让孩子在这三个方面有所发展。那么，孩子的未来，就不需要担心了。

很多家长逼孩子养成一回家就立刻做作业的所谓好习惯，容易让孩子产生厌学情绪，这实际上是在扼杀孩子对学习的兴趣。

孩子回家后，父母应该先和孩子交流一下当天的心情和心得，先让孩子感受到你的关心，感受亲情的温暖，而不是认为父母只在意自己的作业，把自己当做作业的工具。

只让孩子做作业，不给孩子机会和同学玩，孩子的人际关系能力就没有机会得到发展。

不让孩子做家务，孩子的自理能力也无从培养，孩子也会因此而自卑。

如果父母除了作业，其他什么都不让孩子做，就无疑剥夺了这三个方面能力的发展机会。

孩子的作业是他自己的事情，父母最好别参与。

除非孩子因为学习吃力，不会做作业，这时，父母才需要去帮助孩子。记住是帮助，而不是指责。

五、亲子关系重于一切教育

父母需要注意的是：亲子关系，比什么教育都重要。亲子关系差的时候，再好的教育，对孩子也无用。明知道你说的是对的，孩子也会故意不听。

把作业看得太重，会导致孩子觉得父母根本不爱自己，爱的是作业，是成绩，因此，他就会吃作业的醋。

孩子拥有健全的人格，才是最重要的。所以，真正的教育，是给孩子创造一个好的成长环境。不限于学习环境，还包括有助于孩子养成优秀品质的环境，给孩子爱的环境。孩子得到了来自父母充足的爱，才更容易形成健全的人格。

孩子未来是否幸福、是否成功，主要取决于孩子的人格是否健全和对学习是否有持久的兴趣，不取决于一时的学习成绩，更不取决于小学的学习成绩。

六、如何把作业当成培养孩子的好工具

家长可以借助写作业的机会，来培养孩子的多种好习惯。

第一，培养自律习惯。

首先，做作业是谁的事情？是孩子的事情，而不是父母的事情。因此，我们需要注意，尽量不要去监督孩子做作业。

你监督孩子做作业，是在损害孩子的自律能力。就像我们前面讲习惯的培养一样，不要为了培养孩子一个表层的言行习惯，而损害了孩子的深层思维习惯。

很多家长为了培养孩子每天回家就做作业的习惯，花费了很多工夫，也的确养成了这样的表层习惯，但是却导致孩子失去了自律能力，必须父母监督着，才有动力去做作业。这不是很可悲的事情吗？

同样，也不要催促孩子做作业。正如一位网友说的：我原本就要开始做作业了，也确实是想做作业了，但妈妈此时说：你该做作业了。我就瞬间不想做了。

因为一个人主动做事时，是有成就感的，而父母催促，就等于是被动的，没有成就感，还会很烦。

还有很多人说：孩子小时候没有做作业的习惯，我监督几年，给孩子培养了好习惯，那么以后孩子上了初中住校了，我管不着了，但孩子已经养成这样的习惯，不是很好吗？所以，不论多忙，我每天晚上都要抽出两个小时监督孩子做作业。

这样的想法，是不符合心理学规律的，也注定是徒劳无功的。

因为这样培养出来的是他律，只是表层习惯，损害的是孩子积极主动的精神，将来一旦放手，孩子就容易出现报复性放纵。这也是很多大学生天天玩游戏的一个很重要的原因。

所以，大家最好不要做这样出力不讨好的事情。

趁孩子小，自律精神还没有被破坏，来培养孩子的自律能力是事半功倍的。如果等到孩子要中考或高考了，再放手培养孩子的自律能力，就比较危险了，因为这需要一个很长的过程。

很多家长，不愿考虑那么长远，就考虑眼前。刚开始的一两年，他律较严的孩子，可能在学习成绩上会略胜练习自律的孩子一筹。但这只是暂时的，长期看，显然有自律能力的人更优秀，也更幸福。

孩子做作业后，即便老师要求父母帮助检查，我们也可以不用管，让孩子自己检查，然后我们直接签字就行。

如果老师发现孩子有错题，批评我们批改作业不认真，我们要能承受这个批评。这样孩子才会更自律，检查更认真。如果我们承受不住，非常认真做检查，不允许孩子把有错误的作业上交老师，那就毁了孩子的自律精神。

如果孩子希望我们来帮他们把关，那是可以的；但不是帮助批改作业，只是提醒。

比如孩子做了十道数学题，第四题和第六题错了。我们检查过后，可以对孩子说：你再检查一遍，好像有错题。

第二，培养孩子细心和耐心的精神。

教孩子自己思考。

【黑镜头】

蓓蓓每次做作业都很快，结果错题很多，但是她根本不愿检查，妈妈给她说哪道题错了，她就说不会。然后妈妈给她讲一遍，她也不听，只是按照妈妈说的，把答案写上去而已。

这样的辅导方式，孩子不会变细心，只会更应付作业。

我曾建议过蓓蓓妈妈不要这样给孩子检查和讲题。但她太爱面子，不希望蓓蓓的作业本被老师打 ×，因为这样显得蓓蓓笨，也显得她辅导作业不认真，所以她每次都比女儿更用心。

也正因为如此，蓓蓓做作业很不用心，反正每次妈妈都会帮她把关。

假如她不这样做，蓓蓓或许就会自己认真检查了。因为蓓蓓也要面子，她也不想让老师给打 × 啊。

遇到类似的问题，父母一定要淡定，不要把孩子做错题看成自己的耻辱。这是培养孩子细心和自律的必经之路。

如果你在这个过程中很愤怒，忍不住指责孩子，那么孩子不仅无法变细心，还会因为恐惧，变得更粗心，会变得充满恐惧和愤怒，缺乏安全感和厌学。

我们还要避免让孩子用一些容易导致他们不认真的工具。细心，源自用心。

【黑镜头】

囡囡今年十岁了，这天，她带回家一支很漂亮的笔，高兴地告诉妈妈说，有了这支笔，以后她的作业就会更整洁干净了！

妈妈接过来一看，卡通的图案，看起来很可爱，上面印着"魔笔"两个字。囡囡说，魔笔可以把写错的字消掉。

　　囡囡爱干净，以前，作业上只要有两三个错别字，她就会因为修改的痕迹太明显而撕掉重写。在她的示范下，妈妈发现魔笔真的可以消掉错别字，顿时松了口气，因为这样无疑能减轻囡囡的负担了。

　　囡囡很喜欢魔笔，她的文具盒里也陆续多了好几支不同款式的魔笔。

　　不过时间一长，妈妈发现了一个让人头疼的问题。囡囡的作业上开始频繁出现很多低级错误。比如，数学题她常常会多写一个零，或者少写一个零。语文作业中，明显的错别字更是成堆。这是怎么回事？

　　妈妈批评了囡囡，并质问她怎么回事。谁料，囡囡满不在乎地说："错了怕什么？不是有魔笔吗？擦一下不就得了吗？"听到这话，妈妈气得浑身发抖，却又束手无策，不知道该怎么教育她。

　　这天接送孩子的时候，妈妈和其他学生家长交流了一下，他们也普遍反映，自从孩子用了魔笔后，做作业远不如原来那样认真了。都是魔笔惹的祸。

　　接囡囡回家后，妈妈宣布没收魔笔。囡囡急了，大声抗议："为什么呀？你还让不让我写作业了？"

　　妈妈郑重地说："就是为了让你更好地写作业，我才没收你的魔笔呢！你仔细想想，自从用魔笔以来，你的作业是不是做得马虎了？错别字和错题是不是变多了？"

　　囡囡不以为然地说："我不是都用魔笔改过来了吗？老师又发现不了！"

　　妈妈耐心地说："可是你却因此养成了做事不用心的坏习惯啊！到考试的时候，还有谁来提醒你用魔笔改掉错误呢？"

　　接下来，妈妈又给囡囡讲了宋朝大书法家米芾练字的故事：米芾练字几年都长进不大，后来向一位书法前辈求写字秘诀。前辈以纹银五两的价格卖给他一张宣纸，让他只能在这张纸上练字。米芾并不富裕，所以舍不得直接在这么贵的纸上写，于是就一直用心揣摩、比画，最后写到纸上时，果然进步了很多。那位书法前辈这才告诉他，练字的诀窍只有一个：用心。

　　妈妈告诉囡囡，做作业出错事小，可养成不用心的坏习惯，却会耽误一辈子。

　　囡囡这才明白了妈妈的良苦用心。她也承认，自从用了魔笔后，便抱着反正错了也可以消掉的心理，不如以前用心了。

　　此后，囡囡再做作业，便格外用心，错别字等低级错误，很少再出现了。

她的作业比用魔笔时，更加干净整洁。

人生没有草稿，没有预演，因此，每件事都要用心去做，才能做好。对孩子来说，最重要的就是要养成做事用心的好习惯。所以，魔笔这样助长孩子惰性和马虎的工具，我们应该尽量杜绝。

我还在日本经营之圣稻盛和夫的书中看到下面这段文字，阐述了他禁止公司会计用铅笔的原因：

当会计的人，为了便于擦改数字，先用铅笔写，发觉错了就用橡皮擦掉再重写，他们认为没什么大不了。正因为以这种心态做事，所以非常简单的错误却总是改不过来。

发生了错误用橡皮擦掉、重新再写就行了，抱有这种想法的人不在少数。

但是，在工作中有很多用橡皮绝对擦不掉的事情，而且，抱着"错了改改就行"这种想法做事，小的失误就会频繁发生，其中就隐含了导致无法挽救的重大错误的危险性。

第三，促进亲子关系。

孩子回家后，我们该如何与孩子交流？千万别下班一回家就冷着脸问孩子作业做完了吗。

有群友提出这个问题：

我一直是希望孩子能够积极主动地放学回来先写作业，甚至课间把作业做一部分。如果她回来对我说，作业已经在学校做了很多了，我就会表扬她。

孩子大了，我理论上知道应该是顺其自然，但是实际上内心深处还是做不到的。有时候孩子回来，会聊一聊学校里发生的事儿，如果说得多了，我表面上耐心听，心里会很焦虑。实在忍不住了，就会跟她说，你还是先去写作业吧。这方面，我的确修炼还不够。

这在我看来，真是很可惜啊，因为她错过了提升亲子关系的机会，也错过了帮孩子梳理回顾一天经历的机会。

大家都知道现在有个词很流行，叫"复盘"，在我们高中时，有人就介绍过这种学习方法了，可惜当时我没重视。就是每天晚上睡觉前，把当天经历的所有事情，包括我们当天的经历见闻和老师讲的重点，像过电影一样过一遍，总结经验教训和收获，这样，我们更能记住当天发生的事情和学到的知识点了。

如果孩子能养成这样的习惯，真的会受益无穷，还不止学习这方面。

所以，当孩子放学后，我们别急着逼孩子做作业，而是先和孩子愉快沟通。先拥抱孩子，问孩子在学校开不开心，在学校有什么好玩的事情，或者特别的事情。

让孩子把他在学校的见闻告诉我们，我们只要耐心倾听就可以了。这既是增进亲子关系，也是在给孩子锻炼口头表达能力的机会，更是让孩子把心里的话及时表达出来，从而让内心平静下来。

此时花点时间，可以避免后面花费更多的时间和精力。

等孩子说完这些事情，你可以问孩子：你对此有什么想法和感受？这件事对你有什么启发？

然后陪孩子玩一会儿、运动一会儿，比如追逐着跑步，或者做开合跳、跳绳等孩子喜欢的运动，释放孩子身上多余的精力，不然精力旺盛的孩子可能坐不住。

运动之后孩子自然会安静下来，让孩子闭目深呼吸，给孩子放一曲他喜欢的能让人静下来的音乐。

然后再谈做作业的问题。如果该吃饭了，就先吃饭，吃完饭再说作业的事情。

七、孩子不愿做作业，怎么办？

不想做作业，是有很多原因的，我们需要找出原因，对症下药。

比如，有的孩子因为受了老师的批评，因为不满，才不做作业。这种情况，我们最好和孩子好好沟通，化解孩子内心的抗拒。如果劝不了，那最好去找孩子的老师谈谈，如实对老师说：孩子对老师的批评非常在意，希望老师谅解孩子，并寻找机会，给予鼓励。只要老师多鼓励、少批评，孩子不反感老师了，就会逐渐对做作业感兴趣的。

有的孩子是因为不会做，所以不想做。这个就属于学习跟不上的问题了，可以给孩子请家教老师。

也有的是和父母较劲，故意不做作业，这样就需要先修复亲子关系，不要在作业本身的问题上较劲，因为这不是真正的问题。比如家里添了个孩子，大宝觉得自己被冷落了，于是以不做作业抗议，希望获得父母的关注。此时，父母逼孩子写作业，更强化了孩子这样的观念：我乖乖的，父母会忽略我；只有我不做作业了，父母才关注我。

因此，当孩子因为被忽视而故意不做作业时，我们应该反思，自己平时对孩子的关注是不是太少了。平时多关注孩子，这样孩子才不会为了获得关注，而故意不做作业；也不会因为被父母逼着写作业，而迁怒于学习甚至厌学。

武志红说过：当孩子既获得了充分的爱，又获得了充分的自由，他就会是"成为自己的人"，而最终也势必会成为一个自我实现者。

因此，我们要给孩子充足的爱与自由。

八、关于作业的群友问答

张老师您好！这是老师对孩子的评语："有小聪明，急于求答案，没有真正去探索解决问题的方法。"

孩子九岁了，写字磨蹭，看书磨蹭，不爱学习，怎么办呢？

我采取的办法是：写字和他一起写，比赛……

和孩子进行写字比赛的结果就是，孩子只求快，不在意写的过程，做数学题也会遵循同一规则，只求快，不重视过程，于是就变成了老师说的："急于求答案，没有真正去探索解决问题的方法。"

写作业，不能求快；教育，不能求快；孩子的成长，更不能求快。要尊重孩子的成长节奏，顺其自然，只要没慢到考试时试卷做不完的程度就不必在意。

我的孩子马上八岁，今年二年级，上一年级时写作业效率不高。

我的方法是每一项作业都给他计时，估摸下写完的时间，然后计时开始，在规定时间内尽量做完。

作业计时的效果是有，规定时间内写得较快，一般都会提前完成，但是不算太好，有时候得提醒他计时，没有养成计时的习惯，有时候跑神会忘记了在计时。

我觉得这简直等于让孩子时刻在和定时炸弹争分夺秒。在这种高压状态下，孩子不可能不紧张，而在紧张的状态下，大脑是很难真正吸收到知识的，只能短时死记硬背一点皮毛。

如果长时间在精神紧张的状态下做事，很容易神经衰弱和厌学。成年人都受不了，何况八岁的孩子！还好，你的孩子还没有被定时器困住。如果时间长了，你反复用这种办法，孩子的大脑里就会有一个小闹钟，在不停地嘀嗒嘀嗒，无论何时，他都无法淡定，会莫名地恐慌和急躁，把休息视为罪恶，没法真正放松下来。

只有在宽松的状态下，一个人才能学到更多活知识，才能逐渐成为一个从容的人。

写作业，就像打太极拳，是需要身心合一，沉醉于作业或拳法中，忘记其他事情的。这样才能达到与知识的深度链接。

如果一边做事，一边还不时看表，这怎么能深度链接呢？没有深度链接，又怎么会有良好的效果呢？

我女儿四年级了。

我发现孩子真是一面镜子啊，照妖镜，父母的瑕疵缺点，藏都藏不住。

有个晚上我监督女儿写作业，说是监督，也不妥，因为作业是老师发到家长微信群，我负责告诉孩子写什么，作业基本都是孩子自己独立完成。

她写作业，我在她身后沙发上看书，遇到不会的题目或者读不懂的地方，她喊我，我才到她书桌旁边。我的态度一直是温柔和善的，也许是这种软软的态度，让孩子想要耍赖，本来老师布置的作业是练习 48 到 54 页，孩子就讨价还价，只想写一半。其实，这些数学题都是很简单的练习，她坐在那里专心写，一小会儿工夫就写完了。我当然不会同意她的提议，但是态度依然是温柔坚定，告诉她这个是硬性规定，白天学了什么，晚上对应的练习题就是复习白天学过的东西，检查自己的学习有没有漏洞。

你的温柔坚定，是"正面管教"的方法，但是我觉得这样只是看重表面，没有透过表面看本质。

孩子为什么不想写，仅仅是因为她懒惰？还是想通过这种方式，看看你是爱她多一点，还是更爱作业？或者她就想撒撒娇，还是她对老师有意见，所以抗拒做作业？

有个朋友的女儿就是这样，写作业的时候，不停地喊妈妈，我猜测是女儿渴望得到妈妈的爱，渴望妈妈多抱抱，因为她平时都很忙，很少和孩子交流。我就建议朋友多抱抱女儿。然后她照做了，发现女儿就能安静坐下来写作业了。

所以你可以抱抱女儿，告诉她，相信她可以。

作业某一次写不写不重要，但孩子为什么不想写，很重要。

孩子写作业期间，我不敢柔声细语，怕她又说：写作业太累了，我只想写一点。

所以我很严肃，孩子非常敏感，对我笑，要求我笑给她看，我心里不爽，笑不出来，不由自主就说：你好好写作业我就笑了。这真是太烂的招数了！

孩子在做作业的时候，你就化身监工，不做真实的自己了，所以孩子不喜欢你那时的状态，孩子有压力，缺乏安全感，想让你笑是为了确认你是否还爱她。所以不要和孩子较劲，不要这样惩罚她，会损害亲子关系。较劲，也丝毫无助于孩子的学习。

改变是需要很大的能量的，而只有爱，才能让孩子有这样的能量。

如果你放下作业本身，不再和孩子较劲，而是尝试去真正关心和理解孩子，你们彼此都会轻松很多！写作业，也就不再是痛苦的差事了。

陪女儿写作业，我几近抓狂，孩子要求我必须陪着写，写的过程，她总是有很多想法，一会儿捡起地上被剪碎的图片说怎样怎样；一会儿又跟你扯东扯西，总之，就不是在专心写作业。我知道孩子这个阶段就是这样的，发散思维也是好的，如果她自己安排自己的时间，我没有问题，但让我一直陪着这么耗，我有些忍无可忍。

很多家长都会因为孩子不能专心做作业而抓狂。

但是如果我的孩子是这样的表现，而我又不太忙的话，我会很高兴。

因为我的关注点，不在孩子的作业上，而在孩子思维方式的锻炼上。

就好比我陪孩子打篮球或踢足球，我的关注点，不是孩子是否进球了，我不会因为她不进球就不高兴。我的关注点是，孩子通过这样的活动，锻炼了身体，胳膊腿都更有力了，身体的灵活性增强了，还磨炼了意志，她的整个身心都很舒畅、很愉快，可以睡个好觉。这就是最大的收获了。

所以，如果我的孩子在那里天马行空地和我聊天，我会顺势和她交流，并提一些相关问题，及时肯定和鼓励，促使她深入思考。

这样做作业，就不仅是做作业，还顺带激活和训练了她的思维，激发她的想象力和创造力。这远比规规矩矩地做作业，收获大得多。

陪孩子，不是当监工，和孩子这样的交流，更有意义。

当我聚焦在孩子作业做不好、写得慢等问题时，孩子的作业对我来说，真的是一件令人抓狂的事情，但当我把焦点移走，让孩子自己来安排自己的时间时，我轻松了许多，也可以留那么一口气出来观察孩子。

将作业交给孩子自己处理时，还有一个问题，就是有时候很晚才开始写，我得陪着她写到很晚（孩子还不太会看题，要求我必须陪），这种时候我会跟她分工一人一半，我听了群友的意见，用左手帮她完成。但心里还是有些担心，孩子会不会因为缺乏足够的练习而生疏，同时，我也对过多作业占用了

太多时间，没能每天阅读感到生气。

做作业，本来可以是有趣的活动（如果关注点不在孩子做错的地方，而在做得好的地方，看到好的地方就夸），但如果你的关注点在发现错误上，孩子首先会感到不爽，沮丧；其次孩子会被你带得也过于关注这些错误，从而让做作业变得更痛苦，无法以平常心对待了。

除非是作业太多，才需要帮她完成，或者是作业太过无聊、无意义，可以帮孩子完成。如果作业不多，只是她的拖延导致的，不建议帮孩子写作业。

如果孩子作业很晚才写，那么你可以不陪的。告诉孩子，你某个时间就去睡觉。如果她要做作业，就在什么时间之前写，否则你就不陪了。

如果孩子因此不写，也不用管。到学校，老师可能会批评她，她会自己吸取教训。

孩子的作业是为自己写的，不是为你写的。这一点，得让孩子明白。

孩子的拼音不行，起初我很着急，想方设法让孩子练习，结果我总是不满意，孩子也很排斥这件事情。

你的关注点放在错误和不会上了，不如放在她读得对的地方，多给予鼓励和夸奖，孩子就会很自信，会乐于读。即便是为了得到夸奖去读，也比害怕被批评而读要好得多。因为后者会让孩子害怕继续下去，会排斥这个。而为了得到夸奖去读，虽然不是最完美的，但至少能让孩子继续下去，从而熟能生巧。

更好的是让孩子觉得有趣，读出来有成就感，从而发自内心地热爱阅读。

后来我听了张老师的建议，放弃了催促和监督孩子，让她自己慢慢来，最后我发现，孩子学习并不是像大人一样在桌子前不断地读、念、记，而会把学习延长到任意时刻，比如玩耍时，看到月亮，她就试着用拼音拼，或者像玩游戏一样，自言自语地背拼音表。

孩子对自己不会的事情，也是很着急的，所以她自己也在默默不断地练习。

一天，孩子看到我在电脑前学习，自己也拿了一个本子过来说，自己的拼音不行，得多加练习，于是在我旁边把拼音表抄了一遍。

我在辅导孩子写作业时，突然有一天发现孩子原来不会拼读的现在都会了，很多不会的字也认得了，我看到孩子在进步，总是忍不住夸她：你又进步了，学会了拼读，还认识了很多字呀。

我是真心认为孩子进步很大，也真心感受到孩子的主动学习能力，这一点点的进步和主动在大多数家长来看，可能是不够的，但我却认为这是一个非常非常伟大的开始，家长"不为"的时候，孩子的主动学习意愿是多么强，这就是我所追求的，培养孩子主动、快乐学习的开始。

是的，我支持你！孩子很棒！多记录一些这样的时刻。

将来孩子长大，给孩子看看，也会让她更有力量和信心！

允许孩子看电视，会怎样？

我们都曾被告诫过：电视对孩子们有很坏的影响——降低他们在学校的学习成绩，使他们变成傻瓜和令人讨厌的孩子。但是我们有时候不是也会大吃一惊吗？我们听到孩子在喋喋不休地谈论着让我们感到意外的东西，而这些知识正是他们从电视上学来的。

——美国教育家小埃德温·基斯特

电视里的英雄人物所展现出的勇气等，会在我们遇到挫折或挑战的时候，给我们敢于勇往直前、顶住压力、迎难而上的勇气和信心……这都是电视的功劳。

——美国心理学家杰弗里·科特勒

1.关于电视,你最初的回忆是什么样的?

2.你小时候喜欢看电视吗? 你的孩子喜欢看电视吗?

3.你小时候因为看电视耽误学习了吗?

4.你受到了电视剧哪些正面和负面的影响?

5.在孩子看电视(包括电子产品的动画片)的问题上,你如何对待?

一、关于电视，你的回忆是什么样的？

【白镜头】

小时候，我家里没电视，想看电视了，只能去别人家。天色一暗，就只能无奈地回家了。十岁时，我家里终于买了电视，那天晚上，我兴奋得无以言表，情不自禁地连连说着：太好了，太好了，我家里有电视了……

不过，除了周末，父母一般也不太允许我看电视。这导致很多电视剧我只能看一些片段，大结局我也都没机会看。脑海里积累了大量未完成事件，以至于二十多年后的今天，我还时常梦见小时候看的一些电视剧的结尾（脑补的）。不过，也正因为看的那点电视剧的片段，使我的想象力得到了开发，我看了片段之后，就会自己去想象：接下来会发生什么？如果我是剧中人，接下来我会怎么做、怎么说。

小时候最美好的回忆之一，就是一家人坐在电视机面前，围着一个大盆，一边剥玉米，一边看电视，同时和父母闲聊。

【黑镜头】

楠楠从小就特别爱看电视，每天回到家第一件事就是打开电视机，一直看到该睡觉了，才依依不舍地关电视。晚饭都是一边吃一边看，作业也不做。每天都是早上匆忙起来写作业。

为此，她常常被父母训斥，但并未改变。

后来我帮她分析原因，原来，小时候她父母经常吵架，她在家里很痛苦；但除了家里，她根本无处可去。面对父母的不休争吵，她劝不了，又无处可逃，所以只能选择看电视。

她发现电视一开，自己就好像逃到了另一个世界，烦恼就一下都消失了。

电视就是她当时的世外桃源，是她躲避父母争吵的唯一避风港。所以她才那么痴迷于看电视剧。

电视剧本身的内容，倒不重要，她看过就忘。如果没有电视，童年的她，将不得不直面并承受很多的痛苦。

形成习惯后，即便上学了，她依然痴迷电视剧。一部剧，她反复看几十遍都不烦，因为她只是借此逃避压力而已。

所以，如果她父母当时想要改变她痴迷看电视的局面，应该做的，不是禁止她看电视，而是营造好的家庭环境，让家庭变成真正温暖的港湾，这样，她才不必把电视当成避风港。

二、小孩看电视会导致注意力缺陷和语言障碍？这是危言耸听！

2004 年 4 月，《儿科》（*Pediatrics*）杂志刊登的一篇研究显示：1—3 岁的宝宝每天看电视 1 小时，孩子日后出现注意力缺陷的风险便会增加约 10%，而且这种后续的影响一般要到孩子 7 岁左右才显现出来。

研究还发现，即便孩子不直接看电视，长期暴露于电视环境中，其大脑发育也会受到影响。一方面，大人看电视，与孩子的交流会减少；另一方面，被动"听"电视，孩子会主动屏蔽家长的声音（你叫他，他听不见，不理你）。

有数据显示，电视每开 1 个小时，孩子从大人那里听到的词汇量将减少 500—1000 个。

我觉得这个结论很不符合国情。即便不看电视，又有多少父母会每小时对幼儿说 500 到 1000 个词？这不是很显而易见的荒谬吗？

1—3 岁的宝宝每天看电视 1 小时，孩子日后出现注意力缺陷的风险便会增加约 10%，而且是 7 岁后才显现出来，那这个结论是如何得出的？是拿谁来做这个如此漫长又复杂的、中间还有很多变量的实验呢？这个结论太不严谨了。

【白镜头】

晴儿一岁半后开始看电视，而且是随便看，但她兴趣不是很大。两岁以后才开始对电视感兴趣，特别痴迷于《小猪佩奇》，三岁后是《汪汪队》。除了最初一两天偶尔会看到晚上十一点多（直到在沙发上睡着），后来每次最多看半小时就不看了，要我们陪玩。我们没时间陪她了，她才不得不去看电视。

她看电视，不仅没有减少词汇量，还从上面学到了很多词汇呢。可以这么说，《小猪佩奇》的词汇，不论从实用角度，还是从文明程度，或从情商角度，都碾压国内绝大多数家长的日常言谈。

如果幼儿不能看电视，又是留守儿童，或者父母都忙工作，孩子缺乏陪伴，那还真不如让孩子看看《小猪佩奇》之类的优秀动画片呢。

晴儿从电视里学会了：老师早上好，你好呀！……后来看《汪汪队》学会了更多词汇：勇敢、不怕困难、加油……

四岁的时候，还会对她的小伙伴说：你好啊，老伙计！

对我说：是的，先生。

对妈妈说：是的，夫人……

晴儿的词汇量非常丰富，两岁多就几乎什么话都会说，非常善于表达自己。她不仅从《小猪佩奇》《汪汪队》里面学到了很多词汇，还跟着动画片的情节上天、入地、下海，游历世界，长了很多见识；也学到了很多和小朋友及成年人相处的礼仪；学到了诚实、勇气、乐观等好品质。所以，我非常赞同小孩看电视。

晴儿上幼儿园前，大部分时间是和我们或其他小朋友玩，每天看电视半小时都不到。

后来，她刚上幼儿园的时候，又迷恋了一阵儿电视。本来她都看《汪汪队》了，上幼儿园后，她又倒回去看《小猪佩奇》，我觉得这个就是她的世外桃源，在帮她减轻初入幼儿园时的压力。适应幼儿园后，她就不怎么看了。

晴儿五岁半的时候，喜欢看绘本，喜欢用平板电脑学少儿英语和少儿编程，很少看电视了。

晴儿如今七岁半了，语言表达能力和词汇量在同龄人中，都算是佼佼者了。《儿科》杂志提到的"注意力缺陷"也根本不存在。

不少网友也反馈说，孩子通过各种电视剧学到了不少知识。

【白镜头】

鲨鱼爱月亮：我女儿看《汪汪队》的时候学会了：妈妈别担心，我自己可以做的。她现在两岁半，特别喜欢看《汪汪队》，每次看完都给我讲大段大段的话，这些都不是我教给她的。她最近对电视的兴趣不是很大，反而喜欢和我玩救援的游戏。

redstone10：我娃识好多字，是看《熊出没》学来的。

自在麦穗：娃常说他的知识都是从动画片学来的。

我是婧 ya：我孩子一岁半，天天刷动画片《蓝色小考拉》，词汇量和语言能力突飞猛进，只不过经常感觉孩子讲话带配音那个台湾腔。我认为反复刷动画片和我们上学的时候反复听英语学语言区别不大。

不管是看电视，还是玩手机，只要真正允许孩子自由玩，孩子玩一阵儿，就会审美疲劳了，知道自己随时可以看，就不会争分夺秒痴迷地看了。只有被限制的孩子，才会不舍得离开电视。

另外，如果不让孩子看电视，父母又忙，可以带孩子去的地方又有限，孩子的见识就会比同龄小孩少很多。将来到幼儿园，别人谈起什么动画片，你的孩子因为没看过，会不知所措地在那里发呆，和其他小朋友聊不到一起。

所以，我不仅允许晴儿看电视，还会每天陪晴儿看二十分钟。本来我比较忙，只陪晴儿玩，不陪看电视。但有一次，在陪晴儿看电视的时候，我才意识到，她一个人看动画片也挺孤单的。陪她一起看时，她明显比平时更开心，哪怕这个剧情，她已经看过好多遍了。她会很兴奋地指着电视上的各种角色，告诉我，这是谁，那是谁。我问她一些剧情，她也能对答如流。

她喜欢看电视，但并不会痴迷于电视。她也很喜欢找小伙伴们玩。因此，我认为，小孩看电视完全没有任何问题。只要不是那种嫌孩子麻烦，直接把孩子扔给电视，就不再管。

看电视也比看手机好。电视屏幕大，相比手机，对孩子眼睛的伤害极小。手机不仅刺眼，还可能会跳出不适合孩子看的广告，而电视上显然不会出现少儿不宜的广告。

三、价值观不正的节目不适合孩子看

我们看的是网络电视，是付费的儿童频道，不存在少儿不宜的内容，不会直接给孩子造成伤害。但有些价值观不正的节目，还是得由父母把关。

比如，有一次，我给晴儿选了个在儿童频道比较靠前的"××玩具"节目，我感觉是教小孩玩玩具的，给她选好，我就离开了。

看了两三天，有一次妻子跟晴儿一起看了会儿，发现这个节目不适合三四岁的小孩看。

比如她们看的一个片段是，主持人一直在炫耀自己的指甲油，说：看漂亮吧？指甲上要涂这些才好看……

晴儿就问：妈妈，我手指甲上什么都没有，是不是不好看？

妈妈说：手指甲上什么都没有，也很好看。

再一集，主持人推着购物车，说：要买买买，才快乐，才幸福……见到什么往购物车装什么……

妻子发现这个给小孩看的节目，怎么这么三观不正呢？就赶紧换台了。

由此，我发现，以后尽量给晴儿看优秀的儿童节目，并且最好先陪着看两集，看是否适合。

因为孩子年龄比较小，还不能分辨价值观的正确与否，所以父母需要帮助筛选掉价值观不正的节目。等孩子长大一些，再逐渐放手。

四、不适合孩子看的电视情节

【黑镜头】

一个朋友说，九岁的女儿晚上不敢一个人睡，总是很害怕。怕什么呢？

说怕黑，怕鬼，怕杀人犯。

以前没有这样的情况呀，为什么突然这样害怕呢？

她回忆了一下，明白了，有一次她带女儿去朋友家玩，打开门，朋友正在看电影《烈日灼心》，映入眼帘的镜头是一个女人被杀害，所以孩子留下了心理阴影。

虽然她告诉孩子，电影都是演出来的，是假的，但女儿还是很害怕一个人在家，害怕一个人睡觉。

没想到，那个镜头对她影响这么大。

【黑镜头】

晴儿三岁时，有一次，我给她选了个我小时候最爱看的动画片《葫芦娃》。选好后，我就离开了。

没过多久，就听见晴儿一声尖叫，哭了起来。我跑过去，她说：爸爸，我害怕。

我看到电视里，葫芦娃正在搬一块石头，这有什么好怕的？几秒后，石头旁边突然出现了一个人的头骨。不要说晴儿了，我都吓了一跳，赶紧给她换成《小猪佩奇》，压压惊。

由此，我也想到晴儿两岁八个月时，我写的一则育儿日记。

【黑镜头】

育儿日记 2017 年 11 月 25 日：妈妈我怕

昨天你妈妈说，这几天你总跟她说你怕。妈妈问你怕什么，你又说不出来。妈妈就没放在心上。

今天早上醒来，你又突然大哭着说你怕。我们再次问你怕什么，你指着房顶正中间说怕这个。

这个是十年前，爸爸妈妈结婚时在房间里张贴的彩带。后来彩带都撤掉了，但剩下一点透明胶带粘的这一小块红色彩带，没弄下来，太高了，就没再管它。

你还说怕墙。

我用竹竿戳了半天，终于把这块彩带戳了下来。你妈妈担心地猜测你到底在怕什么，为什么这几天老说怕。难道你感应到了新闻上说的某个幼儿园恐怖事件？还是中邪了？

不可能！

而且这段时间，你和妈妈形影不离，也没受过什么刺激啊，怎么会老说怕呢？

我突然想到了答案，说：晴儿害怕，的确是因为这几天受到刺激了。

你妈妈紧张地问：什么刺激？

我说：这段时间，你经常看什么《急诊科医生》的电视剧，晴儿也在你旁边跟着看。我提醒过你好几次，不要当着孩子的面看这种电视剧，因为时不时地就会出现一个血流满面的人。晴儿也说了好几次害怕，但是你沉迷于电视情节中，不以为意。

孩子当时看到你在她身旁，所以没有那么害怕。但是潜意识里她已经害怕了，所以半夜会做噩梦，会吓哭，吓醒，早上刚醒还迷迷糊糊的时候，电视剧里血迹斑斑的人也会出现在她脑海，所以她看到墙上红色的彩带就会害怕……另外我们家是白墙，和医院的白墙也相似，所以她也会跟着害怕。

妈妈很惭愧地说：我以后再也不看这个电视剧了。

我说：也不是不能看，但晴儿如果没睡觉的话，最好别再看了。

【黑镜头】

我小时候也常常做噩梦，梦见一个好端端的人突然七窍流血，梦见各种血流满面的人，晚上总睡不好觉。

为什么呢？因为当时看了《封神演义》，里面的纣王动不动就虐杀人，电视剧不时就会出现血腥的镜头。比如姬昌梦见伯邑考突然血流满面……

后来，我妈找一个神婆求助（那时候还没有心理咨询师，农村也没有什么教育专家），神婆说：在你家卧室的西北角，挖个坑，埋上二两肉。这样孩子就不会再做噩梦了。

这话是她们单独说的，刚好被我听到了。我后面没看到我妈在墙角挖坑埋肉，但是从那天开始，我再也没有做过那么可怕的噩梦了。

多年后，我再次询问，我妈完全记不得这件事了；我爸也说没有。因为那时候太穷，他们是不舍得这样做的，我爸更是反感这些封建迷信。

我不再频繁做噩梦了，应该是心理暗示。可怕的事情，一旦知道有破解之法，也就不会再害怕了。

古代很多迷信都是利用心理暗示来影响人。有人是被消极暗示了，有人则是积极暗示。好与坏，关键看是谁用，如何用。

在那个文化程度普遍低下的时代，聪明人利用迷信来助人或害人都比较简单。

总的来说，虽然我支持孩子看电视，但电视剧中的一些逼真的暴力镜头，会给孩子带来恐惧和心理阴影，还是要尽量避免。

如果孩子不小心看到了，我们要运用心理暗示的方法，及时消除孩子内心的恐惧，避免给孩子留下心理阴影。

不少读者对我的观点深有共鸣：

【黑镜头】

sunnys2010：小学二年级时，看见电视里一个炸弹下来血肉横飞……我在很长时间里，一闭眼睛就是这个镜头，严重影响睡眠。不敢跟爸妈说，因为说了他们也只会嘲笑我胆小。我小时候害怕手上的伤口，都被我爸爸一直嘲笑。

张宏涛心理：要允许孩子害怕，尊重孩子的恐惧，孩子才会越来越勇敢。

山红豆唐涉：我们同事将近四十岁，看到花圈都吓得要命，就是小时候被吓到了。她七岁时，村里办丧事，棺材放在旁边，主人还招待看电影《画皮》，就成这样了。

张宏涛心理：父母没有及时关注和处理她的情绪，造成了一生的阴影呀。

护纯陽：我小时候坐在父母旁边，看了鬼片《鬼新娘》，怕鬼怕到现在。

torrad98：还好我们家电视不怎么开，因为你不知道，哪个台什么时候就蹦出来吓到孩子的画面，还是通过网络，大人筛选好再给孩子看稳妥。

张宏涛心理：我们是网络电视，可以只看儿童频道。只是以前妻子喜欢看电视，就会忽视孩子的感受了。

五、如果允许孩子看电视，孩子一直看怎么办？

允许孩子喝水，孩子就会一直喝吗？心理学上有个"超限效应"，是指即便一个东西，是很被人们喜爱的，但如果刺激过多、过强或作用时间过久，就会引起心理不适或逆反的现象。

允许孩子看电视，孩子刚开始可能一直看，还很兴奋；但一段时间后，就会疲倦、反感。除非是我开篇提到的那种情况：家庭环境太差，电视成了孩子逃避家庭痛苦的世外桃源了。

再好吃的饭菜，我们也不可能一直吃。

所以如果你从不允许孩子看电视，或不允许孩子玩网络游戏，当有一天突然放开，或者孩子突然脱离了你的视线，脱离了你的监管，孩子可能会报复性放纵，会持续很长时间。

但正常来说，给孩子自由，孩子会更自律，会适可而止。

心理学上也讲了如何避免超限效应，就是时不时地限制一下，暂停一下，这样就能不断调动人的积极性，使其长期处于兴奋状态。

很多时候，限制就是诱惑。你越是限制孩子，每天只能看一个小时电视或手机，孩子对电视和手机的渴望就越强，还可能因此身在曹营心在汉，完全无心学习。

如果孩子知道自己随时可以看，反而不会经常看。

有个网友也提到了这一点：

【白镜头】

孩子说：妈，这个假期什么培训班都别给我报，我就想天天待在家看电视。

我本来不肯，后来听丈夫的，就答应了。因为未实现的欲望是最强大的。很快孩子自己就烦了，觉得看电视无聊，也不想待在家了，想出去玩，想旅游，想找小朋友玩。

晴儿两岁八个月的时候，我写过一篇相关的育儿日记。

【白镜头】

20171204 看电视时，不批评

这几天你很痴迷《汪汪队》。白天很多时候都在看《汪汪队》，连吃饭的时候，眼睛都盯着电视。叫你都没反应。饭喂到你嘴边，你才勉强张开嘴，然后半天也不嚼。

我笑着对你妈妈说，你看电视都变呆了。

你妈妈很严肃地说，她小时候看电视，她父母就常这样说她，那一刻，她很愤怒，也觉得很羞辱和憋屈，反而会故意看更长时间电视。所以，绝不能在孩子看电视的时候，说这样的话。

我深表赞同，又说：等会儿你们一起散步吧，别让她一直看电视了，眼睛该休息一下了。

等我从卫生间出来，你已经和妈妈在街上追逐着玩了。也不知道妈妈和你说了啥，你还叫我追你玩。

六、天下本无事，庸人自扰之

【黑镜头】

东东妈妈最烦恼的就是东东爱看手机。为此，他们俩天天斗智斗勇。

东东上初二了，成绩一直是全班第一，但因为妈妈不让他玩手机，他曾经有两个月拒绝去上学。为此妈妈找了很多咨询师想要改变他，希望他不再碰手机，都失败了，以至于她想把东东送到类似杨永信那样的戒网瘾机构……

东东爸爸说：等你上大学了，怎么玩手机都行，上大学之前，绝不能碰手机……

但东东不答应。

所以，他们天天和东东对抗，东东都以不上学来对抗父母了，父母也决不妥协。

他们很忧愁地说：现在的孩子怎么了，怎么都这么爱玩手机？

他们错了，不是孩子怎么了，是时代发展到现在，玩手机是再正常不过的事情了，不该再把手机当作洪水猛兽或电子毒品了。因为偏见和恐惧，他们竭力去控制孩子，试图让孩子放下手机，结果不但让孩子更想玩手机，还严重破坏了亲子关系。

孩子本来成绩是第一名，说明玩手机并没有影响他学习，但父母却因为恐惧和控制，导致孩子厌学了。

父母这种杞人忧天，让人不由得想起那句古话：天下本无事，庸人自扰之。

♡七、看电视会导致近视吗？

很多人说：我不担心孩子一直看电视，但是我担心他一直看电视，近视了怎么办？

幼儿心理科普作家黄杏贞在《谣言？近视是因为长时间看电视、看书导致的？不！这才是直接原因》一文提到：

1960 年，美国有个著名的"盲猫实验"。研究者把刚出生的小猫咪的双眼用布包起来，四个月后，研究者发现，小猫咪双目失明，眼睛已经看不见任何东西，无论研究者采取何种办法挽救，都已经无济于事。科学家们在人类小婴儿身上也发现了相似的情况，如果一个小婴儿从出生后就一直身处昏暗的空间，宝宝们的眼睛就不能得到很好的成长，近视或其他眼睛疾病便轻易地发生了。

过去，科学家们认为近视是遗传、眼疾等方面原因导致的，可事实是，这些仍旧只属于特殊的原因，随着近年来越来越多孩子近视，科学家们找到了最新并且非常确定的原因——缺乏足够的户外活动和光照。这个原因跟上面的盲猫实验有相似之处，小朋友在幼年时期，眼睛和大脑属于高速发育阶段，缺乏足够感官刺激，相应的大脑神经元便不能很好地成长，"缺陷"便发生了。

视力研究学家凯思琳·罗斯等人曾经有过一项研究，他们用悉尼当地的小朋友与新加坡的小朋友对比，发现两地孩子的近视情况相差很大。悉尼的孩子，每一百个小朋友中只有三个近视；而在新加坡，每一百个小朋友竟然有二十九个近视。罗斯等人认为，相比起新加坡，悉尼孩子每天的学习时间虽然不少，可是他们的户外活动时间也比较多。当小朋友有较多的户外活动时间，视网膜接收到较充足的光线时，可以帮助视网膜释放多巴胺，不仅能很好地预防近视，还能保证孩子眼睛的健康发育。

所以，如今，如此多的孩子近视，直接原因不是看电子屏幕、看绘本的时间过长，而是户外活动太少。

知名家庭教育专家王人平的一条微博，也证明了这一点：

农村小学的体育活动是极其丰富多彩的，并且有充足的时间保证。我去的时候，恰巧有两个班级在上体育课。我观察了一下，有两个发现：

一是没有太胖的学生，不知道是否与活动量大、营养适度有关？

二是没有戴眼镜的学生。

我好奇地问校领导，学校没有近视的学生吗？

校领导说，有一个的，是从外地转回来的。

八、如何让看电视有利于孩子发展

【白镜头】

晴儿快五岁那年的冬天太冷，刚好也是新冠疫情期间，不允许孩子们游街串户到处玩。我们怕晴儿感冒，所以很长时间就让她在卧室待着，电视在客厅，所以只好把手机给她，让她在卧室看。晴儿这段时间很痴迷手机里的小视频，以至于茶饭不思。

为了不让她一直看手机，也为了不让各种小视频的情节或观念在她脑海里跑马，影响她的思维发展，我想了个办法：不限制她看小视频，但每看一个视频，就要停下来，给我讲讲她看了什么，有什么想法。

最初，晴儿几乎完全记不住。

我说：你这样看下去没有意义，看了就忘。看完之后，你要给我讲讲你看了什么，才可以继续看。如果你记不起来，可以再看一遍。

此后，晴儿的进步是飞快的。最初只能简述结局，不久就可以复述整个过程，再然后她可以讲出不少细节了，最后还能讲出自己的想法，还会表演……

《改变：和未知的自己面对面》一书提到：

某本书、电影或电视节目、故事，可能会改变你的人生。它带领我们进入另一个世界，想象无限的可能性和其他看待自我的角度。这些故事的力量悄悄作用在我们身上，我们吸收这些，影响内化成自己的一部分。

这一点，我很有共鸣。比如《飞驰人生》的男主角是小时候在电视上看到了赛车比赛，于是一下就认定自己这辈子就要做个赛车手。

如果他小时候就像我一样，从来没有看到赛车这样的节目，也没机会接触赛车，就不可能会有当赛车手的想法。

《新喜剧之王》的女主角是小时候看了马可的一个电影，然后萌发了要当演员的梦想。如果没有看那个电影，可能她未必会产生当演员的梦想。

还有一些电视剧，特别是主角逆袭的电视剧，也给了很多底层人逆袭的勇气和信心，比如《士兵突击》《兄弟如手足》等。

好的电视剧或电影，就像精神食粮，可以让人不断吸取能量。

所以，与其一味排斥电视，不如主动选择适合孩子的电视节目给他们看。

本文谈论的主要是电视，但手机和其他电子产品同理。

第 15 课
不与零食为敌，畅快满足孩子的零食需求

我们对小时候吃的美食都有着深刻记忆，美食有着带我们回到过去的魔力。

——霍马洛·坎图

美食是身体的歌曲；而歌曲是心灵的美食。

——格里高利·罗伯兹

　　1.对零食，你有哪些美好或者悲伤的记忆？在这方面，你父母是如何对待你的？

....

....

　　2.如果可以临时穿越回过去一个小时，你会给童年的自己带零食吗？

....

....

　　3.你现在对孩子吃零食是什么态度？

....

....

....

一、我对零食的美好记忆

1. 童年最甜蜜的零食。

【白镜头】

小学一年级时，我们的老师叫王慕娥，她一条腿有些残疾，人非常好。我学习好，人又机灵，总是积极踊跃地回答课堂提问，王老师很喜欢我，还让我当班长。

有一次，一个同学去王老师在学校开的小商店买一分钱一根的鞭糖，拉我一起去。他买了五分钱的，一包是十根，老师撕开给他了一半，然后看向我。我说：我没钱，我不买。

王老师就直接把剩下的一半都递给我了，说：好好学习！算我奖你的。

可把我激动坏了。我第一次得到亲戚之外的人给我的零食，而且还是老师给的，我觉得太幸福了。

同样是小学一年级，有一年夏天特别热，我很渴。这时，我看到一个小姐姐在喝汽水，就眼巴巴地盯着她的汽水。她认识我，但是我不太认识她。她看到我想喝，就给我喝了几口。我到现在也不知道她到底是谁，但却让我甜蜜了三十多年。

一个远亲家是开小卖部的。二年级时，我去买一毛钱的鞭糖，他们说，你和我们还是亲戚呢。给了我两毛钱的鞭糖。我好开心呀。有时候，我会故意带同学去他们那里买东西，然后向同学显摆，我用一毛钱可以买两毛钱的东西。

虽然我很少去这家商店（离得远，我基本没零花钱，也不好意思常去），但是我知道有这么一个地方，对我特别好。一想到这个地方，我就觉得很甜蜜。

2. 最温暖的冰糕。

【白镜头】

小学二年级时，每天中午到学校，就会看到很多同学手里拿着冰糕慢慢享受，还常常发出"好甜"的感叹。我只能眼巴巴地看着。因为家里穷，父母从来没给过我零花钱。

同桌小红和我一样，她曾悄悄告诉我，她做梦都想和大家一样，在教室里一边闲聊，一边惬意地吃冰糕。

一天中午，舅舅带着表妹来我家做客，妈妈给钱让我去买冰糕，我高兴坏了，给大家每人买了一根，唯独没给自己买。如果不当着同学们的面吃，多浪费啊，我要到学校再买。

吃过饭，我兴高采烈地往学校狂奔，这时却在路上发现了哭哭啼啼的小红。原来，当天中午，她做了很多家务，爸爸破天荒地给她买了根冰糕，但她和我一样，想到教室再吃，于是把冰糕藏到了书包里。等吃完饭要来学校时，她才发现冰糕已经化得只剩一根棍了。

多日的梦想就这样在即将实现前破灭了。所以，小红再也压抑不住悲伤，在我面前号啕大哭起来。

我于心不忍，把仅有的只能买一根冰糕的钱递给小红。她不要，我说："当我借给你的，十年后，你还我十根。"她这才破涕为笑。

那天中午，小红一边吃冰糕，一边对我笑。我虽然没吃到梦寐以求的冰糕，但是心里也很甜。

多年后，遇到小红，她还激动地告诉我：那根冰糕温暖了我不止一个夏天，直到现在！

霍马洛·坎图说：我们对小时候吃的美食都有着深刻记忆，美食有着带我们回到过去的魔力。

真的是这样啊。如果我们小时候不曾吃过这些美食，我们的记忆，该多苍白？

作家格里高利·罗伯兹说：美食是身体的歌曲，而歌曲是心灵的美食。我们的经历也证明了，我们吃零食，不仅是为了不饿，更是为了解馋，是我们身体的需要，更是心灵的需要。

二、一篇文章改变了我对零食的态度

多年以来，我崇尚的是苦行僧式的生活，觉得吃粗茶淡饭就够了，完全没必要山珍海味、大鱼大肉，更没必要吃零食。吃零食，我认为纯粹是不健康的生活方式，也是管不住自己的表现。

后来，我看到《当我遇见一个人》的作者李雪说：不要限制孩子吃零食，不要限制孩子看电视……

我感到很震惊，心想：这也太极端了吧？怎么能容许孩子没有节制地随便吃零食，随便看电视呢？

深入思考后，我突然意识到：这样说没什么不对呀。我也希望被这样对待啊！我小时候不是最渴望吃冰糕、看电视吗？如果那时候允许我吃和看，我不会成为吃喝无度、看电视无度的孩子，相反，我感受到父母的爱，会学习更用心。

李雪还引用过一个孩子的话，也让我特别受触动：我想吃两块巧克力，妈妈给了我十块。这多出来的八块，都是爱。

所以，后来有了孩子，我不限制孩子吃零食，不限制孩子看电视。因此晴儿从三岁开始，她的品位和自控力就都比我高了。

晴儿即将两岁时，妻子抱怨她吃零食，特别是吃糖太多，每天都要去小卖部三四次，以至于不好好吃饭，真不想给她买了。

我当即回答：那以后就不给晴儿买零食了吧，不再去小卖部。

如果我不这样说，妻子可能会和我较劲，试图证明放任孩子不好，应该禁止。但当我干脆地表态支持妻子的决定时，她反而开始反思了，她觉得不给孩子买，同样会伤害孩子。她还提到了她观察到的不满足孩子的弊端：

【黑镜头】

有个小女孩，父母从来不给她钱买零食。

结果呢？这个六岁的小女孩，就变成了有零食孩子的跟班。因为这样有机会在别人买零食时，给她分一点。

小女孩每次到小商店都会眼睛放光，摸摸这个，摸摸那个，恨不得把所有零食都拿走；但是她从来不买，因为没钱。每次店主看到她，都会厌烦地把她赶出去。她只好在店外可怜巴巴地等着，等小朋友给她分享零食。

有一次，她的一个好朋友（也是同学）买了一个冰激凌，她也想吃，就去跟人家说想尝一口，人家不给，她很郁闷。

同学妈妈也有些不满地问她：你怎么老跟我们要零食，你自己怎么不买？

她低下头，自卑地说：我们家没钱，我们买不起！

其实她家真不穷，但她妈妈从来不给她买零食，或许是因为匮乏思维不舍得花钱，但更可能是认为吃零食对孩子身体不好。只是小女孩所能理解的，就是自己家太穷了，吃不起。这无疑让她产生了很深的自卑感！

【黑镜头】

有次在公园遇到个两三岁的女孩，晴儿很开心地吃着糖，那个小女孩在旁边看得直流口水。晴儿主动递给她一个，她犹豫着想去接，她妈妈说：我们不吃糖……然后那个小女孩被抱走了，没哭也没闹，但是两只眼睛却直勾勾地盯着那块糖……

【黑镜头】

小时候，有个比我大两岁的孩子，特别喜欢戏弄其他小孩。有个比我小两岁的五六岁的孩子，经常被他戏弄。他常拿一块糖果做诱饵，让对方学狗叫，叫完了，他又反悔说：你再跟我叫"爸爸"，我这块糖就给你……

父母的禁止，就像诱惑，加深了孩子对零食的欲望。孩子会觉得零食这么难得到，实在是太宝贵了（物以稀为贵），所以容易为了一点零食，付出很大的代价。如果他在自己家就可以吃到，就绝不会这样了。

三、什么样的孩子，容易吃零食上瘾？

为什么很多妈妈常给孩子买零食，孩子却还是痴迷零食呢？不一定是因为零食本身太容易让人着迷。

【黑镜头】

晴儿两三岁的时候，我妻子大多数时候，都满足了晴儿的需要；但晴儿却还是那么想要零食，而且说要就得要，稍晚一会儿都不行。

首先，年幼的孩子，本来就有爱吃糖的天性，不像成年人那样有耐心，也不像成年人那样能克制自己。

其次，估计是妻子虽然满足了晴儿，但却并没有畅快地满足她。询问之后，果然如此。妻子都是在和晴儿较劲一番后，才去满足晴儿的。

比如她常对晴儿说这句话：只买这次，以后不再买了，好不好？

晴儿有时说好，有时不答应，但不论答应不答应，这句限制性的话，都给晴儿制造了匮乏感、危机感。没有被畅快地满足，所以才会特别想要，不给不行。

买了之后，她也没有给晴儿自由。以前，晴儿虽然买了棒棒糖，但往往只是舔几下就递给我们了，去玩沙子或别的玩具了。晴儿把棒棒糖递给我们的时候，我都是看她离开，就直接扔了。而妻子不舍得扔，总是放到碗里，有时还会塞给晴儿，逼晴儿吃。但晴儿要买新的，不吃碗里的。

因此，妻子就不乐意了。

她觉得晴儿太浪费了，于是就会"教育"晴儿：你买了又不吃，你太浪费了！你不吃还老买什么啊？这次不吃，以后再也不给你买了！

在妻子的反复教育下，晴儿舔几下不想吃之后，不会再递给我们（怕被教育），而是选择把棒棒糖咬碎咽下去。

好几次我看到后，都对她说：不想吃就吐了吧！晴儿就立刻吐出来了。

313

但是我不在场的时候，晴儿有时候吐，有时候不吐。

如果妻子愿意顺畅地满足晴儿买零食的想法，不和零食较劲，那么晴儿也就不会和妈妈较劲，会更愿意等，因为她相信妈妈早晚都会满足自己。

如果妻子不嫌晴儿浪费，晴儿就不会把那么多糖咽到肚里。

当我把这个道理详细告诉妻子后，她才如梦初醒，改变了做法，所以，后来晴儿不仅很少吃糖，也很少要求买糖了。

李雪常说"不要与孩子较劲，不要与事实较劲"，由此，我想到了一个万能金句，就是：不与××较劲，不与××为敌。

我们对待孩子，要遵守这样的原则：不与孩子较劲，不与孩子为敌。

对待零食同样如此：不与零食较劲，不与零食为敌。

对待网络游戏：不与游戏较劲，不与游戏为敌。

对待减肥：不与身体较劲，不与身体为敌。

对待电视：不与电视较劲，不与电视为敌。

……

网上常看到这样的故事，婆婆给哭闹的孙子零食，然后孩子母亲为此和婆婆大吵……这就是把零食当作了敌人，当成了毒药。

很多人说，我不怕孩子吃零食，我怕她吃上瘾，上瘾了，肯定危害身体健康吧？

大家觉得，是自由吃零食的孩子更容易上瘾，还是被限制吃零食的孩子更容易上瘾呢？

在我接触的大量小孩中，容易上瘾的，往往都是被限制的孩子。那些不被限制的，可以自由顺畅得到零食的孩子，是很少上瘾的。越是得不到的，越是想要。越是随手可得的，越是不在意。不论是零食，还是其他东西。

当然，也有不限制，甚至父母主动给，而孩子仍然上瘾的，但这个上瘾不能怪零食本身。比如有个孩子，父母很喜欢给她买零食，她也特别喜欢吃零食，吃零食上瘾。为什么呢？

因为这孩子的父母都是大忙人，家里很有钱，但是父母没有时间，不能陪伴孩子，不能带孩子玩，他们内心愧疚，就拿零食来弥补，而孩子也把零食当作父母的爱的替代品。但零食毕竟不等于父母的爱，所以她无法真正满足。心灵需求无法满足，她就只好用一直吃零食的方法，来填补永远也填不满的内心的黑洞。

所有病态的上瘾，都是缺爱造成的。

还有很多人，小时候被压抑了吃零食的欲望，成年后，特别爱吃零食，每天零食吃得比主食还多。原因是这种未被满足的欲望都很强的，只能被暂时压抑，不会被消灭。只要有机会，就会爆发。

四、零食的危害与禁止孩子吃零食的危害

1. 零食的危害，被夸大了。

零食容易背黑锅。

比如很多人说吃糖多，会把牙吃坏。的确有很多人如此，但是也有很多人吃糖多，没把牙吃坏。也有很多人没吃糖，牙一样坏。比如晴儿的牙齿是在吃零食之前，就坏掉了。我小时候也极少吃糖，但是牙齿也一样烂。主要有两个原因，就是遗传和母亲孕期缺钙。

又比如朋友圈广为流传的《才五岁啊，就肝癌晚期！医生忠告 9 种毒零食，千万别吃》之类的文章，都被证明是歪曲事实的。

广州市第八人民医院重症肝病科主任许敏表示，她也关注到这一报道，她不赞同报道中所提到的零食与儿童患肝癌的因果关系，"目前公认的致癌物是黄曲霉素，这种毒物对于肝癌有直接致病性，黄曲霉素多存在于花生、玉米、白薯干、稻米、小米等食物中，食用这些食物可能会导致肝癌，动物试验表明，其致癌所需时间最短为 24 周。除黄曲霉素外，尚没有科学实验可以证明任何其他食物包括食品添加剂会直接导致肝癌"。

南方医科大学南方医院感染内科资深教授骆抗先告诉记者，儿童罹患肝癌更多的是跟感染 HDV 病毒有关，也就是乙肝病毒，儿童罹患这种病毒有些是先天感染，比如母亲是大小三阳患者，有些是后天感染，基本上儿童肝癌

患者主要是因为感染乙肝病毒，所以我国才会推行儿童免费注射乙肝疫苗政策。

也就是说，三证齐全的零食，绝没有那么大的危害。

还有不少人平时不让孩子吃零食，孩子感冒、发烧，他们不在意；一旦偶尔孩子吃了零食，然后感冒发烧了，他们就认为是吃零食造成的。零食成了背锅小能手了。

在中西医的论战中，有句被广为引用的名言：抛开剂量谈毒性都是耍流氓。

短期少量吃零食，坏处可以忽略不计。长期大量吃零食，或短期内超大量吃零食吃到撑，才容易对身体不好。但谁会一次吃特别多零食呢？就是那种平时没机会吃的孩子。

长期吃，但每次吃得很少，基本不会影响健康。而禁止孩子吃零食，或者不痛快地满足孩子，更容易导致孩子长期过量吃零食，甚至吃一辈子零食。

痛快满足孩子，反而更容易让孩子和零食和平相处，适量地吃。

2. 过于重视孩子的身体健康，忽略孩子的心理健康。

你不可能把孩子藏在温室，藏在真空里。孩子有邻居，有同学，有亲戚。别人家孩子都吃零食，你家孩子没零食吃，别人会看不起你家孩子，你的孩子也容易自卑……也许你家孩子的确少吃了一些垃圾食品，但是却比别的孩子多了自卑。是不是得不偿失？

3. 控制零食，会损害孩子的自立。

如果你在零食上限制孩子，下一步，你会不会在看电视、玩电脑、玩手机、做作业上限制孩子？接下来，你会不会控制孩子择校、选专业、找工作、结婚……你打算管控孩子一辈子吗？你打算什么时候给孩子自由？

你还会认为，孩子不优秀是因为不听话。比如，你不可能真的让孩子按你所说不吃零食，还不爱吃零食……所以从零食这个问题上，你就开始指责孩子了。

4. 会让孩子自欺欺人，断掉与身体的链接，否认自己的味觉。

孩子想吃又吃不到，这太痛苦了，如果他认为是父母不舍得给他买，那等于说父母不爱他，这太可怕了。所以他不会认为父母的道理不对，而会扭曲自己的感觉，认为父母说得对，但自己太贪吃了，才想要吃，自己太可耻了。或者他们变成吃不到葡萄的狐狸，说我不喜欢吃零食，因为零食不好……

还有很多弊端，不列举了。

我们是不是除了痛快地满足孩子吃零食，就别的什么都不做了？也不是，在孩子大一点之后，教孩子如何识别三无产品。孩子小的时候，要教孩子拿到零食后，先看一眼是否过期，是否是三无产品，然后再决定吃不吃（如果不是三无产品，要允许孩子吃，不然孩子就会偷偷吃了）。

可以带孩子去高端一点的超市购买品质有保障的零食。孩子吃过品质好的零食，再吃品质差的零食，会吃不下去的。相信孩子的智慧。

五、相信孩子，让孩子自己决定

有人曾经说，如果我们放手，孩子会一口气吃很多零食，把自己吃撑、吃坏。

我们要相信一个正常的孩子，是不会把自己吃坏的。李雪曾说过：

孩子的身体原本就拥有智慧，懂得自主调节。

第一道身体预警：吃多了会腻。

第二道身体预警：血糖高了会头晕难受。

孩子吃糖，吃舒服了干吗还要继续吃？难道要一直坚持吃到心脏负担加重？那肯定不舒服啊。

这原本不需要任何人教育，因为没人愿意跟自己的身体过不去、怎么难受怎么来。

关键在于：家长心中的恐惧！

家长总是担心：一旦对孩子放手，就必定一发不可收拾！

如此，出于心中不合理信念所带来的恐惧，对孩子横加限制，反而对孩子造成一种"诱惑"的假象。

物以稀为贵嘛!

我们要相信孩子,我曾举例说:一个正常人是不会吃很多把自己撑死,不会喝很多把自己胀死的。

能被撑着的,都是平时被限制太多的人。比如在沙漠里快渴死的人,遇到绿洲,肯定会把自己喝撑。

所以如果你的孩子是一直被限制的,那么,不要一下就放开零食,而要循序渐进,逐渐放开,如果突然全面放开,孩子可能会失控。

我们要相信身体的本能,相信身体的智慧。

尼采曾经说过:我们的肉体本身,所拥有的智慧是超过大脑的。

而《心理减肥术:唤醒身体的智力,让自然赋予你健康人生》一书也强调:我们要唤醒我们的身体智力。作者认为身体本身也是拥有智力的,靠节食减肥是对身体不利的,依靠身体智力自然调节,反而更易达到健康减肥的效果。

用通俗的话来讲:我们要与我们的身体链接,不要只是把身体当作卑贱的奴仆,从来不关注(除非生病)、不重视,极度忽略我们的身体,做事总是用大脑去判断,包括是否该吃饭,吃多少。我过去就是即便不饿,到饭点就吃饭,即便很撑了,也会全吃完,不"浪费"一点……

我们大多数人和身体的链接都是中断的,或者很弱的,我们从小就被切断了这种链接。

所以,我认为,应该给予孩子自由,孩子想要什么零食,就给他买什么零食。如果他可以自由选择,什么都尝试过,他就知道更喜欢哪种零食,哪种零食更好吃。

知乎网友陈镭的经历很有趣,也能证明这一点。

【白镜头】

我妈退休前在食品厂的幼儿园工作。食品厂啊,除了糖还是糖。因为在幼儿园,所以食品厂的家长都会拿糖给我妈,然后我妈就会拿回家。

起初我们吃糖很欢,除了自己吃外,还可以拿着与小朋友交换。但是,糖吃多了真会腻,腻到吐。后来食品厂生产巧克力了,终于可以换口味了,但是巧克力来得太猛，都是脸盆大的纯巧克力，吃的时候要用锤子砸，要么直接用牙啃，就这样一块巧克力还没有吃完，就已经腻了，可是还有几大块没有开始吃……

所以，现在别跟我提糖和巧克力。不过，小时候虽然曾经吃了如此多的糖，但我并不胖，牙也没坏。

可以给孩子建议，但要允许孩子试错。

【白镜头】

晴儿五岁时，有一次她妈妈买了很多龙眼。因为好久没买过，所以她吃了不少。

第二天，她流鼻血了。

我告诉晴儿：龙眼吃多了容易上火。以后每天吃两三颗就可以了，吃多了容易流鼻血。

晴儿就记住了。后来每次吃，都不超过三个。

有人问：孩子爱吃零食，不爱吃蔬菜，不爱吃主食怎么办？

我的答案是：努力提高厨艺，孩子大点的话，拉孩子一起参与做饭，孩子就会增加吃饭的兴趣。孩子有时候不是挑食，是因为妈妈做的饭菜太难吃。对于幼小的孩子来说，主食要符合他们的特点，比如不要块太大，不要太难嚼，不要有太刺激的味道……

孩子吃零食很节制，一种是孩子被顺畅地满足过，所以不与零食为敌，不与零食较劲，和零食是朋友，只吃极少数他觉得好的零食。

另一种是孩子一直被限制和管控，内在的父母（超我）告诉他，零食都不是好东西，要与零食为敌；而内在的小孩（本我）又特别渴望零食，觉得零食是好东西。于是，他活得很纠结，一直在和零食较劲，最终内在的父母胜利了，内在的小孩失败，被压制在五行山下，所以他吃零食很节制。但是在这样的战斗中，他耗费了大量的精力和意志力，在做其他事情时，会力不从心。

因此，前者比后者更容易获得世俗意义和精神上的成功！前者活得洒脱而顺畅，后者活得纠结而拧巴。

小时候我很想吃肉，但几乎没机会。后来有一年我表哥结婚，我妈带我去了，但因为下午还要上课，所以还没开席的时候，我妈就给我盛了一碗肉，让我先吃了去上学。

我嫌这个碗太小，根本不够吃，说自己能吃三碗。结果一碗都没吃完，我就吃撑了。我还很奇怪，为什么我饭量变小了？我虽然很想吃，但实在吃不下了。当时我很惊讶，也说明，那时候，我和身体的链接还比较好。

现在呢，哪怕已经饱了，已经撑了，我还吃得下……都是受什么"粒粒皆辛苦"之类的传统观念和父母十年如一日节俭的教育，把我和身体的链接给切断了。

六、通过马斯洛需求层次论来观察孩子要零食的动机

孩子要买零食，给不给孩子买？

是孩子只要请求，就一味满足，要多少给多少？还是管制型，不给买，或者一次只买一个？

不同的家长，会有不同的答案。而这个答案背后往往是没有逻辑的，要么是出于家长的惯性：他们的父母怎么对待他们，他们就怎么对待孩子；要么是出于一时的心情，心情好了，就容易答应孩子的请求，心情不好，就不仅不答应，还训斥孩子一顿。

但我觉得，无论是一味满足孩子，还是一律不满足，或者按心情决定是否满足，都不是理性的态度。

理性的态度，是什么样的呢？

我们可以先根据马斯洛的需求层次论，来判断孩子要零食的动机，然后再做决定。

马斯洛将我们的需求分为了七个层次，分别是：生理需求、安全需求、归属感与爱的需求、尊重的需求、求知需求、审美需求、自我实现需求。

如果是生理需求，也就是孩子很饿，那我们应该做的，绝不是讲什么道理，说不要吃垃圾食品，零食有害健康之类；而是用健康食品替代零食，给孩子充饥。也就是说，这时候，不是非得买零食，关键是要让孩子有吃的，不饿就行。

如果孩子想要的是安全需求，比如孩子被同学霸凌，同学要求他下午必须拿一包什么零食送给他，不然就欺负他，这时，单纯地给孩子讲道理，说零食对健康不好，会发胖；或者拿个馒头或面包试图替代孩子想要的零食……那肯定是没用的。因为这些不能保证他的安全感。所以要弄清楚原因，知道是被同学勒索后，就坚定地站在孩子这边，陪孩子去学校，消除孩子的恐惧源。

如果孩子要零食，是想满足归属感，比如他的几个小朋友，都吃这种零食，大家商量一起去某处玩，都带着这个零食，就你的孩子没有，那他肯定会闹着要。

你这时候讲道理，或者想拿馒头、面包替换，肯定都不管用，拿龙虾替换也没用。孩子表面要的是零食，其实要的是归属感，只有同样的零食，才能满足孩子的归属感，所以这时候，是应该买的。大不了你告诉孩子，买可以，少吃点……

心理学上有个超限效应，是指刺激过多、过强或作用时间过久，从而引起极不耐烦或逆反的心理现象。

比如以前晴儿总想吃雪糕，妻子只偶尔心情好了，给她买一次，然后她就每天都喊着要吃。我直接带晴儿买了一箱雪糕，还都是她自己挑选的，带回家放到冰箱，允许她随便吃。没想到，她就第一天吃了两块，后面经常想不起来吃，也不再喊着要吃了。

这是因为她知道有那么多雪糕在冰箱放着，随时可以吃，所以她内心很有满足感，匮乏感解决了，也就不渴求了。

后来一群小伙伴来我们家玩，她就大方地打开冰箱，请大家每人吃一块……虽然几乎吃完了，但是她很开心。

这是满足了她的社交需求（归属感）。

如果孩子是出于爱的需求，他觉得别的妈妈都给孩子买，就你好像从来都不买，他怀疑你对他的爱，所以要以此来验证一下，这时候，当然最好是买了。如果不想买，也没关系，但关键是，要让孩子相信，你是爱他的。比如买他同样喜欢的、更健康的东西。

如果孩子是出于被尊重的需求，比如他想拿这个零食送给老师当礼物，或者送给他喜欢的朋友，那这时候，也是应该买的，说别的都没用。

如果孩子是出于审美的需求，就是这种零食特别好看，他很喜欢这种样式的零食，那也是可以买来给孩子体验一下的，而不是和孩子讲道理……讲道理，就等于是在浪费时间。两个人根本不在一个频道上。

比如，有一次，我们在外面玩的时候，晴儿被蜜雪冰城的宣传音乐"你爱我呀，我爱你，蜜月冰城甜蜜蜜……"吸引，想要进蜜雪冰城买东西。她其实是被这歌声，还有装修广告给吸引了。她要这里的东西，不是因为饿，也不是因为渴，更不是什么攀比，她是出于"审美需求"。当妻子以这些饮食不够健康，或者我们快要吃饭了，先不买，或我们已经吃过饭了，买了你也吃不下为由，拒绝购买的时候，晴儿是不会认同的，因为她主要不是想满足生理需求，她要满足审美需求。

妻子不得已买了，晴儿只喝了一点，就满足了，然后就不要了。其实孩子比大人的消费观念更好，她是为了审美需求，而成年人，很容易不自觉地沉溺在最底层的需求上，也许是因为我们很多人的童年都是在物质匮乏中度过的吧。

其他事情，都可以以此类推，举一反三。

七、四十元一斤的草莓，你舍得给孩子买吗？

元旦在超市看到一个孩子哭得不行，想吃个草莓，奶奶就不肯买。现在超市草莓四十元一斤是贵，但过节只买一次尝尝鲜，是不会破产的，全家人心情却会好得多！与其总说"这个我们这种家庭买不起"，还不如少买没用的东西，省下钱用来偶尔吃点高价优质的农产品，对家人的身体健康和饮食欢乐都更有好处。

上面这段话是著名营养学家范志红老师发的一条微博，没想到，一段话，引来无数攻击。很多人都攻击她——何不食肉糜？说她不知道世上有人多穷，山沟的人裤子都没的穿……

但据我观察，能去超市买东西的人，真的基本都不是来自山沟的穷人。

我有个朋友曾在超市做过一段时间促销，她看到无数穿着阔气的家长因为孩子的一点需求就大骂孩子。他们不是没有钱，只是这些父母或奶奶外婆等人不认同这样的消费，不重视孩子的需求而已。

我还在超市见过有人大骂孩子选择文学类的图书，说看这些书有什么用。

没错，他们只是不认可，他们从没有为子女的需求做过预算，他们只买自己觉得有必要买的，而不是买孩子需要买的。

看过一篇文章，作者一家人出去旅游，路上孩子要各种东西，大家都觉得孩子真爱花钱，真是太浪费钱了，但事后一算，孩子花的钱，连他们每人的零头都不到。作者很惭愧，觉得孩子是家中的一分子，出去旅游，本来就应该在预算里列出一笔给孩子花的钱才对，怎么能因为孩子买几样东西，就说孩子乱花钱呢？

这个作者的观点，让我很受启发，我想，如果家长们都有这样的觉悟，世上会少很多因为一点需求就被攻击的孩子吧！

四十块一斤，我也觉得贵，但可以这样想：四块钱一两，就不贵了啊。给孩子买十块钱的尝尝不好吗？

量小更易成赢家

走在路上，我看到一个卖樱桃的女人，樱桃旁边还有一小篮没见过的小型水果，我就好奇地问是什么。卖家介绍说是桑葚。桑葚这个词我是知道的，鲁迅先生被收入中学课本的《从百草园到三味书屋》里提过，但这还是我第一次见到实物，我便询问多少钱。

卖家说："二十元一斤。"我觉得有点贵，就直接离开了。

走了几步，另外一个卖桑葚的女子招呼我说："新鲜的桑葚，买点尝尝吧？"

我摇头："太贵了，买不起。"

这女子却微笑着说："两块钱一两，不算贵啊。"

听了这话，我心动了，忍不住说："好，那给我来五块钱的吧。"

同样是二十块钱一斤，但说两块钱一两，给人的感觉似乎便宜一些，也更好接受。前面一位说二十块钱一斤的隐含意思就是，买的话至少要买一斤，买五块钱的也不是不可以，但买家会没底气，会心虚。后面说两块钱一两的，潜台词就是两块钱就可以买，同样是买五块钱的，在后者这里买就会有面子得多。

【白镜头】

小时候，有一次我和爸爸去市里卖菜，一大早就去了，去之前喝了点米汤，啃了点馒头。

到了中午，菜终于卖完了。回来的路上，我们都饿了，我爸不舍得在路上的饭店吃碗烩面，我也不好意思说饿了。

后来路过一个卖水煎包的小店，我爸问我：饿不饿？

我非常喜欢吃水煎包，何况真的是饥肠辘辘了，于是连忙点头。

我爸说：先给你买一个水煎包，垫垫肚子。

很快，我爸回来了，他居然真的只买了一个水煎包。

我非常惊讶，要知道，我那时候虽然还小，但如果我去买水煎包的话，也至少要买一块钱的。单买一个，觉得太丢脸。哪有只买一个的？但是没想到，我爸这么一个爱面子的成年人，居然只买了一个。

那一刻，我非常感动。因为如果我是我爸，我不舍得花钱，那我就不会去买这个包子，因为买一个多难为情啊，那就不买了，孩子饿就饿着吧，反正到家就可以吃饭了。

虽然我爸那么爱面子，又那么不舍得花钱，但他还是去给我买了一个水煎包，让我垫垫肚子。

我既垫了肚子，又解了馋，很开心，也很感动。

所以，超市的奶奶，也完全可以买五块钱的草莓给孩子尝尝鲜啊！四十块钱不舍得，五块钱还不舍得吗？

成年人这样对待自己无可厚非，每个人都有权选择自己想要的人生。但父母如果这样对待孩子，问题就大了。

无数家长，一边禁止孩子要好东西，只给孩子生活必需品，还拣最便宜最差的，讽刺孩子想要高品质的东西是虚荣，告诉孩子，他能得到最基本的东西就已经很不错了，让孩子产生很深的不配得感；一边又要孩子在学习和其他方面争先进，让孩子与各方面最顶尖的人比拼。这真是又让马儿跑第一，又让马儿吃最烂的草啊。

殊不知心态就像血液一样，当一个人在吃穿用上都有不配得的心理时，在学习能力和其他能力上，同样会不自觉地有不配得心态，就会认为自己不聪明、不能干，就算暂时学习好，也是靠"勤能补拙"，早晚会被人轻松超越。

这种行为还会让孩子陷入混乱，一边不满意自己的生活品质，一边又没有信心靠自己的能力去改变，最终一直活得不开心，也提不起精神。

在我看来，在孩子小时候尽量满足他的需求是最划算的，因为孩子越小，要满足他们就越容易，性价比也越高。一张两块钱的贴纸，一个一块钱的棒棒糖，五块钱的冰激凌，都会让他们开心很久。

在孩子最需要的时候，满足孩子，孩子最开心。在孩子最想要的时候，不断拒绝孩子，等将来你想给孩子时，孩子早已不想要了。给多少钱，都无法暖化孩子那冰冷的心了。

如果父母小时候富养我们，我们就容易相信自己的价值。如果是穷养，我们就需要克服很大的心理障碍去相信自己的价值，甚至一辈子都活在金钱的阴影下。

这么简单的道理，无数人想不通。

当然，因为家庭条件的原因，不少家长的确不可能经常满足孩子，因此，我们可以拒绝孩子，拒绝的原因是我们钱不多，而不是孩子的请求不对；但不要道貌岸然地攻击孩子虚荣、自私、不懂事。

八、给孩子买他需要的东西，无论多贵，都是值得的！

1. 总是量入为出的观点，是最值得推崇的吗？

我写的《四十元一斤的草莓，你舍得给孩子买吗？》一文发到公众号后，有五百家公众号申请转载，很多都是百万粉丝的大号，其他平台也都有转载，累计上亿的阅读量，回复的评论也有数十万。评论两极分化，一派支持我的观点，认为要尽量满足孩子；一派反对，认为满足孩子，就是放纵和溺爱孩子，孩子会向父母索取越来越多……

我在评论里还看到相对中庸、理性的观点：父母要量入为出，适当消费，但不要超出家庭的消费水平。可以给孩子买几块钱的苹果香蕉，而像四十元一斤的草莓就别买了。等到草莓成熟的旺季，相对便宜时再买。

这个很理性的观点，基本是正反两方都可以接受的。

那么，这种观点，真的更值得推崇吗？

2. 孩子的记忆力，会让昂贵的东西变得物超所值。

赞成这种观点的人，或许都忽略了很重要的一点，就是孩子的记忆力！

如果他们知道孩子的记忆力可以持续多久，或许会改变主意吧。

不论是零食，还是玩具，或者孩子需要的其他东西，道理都是相通的。所以，下面谈论的内容，不局限于零食本身。

有个朋友曾经感慨地和我说过一件事：

【白镜头】

他儿子在小学时，曾让他买一个玩具，这个玩具超出了他当时的消费水平（比如他平时给孩子买十元以下的玩具，那个玩具是八十元的），他本来是想拒绝的，但那天他心情好，觉得就满足孩子一次吧，下不为例。

孩子对这个玩具爱不释手，后来特意把这件事写到了作文里。

初中时，孩子又把这件事在"最难忘的一件事"的作文里写了一次，还被老师在课堂上朗读了。

更让他想不到的是，后来在高考作文里，孩子又写了这件事。作文取得了很好的成绩。

因此，他感慨万千，也很后怕。如果当时他拒绝了孩子，孩子失去的绝不只是那一次的好心情，而是长达十年乃至更久的幸福感。

同时他也有些后悔：如果他当年多满足孩子几次，孩子的幸福感岂不是增加更多？

朋友的故事，让我想起一位文友讲的他女儿的故事。

【白镜头】

女儿小时候喜欢芭比娃娃，但我们家庭条件不好，所以一直不舍得买。但那次，看女儿那么喜欢的眼神，我给她买了。

买完后，我发现女儿就像变了一个人一样，她的兴奋程度，远超我的想象。她变得神采飞扬，自信多了。

女儿过去都不敢邀请小伙伴来家里玩，但有了那个芭比娃娃后，她变得开朗大方，开始邀请小伙伴们来家里玩，一起玩她的芭比娃娃。她也因此有了几个新朋友。

初中时，女儿对这个芭比娃娃的热爱程度也丝毫不减。

后来高中时，我有一次和妻子去看住校的女儿，也顺便带上了这个芭比娃娃。

女儿看到这个芭比娃娃后，学习压力导致的坏心情一扫而空，笑容变得很灿烂，虽然她早过了玩芭比娃娃的年龄了。

他也是感慨万千，庆幸自己满足了女儿这个超出他当时消费水平的愿望。同时后怕当时若没有给女儿买，女儿该失去多少快乐啊！

如果广大父母，都能意识到孩子的记忆力是可以持续这么久的，知道满足孩子一个超出消费水平的需求，可以滋养孩子一生，那么，是否还会以超出消费水平为由，拒绝孩子呢？

就像一个读者所说：虽然父母花五块钱只能买两个草莓，但这两颗草莓却可能温暖孩子整个童年记忆。

如果父母知道会有这样的结果，别说五块钱，就是五十块钱一颗草莓，也愿意给孩子买吧？这样美好的事情，是孩子成年后，花多少钱都难以买到的。所以，爱孩子，一定要趁小啊！

3. 昂贵的水果，值不值？

给孩子买高价水果或其他食物，到底值不值？高价水果和便宜水果，除了口感，没有别的差别吗？大家看下面几位读者的证言。

【白镜头】

@ 时间的烨熠

高中的时候陪奶奶散步，遇到卖水蜜桃的，奶奶只拿二百块一个月的低保，却掏出十五块给我买了一个水蜜桃，我一辈子都记得。

@ 胡椒小姐

90 年代我爸给我买过十块钱一个的猕猴桃，至今难以忘怀。

@ 常小猫

记不清几岁的时候，跟着妈妈上街，看见卖糖果的摊子，跟妈妈说让她推车子走得离人家摊子近一些，我能顺手拿人家一个果冻吃，因为知道妈妈没有钱买，但又特别想吃，妈妈听完直接给我买了几个果冻。

真的只有几个，虽然现在忘了那个味道，却永远记得这件事。妈妈再穷，都会让我们吃好穿暖，内心富足，绝不走歪路。现在妈妈生活称心，身体健康，晚年富裕，大概就是三观正的人的福报吧。

奢侈品一样的水果，给孩子买，划算还是不划算？

如果家长只考虑当时的性价比，显然是不划算的。但如果目光长远，就会发现再没有比满足孩子当时的需求更划算的事情了。

多年后，当你的孩子再看到这个水果，他脑子里想到的是：我吃过这个，小时候我父母给我买过，是什么样的味道。而没被满足的孩子，看到这个水果内心是苦涩的，想到的是被拒绝和不配得……

4. 不论多昂贵的东西，一旦除以时间，就不再贵了。

大家来看看，孩子的记忆力有多久。

【白镜头】

@ 雨过

我依然清晰地记得：我十八岁考上辽宁鞍山的中专院校，我爸送我去学校，带我吃的四毛钱一碗的馄饨，那个香味我记了三十年，现在我四十八岁。

@ 若水

深有感触！小时候妈妈给我买了一个带花的发箍，我当时高兴得不得了，都三十年了，我想起都高兴。

@ 夜会美

永远记得，小时候大樱桃刚出来那会儿，我很想吃，跟妈妈说：是不是很贵呀？

妈妈说：你想吃，贵点也买，我赚钱就是给你花的！

想妈妈！

……

我不是要大家什么都满足孩子，而是有些超出平时消费水平但又在承受能力范围内的东西，如果孩子真的很想要，就适当满足孩子吧，就算不满足，也千万别再骂孩子虚荣或自私了！

因为你付出的不仅是钱，还有对孩子的在乎；孩子得到的也不只是玩具，还有你的爱！

就像下面两位读者的留言：

【白镜头】

@ 珍子

上学的时候，虽然家里经济压力也大，但父亲在金钱上从没委屈过我。

有一次和同事聊天，同事说你是那种从小什么都不缺的人，所以你骨子里有底气和自信，而我不一样。

这一刻，我想了很多，明白了父亲当时的用心！

@ 丞铭妈妈～贝贝鱼联合创始人

从小爸妈买啥都是给我买最好的，吃的用的都是村里小朋友不敢想的，所以我更加努力地学习，虽然没有很大的成就，但至少三观很正，工作时做好领导，回归家庭做好妈妈。我就觉得我配得到世界上最好的，并愿意为之付出努力。

著名经济学者薛兆丰教授也从经济学的角度阐述过，投资到小朋友身上的钱，最符合经济学理论中的收益最大化原则。

九、如果早知道一点"小事"会让孩子伤心那么久，你还会拒绝吗？

有读者说：那是因为经常拒绝孩子，所以偶尔满足一次，孩子才会那么兴奋。如果天天满足，孩子就不会兴奋了，反而会因为被满足太多，而没有什么动力奋斗了。

这段话似是而非，实际上有很多问题。

首先，我们满足孩子的需求，是希望孩子内心丰盈，阳光快乐；而不是为了让孩子感恩和兴奋的。有条件的话，充分满足孩子，孩子虽然不会动不动就特别兴奋，但却会内心丰盈、阳光快乐。这远比只有几个特别感动的瞬间要好。

其次，偶尔满足孩子，虽然让孩子感动，但那些冷酷拒绝孩子的时刻，也都会给孩子带来很大的创伤。这些创伤不是偶尔的满足，就可以弥补的。

你一次次拒绝孩子的场景，孩子也是记得的。孩子不仅善于记住那些美好的事情，被拒绝、被羞辱的事情，孩子也同样记得。

最后，孩子的物质需求被满足的同时，精神上的需求也会得到极大的满足。物质欲望被充分满足后，孩子会发展出更高的精神追求。

很多人说：那过去家里就是穷，没有办法啊。哪个父母有钱的话，不想满足孩子啊？

这句话依然是似是而非的。

首先，很多人并不是因为没有钱满足孩子的需求，只是不重视孩子的需求，特别是重男轻女的家长；其次，很多事情其实不需要花钱，但父母就是因为不重视孩子的需求，所以不愿满足孩子。

在我的《四十元一斤的草莓，你舍得给孩子买吗？》和《你那么穷，一定得从童年找原因》两篇文章下，有很多这样的读者留言。

【黑镜头】

@ 笑

小时候和妈妈去超市，每次提出要求都会被骂，觉得特别委屈。每次都是开开心心地去，哭丧着脸，忍着哭回来！后来再去超市也不提什么要求了，反正都不会买，真的是特别难过。

@ 蔡

我是 91 年的孩子，小时候农村家庭条件不太好，小女孩都喜欢的发夹和橡皮筋，妈妈从来没有给买过，买吃的也只给弟弟。从小在妈妈旁边，我都很懂事，听妈妈的：咱不花钱，咱不要……长大以后，我买东西，总是很蠢地买一堆，吃不完也要买一堆。

……

十、为什么满足了孩子的物质需求，孩子却并不感到幸福?

有网友问：我也以超出平时水平的消费满足孩子梦寐以求的愿望了，但为什么孩子还是不开心？

这个问题问得好！我的自传写作班的不少群友的经历也证明了这一点，就是他们小时候的某些梦寐以求的愿望得到父母满足了，多年后他们也还记得，但无论是当时，还是现在，他们都没有很美好温暖的感觉，反而留下了糟糕的回忆。

我认为导致孩子不开心的原因，不在于满足孩子的物质需求本身，而在于父母满足孩子时的态度。

1. 爱孩子，却不爱自己，给孩子制造愧疚感。

孩子渴望要什么东西，父母满足了，但却营造一种"我为了满足你的欲望，不得不变得惨兮兮"的氛围，让孩子非常内疚。在孩子内疚时，怎么可能开心，怎么可能觉得温暖呢？他只会有负罪感。

比如在第 1 课我就讲过，一个自传班群友小时候渴望去吃麦当劳，爸爸带她去了，但爸爸给她点了一份套餐后，自己却一口也不吃，就坐在那里看报纸。她一个人吃得很有负罪感。

下面两位读者的留言也很典型：

【黑镜头】

@ 虎妞

有一年冬天我发烧，我爸给我买了半个西瓜，二十块钱，在九几年，相当贵了。我爸开玩笑说：得去拿水桶洗两辆车才能挣到……这件事儿，每年冬天他都要说，说了将近十年。

我宁可当年他没有给我买。唉，每到冬天都心惊胆战……

@ 谷包

小时候家里穷，也只有我妈养着我兄弟二人。那时候只想吃一次肯德基，恳求我妈很久。有一天她回来，拿了一小包鸡块、一小包薯条。虽然已经冷了，但吃起来那是相当香。可是听我妈说，这是她当天的全部收入，还骑了十几公里单车给我们买回来的。这话让我记了二十年。

原本吃得很香，听到这话却如鲠在喉，负罪感顿时冒出来了，二十年都无法消化。

很多家长都经常在满足孩子时，告诉孩子，他们付出的是多么不容易得到的血汗钱，如果孩子不努力学习，不听话，不懂事，长大了不孝顺不感恩，就对不起自己的付出……这些话，只会增加孩子的负罪感，让他们感觉不到父母的爱，感觉不到亲情的温暖，只感到人生的沉重。

2. 延迟满足，会让孩子索然无味。

现在很多家长迷信"延迟满足"，认为先不答应孩子，刻意让孩子等一段时间再满足孩子，这样会有助于孩子的发展。

这个延迟满足的理论是非常荒谬的，我写过《"延迟满足训练有助于成功"，是一本正经地胡说八道！》《延迟满足实验，结论不靠谱！》两篇文章，从理论到实践都批驳了这种观点的荒谬之处。

在孩子最想要的时候不满足孩子，等孩子死心了，再满足孩子，哪怕加倍满足，也已经晚了。相信很多人都有这样的糟糕体验。

【黑镜头】

东东上初二的时候，到夏天了，他想买双凉鞋，妈妈答应了。他很快就选中了一双，但妈妈不舍得买，非要继续逛，想再看看还有没有更便宜的。这样逛了好多地方，都没发现更便宜的，眼看要迟到了，东东很生气地表示不要了，然后跑回学校了。

妈妈这才匆忙买了这双鞋，追到学校把凉鞋给他了。

那一刻，众目睽睽之下，东东觉得非常羞耻。当时全班同学都穿凉鞋了，只有他还穿球鞋。但妈妈这样做，就显得他仿佛很不懂事一样。

不管买什么东西，妈妈几乎从来都不会痛快满足，不管他怎么恳求都无济于事，直到他绝望了，不要了，妈妈才勉强给买，所以原本想要的东西，他后来一点都不想要了，看到曾经梦寐以求的东西都觉得愤怒。

鲁迅先生在《五猖会》一文也写过类似的经历。

七岁时，他非常渴望去看五猖会，全家的长工保姆也都很想去，大家都要带着他去呢，他爸爸却突然要求他背一篇课文再去。于是，大家都静等他背课文。背完课文，父亲终于让他去了，他梦寐以求的事情，终于被父亲允许了。但此时，鲁迅先生是什么心情呢？

我们来看看鲁迅先生在四十五岁时，追忆这件事时所写：

"不错。去罢。"父亲点着头，说。大家同时活动起来，脸上都露出笑容，向河埠走去。工人将我高高地抱起，仿佛在祝贺我的成功一般，快步走在最前头。

我却并没有他们那么高兴。开船以后，水路中的风景，盒子里的点心，以及到了东关的五猖会的热闹，对于我似乎都没有什么大意思。

直到现在，别的完全忘却，不留一点痕迹了，只有背诵《鉴略》这一段，却还分明如昨日事。

我至今一想起，还诧异我的父亲何以要在那时候叫我来背书。

3. 嗟来之食。

有些家长在满足孩子时，态度是傲慢的，甚至是羞辱性的。比如给孩子买玩具时，厌恶地说：我真是不想给你买，你看看你那考试成绩，对得起这样的玩具吗？唉，我怎么有你这样的孩子！

这让孩子得到心爱的东西时的喜悦之情，荡然无存，留下的只有羞辱感。

读者龙青举了这样一个例子：

【黑镜头】

在商场看见一个八九岁的小男孩，买了一个十元钱的风火轮小车，很开心。妈妈却对奶奶和爷爷说：看他真没出息哦，十元钱买了个这！

爷爷奶奶也围绕这个车各种评论侮辱。当时小男孩无助怯懦的眼神真的令人难忘。我也提醒自己千万不要因为一些小钱去侮辱打击孩子。要不就说不买，买就不要乱评论。

这是常见的三种原因，现实生活中，原因可能还有很多，但总之一句话：仅仅付出钱，是不够的。孩子渴望要某种东西，不仅仅是为了物质，他们更渴望父母的爱。所以，父母在满足孩子物质需求的同时，还要满足孩子的情感需求。

如果父母没有钱满足孩子的物质欲求，那就更要用爱来弥补。告诉孩子：虽然我暂时无法满足你的物质需求，但我会用心工作，尽快满足你。爸爸妈妈都是爱你的。

很多人是没有钱满足，或不愿意用钱去满足孩子，但他们不仅不用爱弥补，反而会迁怒于孩子，认为孩子导致他们自尊受损，于是责骂孩子虚荣心强、自私……

你是哪种家长呢？你有过这类经历吗？

如何提升孩子的生命力

憔悴、疲劳、压抑、麻痹等象征着生命力下降、退化的事物，就是丑；与之相对立的，让人感受到生命力上升的事物，比如强而有力、朝气蓬勃、充盈等相关的事物，就是美。

——尼采

身心合一地做成一件事，会有一种舒爽，它是对生命力的滋养。自我的生命力，就建立在一个又一个的意志实现的累积之上。

——武志红

1.你小时候活泼好动吗？现在的你，是个活力四射的人，还是暮气沉沉的人？你的孩子活泼好动吗？

2.小时候父母希望你宅在家里埋头学习，还是支持你和小朋友一起玩？现在你如何对待孩子？当你的孩子在和小朋友们兴奋地玩耍时，你是欣喜还是头疼？你是否希望孩子安静一些，多花一些时间在学习上？

3.小时候，父母尊重你的兴趣和选择吗？现在你是如何对待孩子的？

4.你认为哪种状态下，孩子的生命力会更强、更快乐、更受欢迎，未来会更幸福？

一、生命的意义在于选择

心理学家武志红有一句话让我印象深刻，他说："生命的意义在于选择，不断自我选择的过程就是成为自己的过程，也是我们最重要的生命欲求之一。"

当一个人放弃了选择权，那就相当于放弃了自己的生命。当一个人被剥夺了选择权，他就成了傀儡，失去了活着的意义——没有自我的人，从来没有真正地活过。

我经常看到很多家长的求助或吐槽，大多数都源于对孩子选择权的不尊重。比如，很多家长问：孩子不听我的话，还顶嘴，怎么办？

孩子是个独立的个人，他不是奴才，为什么一定要听家长的话？

有无数想改变孩子的家长，却少见愿意花时间去了解孩子的家长，更不用说什么理解、接纳和尊重了。

什么叫尊重？比如，孩子喜欢白色的裙子，你非要给她买红色的裙子，这就叫不尊重，哪怕你振振有词地说红裙子更加质优价廉。孩子喜欢这个玩具，你非给他买那个玩具，哪怕你认为那个玩具更益智，这同样叫不尊重。

美国作家坎贝尔也说过：最坏的生活，是没有选择的生活。

选择哪个行业，选择什么样的爱人，这些人生大事，本该是自己的选择，但无数的家长以种种理由，剥夺孩子的选择权，这正是古今中外无数悲剧发生的原因。

总是在小事上被剥夺选择权的孩子，同样容易出现各种各样的心理疾病和生活问题。很多人一辈子都不知道自己有什么样的兴趣爱好，随波逐流过了一生。原因就在于从童年起，各类选择权都被父母以各种名义无情剥夺……

这类孩子的生命力，也都是很弱的。就像武志红所说：身心合一地做成一件事，会有一种舒爽，它是对生命力的滋养。自我的生命力，就建立在一个又一个的意志实现的累积之上。父母剥夺了孩子的选择权，也就导致孩子的自我意志无法伸张，自然也无法身心合一地做一件事。他们的生命力，不但得不到滋养，还严重被压抑。

智慧的父母提升孩子的生命力，愚蠢的父母压制孩子的生命力。

二、孩子的生命力能否绽放，要看父母是否尊重孩子的选择权

1. 最划算的一次妥协。

和几个朋友聊天，说起要尊重孩子的选择这个话题。有个朋友说："你这都是理论，不现实。比如给孩子买羽绒服吧，孩子能比我们更会挑吗？他们挑的衣服肯定没我们挑的性价比高。小孩子只凭一时兴趣，哪考虑这么多啊？"

我说："教育孩子，不能这么功利。没有人天生会买衣服。在很小的时候，他可能还不理解钱，可能选的衣服比你选的贵一点。但他的审美被你接纳了，他的选择权被你尊重了，他的心情就会比被剥夺选择权好很多，他的心智会更成熟，内心的温暖会更多，亲子关系也更和谐。你不觉得划算吗？"

朋友不置可否，显然，在她心里，孩子的感受没那么重要，还是钱更重要一些。这时，另一个朋友支持我了："就是从经济角度，尊重孩子的选择权也是超划算的。"

接着，她讲述了儿子买衣服的故事。

儿子四岁的那个春节，我带孩子去商场买衣服，新衣服是打算在春节走亲戚时穿的。到商场里，我和孩子一起选，顺便培养下他的审美眼光。结果我们俩分别看上了一件很相似的羽绒服，这两件羽绒服从颜色到做工和质量，都差不多，所以我觉得买哪件都一样。不过，儿子挑的那件比我挑的那件

贵五十块钱。我觉得既然都差不多，干吗要多花五十？我就打算买我选中的那件。

可儿子不依。平时儿子都很听话，可这次不行了，我怎么给他讲道理，或者用给他买别的零食诱惑都没用。他就认定了他选的那件衣服。我很不甘心，可是想想要过春节，就向孩子妥协一次吧。

那一天，孩子特别开心，一路上都很兴奋，见谁都笑容满面的，特别有成就感。买衣服回来，不论什么事情，孩子都很听话，我说什么他都听，我想可能是因为我满足了他买那件衣服的愿望，所以孩子以此回报我吧。

走亲戚那天，孩子穿着他挑选的衣服。到姥姥家，舅舅逗他："你穿的衣服真好看啊，谁给你买的啊？"孩子自豪地说："我自己买的！"然后他姨也逗他："你这么厉害啊，这么小就会选衣服了，眼光还真好，选的衣服很漂亮啊。"孩子别提多激动了。

从那以后，孩子每天都穿这件衣服，直到衣服穿得很脏了，他才不情愿地被我扒下来洗了。衣服刚晒干，他又迫不及待地穿上。一直到春天，天气变热，他才不舍地脱下了这件衣服。

第二年，我问他要什么衣服，他居然不要，他还要穿那件去年他自己挑的衣服。我当然还得给他买新衣服，可他对原来的衣服更情有独钟，只要我不干涉，他就会一直穿，每天都穿也不嫌烦。

小孩子长得快，所以他的其他衣服，最多穿两年，可是这件羽绒服，他竟然穿了四年多。直到有一天，我发现它已经变成露脐装了，才笑着让他脱下来，坚决不让他再穿了。这件衣服刚买的时候，能盖住他的屁股。

我很庆幸，当年我妥协了，真是太划算了。真的，不管什么时候，只要儿子穿上这件衣服，他就会变得神采奕奕，特别有精神，脸上洋溢着自豪感和幸福感。只多花了五十块，可给孩子带来的精神享受，是多少钱都买不到的啊！

因为这次的经验，后来孩子的衣服，基本都是让他自己选择了。给他自由选择的权利，他选择衣服的眼光越来越好，他也并没有专买贵的，而是选择他喜欢的，并且因为是他自己买的，所以每件衣服他都穿了很长时间。相比之下，我倒应该羞愧。我很多衣服买回来只穿一两次就不穿了。

一直到上初中一年级，孩子要住校了，他还再三跟我交代，别的衣服可以送人或捐了，但这件衣服不许捐。我想，是因为这是他第一次自己做主买的衣服，所以特别有感情吧！

假如当年我没有向孩子妥协，坚决按我的意志买，那么，我买的衣服，只怕孩子一次也不想穿。即便穿上了，当舅舅问他谁给买的时，他肯定会噘着小嘴，很不开心地说："一点都不好看，妈妈非给我买的。"

这真是一个好故事！一个小小的尊重孩子的举动，能带来这么多意想不到的益处。假如我们在更多孩子可以自己选择的方面，都尊重孩子，孩子该会多幸福？父母们又该多省心，亲子关系又该多好啊！

2. 最不划算的拒绝。

【黑镜头】

@ 玉

小学六年级过年买衣服，我看上了一件风衣外套，其他的衣服都不喜欢。那件风衣外套卖九十块钱，我从小就懂事，但是就想要那一件风衣，妈妈说："九十块钱给我自己买件裤子，我还不舍得呢。"

不管我怎么恳求都没用，最后她给我买了件七十块的棉袄。那件衣服我一直都没穿过，那之后好几年我都不想买衣服。不是矫情，心理阴影是一直存在的，我现在干什么都不舍得花钱，但是又像要弥补一样，给自己买很多衣服，买完又后悔，很难受。

【黑镜头】

@ 凉

母亲是那种超级节约的人，但对弟弟不节约，只对我节约。记得初一过年时，我们村里的同龄孩子都有一顶十元的针织帽，而且还是我最喜欢的红色，但是就我没有。

记得那年的春节我过得很不开心，走出去看到同学头上戴的帽子羡慕嫉妒，但是我没有对任何人说起，因为我妈对我是只管吃饱，不会去考虑我心里怎么想的。现在我也做了母亲了，但有时想起，心里还是过不去，会泪流满面。

两个母亲一个省了二十元，一个省了十元，但却都给女儿带来了长久的痛苦和遗憾，她们省的钱，值得吗？

3. 尊重孩子的兴趣，孩子的生命力自然绽放。

下面是一位朋友讲述的自己孩子的故事：

【白镜头】

孩子三岁多的时候，我带他去新华书店买书。我从小就喜欢读书，只是那时条件差，很少能看到书，往往费很大的劲才能从小朋友那里借到一本，所以我不希望我的孩子像我那样窘迫，我希望他从小就可以拥有很多属于自己的书。

在新华书店逛了一个小时，我选了好几本书，可儿子一本书都没选。我有些不高兴地说："这么多图画书，你怎么一本也不选啊？不认识字没关系，爸爸晚上可以给你读。你快选，再给你五分钟时间，必须选。"

说完，我又看别的书了，三分钟后，孩子走过来，指着旁边几个可以拆卸拼装的玩具模型说："我要这个！"我那个晕，他居然没选书，而是选了几个玩具。

我很生气，很不想给他买。我想要他买的是书，他怎么可以买玩具？太让我失望了！可是再想想，他毕竟还是个小孩，也不识字，而且我想新华书店里的玩具，再差也不至于对孩子有害，所以我就让他自己拿。他挑了三个，我都付了钱。

回到家，他很兴奋地让我帮他拆开一个，然后拿去组装了。我本以为至少够他忙活半天的，我可以安静地看一会儿书了。没想到，才几分钟，他居然很兴奋地把组装好的玩具模型拿给我看。我非常惊讶，把一堆乱七八糟的模型零件组装到一起，居然只要几分钟？

我忽然想起了一个故事，说一个牧师为了让孩子少打扰自己，就把杂志上的一张世界地图撕碎了让孩子重新拼好。他以为孩子要拼很久，但孩子很快就拼好了，因为地图背面是一个人的图像。所以，我怀疑我的孩子是不是也投机取巧了。

我特意检查了一下，也看了玩具的说明书，孩子似乎没有作弊的可能啊。难道他有天赋？我不信。我和孩子一起拆开了另外两个玩具模型，组装难度都是差不多。我把这两堆零件分开，都摊成一堆，和孩子比赛。

我才组装好三分之一的时候，儿子已经顺利完成了。我让他拆了，我也拆掉我手中的玩具模型，换过来重新比。结果，这次我连四分之一都没组装好，儿子又向我炫耀了，他又组装好了。

从此，我开始有意带孩子去选这类玩具，每次都让孩子自己挑。他挑选的组装类玩具越来越复杂，我更不是他的对手了。

到了小学二年级的时候，儿子居然通过选拔，到省会参加了河南省青少年建筑模型锦标赛。虽然他年龄很小，但居然获得了全省二等奖。我并不指望他将来在这方面变得多厉害，比如获得全国冠军什么的，可至少这方面的经历和兴趣，让他获得了自信和快乐！

我很庆幸，自己当初尊重了孩子的兴趣和选择，让他买下了这三个玩具，从而发现了他的天赋所在。我也很后怕，假设当时孩子是在玩具店看到这样的玩具，我肯定不会给他买的。因为我对玩具有偏见，觉得玩物丧志，只有看书才是正经事。假如那样的话，孩子就会错过一段非常美好的体验。

4. 扼杀孩子的激情，等于抽去他的灵魂。

【黑镜头】

小磊是个德智体美劳全面发展的初中生，学习成绩在全班排前五，课余时间在一个著名的帆船训练学校玩得风生水起，深得教练器重。

到了初三，父母打算将他从上海转回老家南阳的学校上学。因为他的户口在南阳，将来参加中招考试必须回南阳。早一年回去比考试时再回去，更有利于他在南阳本地考出好成绩。

如果转学，就意味着小磊没有机会再参加帆船训练了。小磊喜欢帆船，而且他有这方面的天赋，是整个培训学校最好的选手之一。他很舍不得，教练也舍不得他离开，为此，教练特意与他父母交谈，并向他们保证：再过两年，他可以把小磊送到国家队。

　　每年，国家队都会跟他要好苗子，小磊就是他最欣赏的苗子。他年纪小，天分高，还热爱这个，未来代表国家队拿个冠军都不是没有可能。也就是说，小磊的父母要做的，只是让小磊继续在上海上学就可以了。虽然在上海上高中要比在老家南阳上高中多付几万块钱学费，但小磊父母都经商，根本不差这个钱。

　　可是，小磊父母听了教练的话后，却更坚定了把小磊送回南阳读书的决心。小磊再三恳求父母，都不行。小磊甚至给父母写了借据，承诺几年后，他会加倍偿还学费，父母还是不肯。

　　为什么呢？因为小磊的父母认为，搞体育有什么意思？不是正道。好好读书，上高中、上大学才是正道。

　　小磊爸爸很看重面子，觉得如果和朋友们说起自己的孩子在搞体育，会很丢脸。所以根本不是因为钱，而是为了孩子能上好大学，他决定把孩子送回去。南阳没有什么帆船培训班，这样孩子就可以安心读书了。毕竟他学习成绩很好，父母觉得他将来考个好大学肯定没问题。

　　小磊保证自己在上海学习，将来一样可以考上好大学，可以学习和帆船两不误，但父母不相信他能兼顾，更厌恶他搞体育。

　　就这样，虽然万分不情愿，小磊还是被送到了南阳。父母还把他送到一个收费很高升学率也很高的私立初中上学。

　　一个月后，班主任给小磊父母打电话："小磊上课不听讲，整天趴在桌子上睡觉，老师怎么说都没用。要不你们过来看看吧。他每天睡觉很影响其他同学。"

　　小磊母亲回来了，很生气，也很失望地质问小磊："我们给你花了这么多钱，供你上学，你为什么不好好听讲？为什么上课老睡觉？晚上你都干什么了？"

　　小磊的表情很颓唐，一副无精打采的模样，不理母亲。母亲连问了好几遍，小磊才叹了口气，回答："没意思。"

　　小磊母亲抓狂了："没意思？怎么没意思了？那你觉得什么有意思？"

　　小磊说："什么都没意思！"说完，就低着头，什么都不说了。无论母亲说什么，无论她怎样威逼利诱，试图让小磊好好学习，小磊都以"没意思"回答。

小磊母亲愤怒了:"别以为你这样,我就会让你回去。想再玩帆船,下辈子吧! 我劝你尽早死了这条心,我和你爸爸都对你的未来寄予厚望,不可能让你去搞什么体育的! 你的未来只有一条路,就是好好学习,将来考个好大学!"

说完,小磊的母亲就决绝地回上海了。她相信小磊很快就会接受现实,把精力都放在学习上。为了提高小磊的学习动力,她还将小磊的生活费与他的学习成绩挂了钩。

可是,她万万没想到,小磊并没有像她想象的那样,很快就想开。小磊整整一个学期都没听课,考试成绩一塌糊涂,在班级垫底。但小磊父母却认为小磊是故意考得差,是为了和父母较劲,他们不能认输,所以始终不肯向小磊妥协。一直到中招考试结束,小磊的分数连普通高中都考不上时,他们才傻眼了。他们不明白小磊怎么会这么倔。

他们仍觉得考大学才是正道,回上海就前功尽弃了。为了达到他们的目的,小磊母亲也离开上海,回到南阳租房陪读。她放弃一切,只为监督照顾小磊,她相信陪读一年,小磊一定可以考上好高中,继而考上好大学。

但是从小磊的眼神中,似乎看不到希望。他的妈妈不懂,一旦扼杀了孩子的兴趣,也就等于抽去了孩子的灵魂。

5. 别把你未实现的心愿,强加到孩子身上。

【黑镜头】

茜茜从小就喜欢画画,六岁的时候,就能掌握一般孩子小学五年级才能学到的"近大远小"法,画的画也栩栩如生,而且很有创造性。她画的蝴蝶既简洁形象又非常美丽,连幼儿园的老师都自愧不如。八岁的时候,她画得更好了。美术老师都请她到讲台上给大家传授画画的经验。她平时是个很调皮的孩子,但是,当她在画画的时候,就会安静得像个天使。

很多老师、朋友都劝茜茜的妈妈培养孩子的美术天赋,但是,她的妈妈却想让孩子学钢琴。

她妈妈曾经很想学钢琴,可是当时家里穷,没有得到父母的支持。现在经济稍微宽裕了,妈妈就想让孩子来实现自己的愿望。

茜茜的妈妈想到就做，一咬牙取出存款去买了一架昂贵的钢琴。还给茜茜请了老师，强迫她学钢琴。

茜茜刚开始对钢琴挺好奇，以为是个大玩具。后来，妈妈每天都强迫她不断重复那几个动作，她觉得单调而乏味，指头都疼了，一点也不好玩。她觉得学钢琴远不如自己画画好。画画可以发挥想象力，有很多自由的发挥空间；学钢琴却必须按死板的规矩来，非常枯燥。但妈妈却强迫她必须学，因为钱也花了，街坊邻居也都知道了，如果她不学出点成绩，不是遭人耻笑吗？

茜茜常常在妈妈规定的练琴时间偷偷画画，妈妈发现后把她的画都撕了，然后监督她练琴。在妈妈的严格监督下，茜茜弹钢琴的技术不但没有多少长进，反而越来越差，脾气也变得非常暴躁。饭也不好好吃，学也不想上，连教她钢琴的老师都劝她妈妈不要再逼孩子了，但她妈妈总是不甘心。

在一次大型比赛中，茜茜上台后只弹了二十秒正常的内容，然后就开始龇牙咧嘴胡乱拍打钢琴。工作人员急忙把她拉开，她一边挣扎一边还朝钢琴踹了一脚。秩序大乱，记者纷纷拍照，采访。茜茜的妈妈觉得脸都丢尽了。

自此以后，妈妈再也不逼茜茜学钢琴了。

孩子不是橡皮泥，不是父母想捏成音乐家就能成为音乐家，想捏成明星他就变成明星。如果真的可以这样的话，父母也应该先捏自己。你想成为音乐家就把自己捏成音乐家，自己都捏不成，就别捏孩子了。

有这样一个故事，爸爸希望做艺术家，但被爷爷逼着去做企业家，爸爸的艺术家愿望被压抑了。儿子想做企业家，但爸爸逼他去做艺术家。结果，儿子的愿望也被压抑了……

茜茜的妈妈强迫孩子学钢琴，这不是在培养孩子成才，而是在阻碍孩子成才。不尊重孩子的天赋和兴趣来发展特长，而是把自己当年未能实现的愿望强加到孩子身上，等于是把孩子当自己的傀儡，扼杀孩子的精神生命，占领孩子的躯体来重活一次。这是非常可耻的事情。

三、孩子的生命力是如何被压制的

孩子的生命力在童年是蓬勃发展的，但不当教育，往往会扼杀孩子的生命力。

1. 幼儿期常见的打压生命力的场景。

【黑镜头】

在体育场的标准跑道上，一个三岁的小女孩欢快地在跑道上跑着。一个老人在后面追着，说："别跑了，我都追不上了。"小女孩说："爷爷，我都长大了，不用你管了。"爷爷却上前抓住她的手说："不许再跑了，你就老实坐着休息。"

小女孩原地蹦跳着抗议："我不，我就要跑，就要跑。"

老人黑下了脸："再不听话，我就告诉你爸妈。"

小女孩顿时变得无精打采了。

体育场另一侧，也有个三四岁的小男孩，他突然甩掉了凉鞋，一个人赤着脚欢快地奔跑起来。他的身后，一个老妇人大喊着："你鞋子不要了啊？"

小男孩回头说："你帮我拿着。"老妇人恶狠狠地威胁道："谁给你拿？你敢再光脚试试？看我不打你！"小男孩哭了。

就像上面最常见的体育场或公园的场景那样，很多家长所谓的教育或带孩子，其实是在压制孩子的生命力。孩子原本朝气蓬勃，他们需要跑，需要蹦蹦跳跳，但长辈们总是习惯性地限制孩子释放生命活力。

2. 过于严苛的家庭环境，会严重压抑孩子的生命力。

【黑镜头】

楠楠的爸爸是一所重点高中的教导主任，也许是因为职业习惯，他平日总板着脸，不苟言笑，对女儿也很严厉，要求她做事一丝不苟，不能犯一点错。

楠楠学习成绩中上，非常刻苦，在行为方面，也可以算是标准的好学生。她从来不迟到，不请假，不和任何同学争论。但问题是，她不爱说话，声音很小，也从不主动回答课堂提问，向来谨言慎行，沉默寡言，平时走路都是低着头。

大家都认为她人很好，但又都觉得她不像一个花季少女。大家平时都爱说爱笑，可她从来不参与闲聊，总是沉默，从她身上看不到一点青春的风采，也没有一点活泼的气息。气质上，她很像一个六七十岁的老太太。

楠楠的父亲想让孩子成为他严厉教育下的完美典范，但实际上在他的压制下，女儿的生命力都被他严重压抑了，青春活力被他扼杀了，像个可怜的小僵尸。很多父母都严格限制孩子的兴趣爱好，担心影响学习，他们恨不得孩子无欲无求，成为一个只专心埋头学习的机器人，但这样的人，真的适合在社会上生存吗？父母们真希望孩子成为这样的人吗？

除非天生体弱多病，孩子原本都是有着很强的生命力的，父母只要不压抑孩子，他们自然会成为活力四射的人。但如果经常被大人压制，孩子的生命力就会越来越弱。越是"懂事"的孩子，往往生命力越弱，因为所谓懂事，其实只是在压抑自己的需要，讨好父母。

孩子就该有孩子样，有孩子样的孩子生命力更旺盛，未来发展得更好！而僵化呆板孤僻被动的孩子，未来不仅在职场上会面临更多的困境与不适；在恋爱婚姻上，也难以获得幸福。

3. 不允许孩子探索未知世界，会压抑孩子的生命力。

孩子小时候，大都会喜欢问"为什么"，不少家长嫌烦，不许孩子问。孩子的求知兴趣被打压了，不再问了，那么当他们大一点，在学校的学习中，遇到不懂的问题，也会不敢问，怕问了被批评嘲笑。

【黑镜头】

北北小时候，因为研究母鸡是如何孵化小鸡的，被爷爷奶奶认为是中邪了，给揍了。

第一次去上课，老师告诉大家"1+1=2"，他就问老师："为什么1+1=2？"又被老师认为故意捣乱，然后他又被揍了……

他后来不敢有好奇心了，不仅对学习没兴趣了，对其他各种事情，都没什么兴趣了。

家长要鼓励孩子去探索未知，别因为孩子的问题幼稚或多而厌烦，甚至惩罚孩子，这样是在打压孩子的生命力。

著名教育家苏霍姆林斯基认为：**不能把小孩子的精神世界变成单纯学习知识。如果我们力求使儿童的全部精神力量都专注到功课上去，他的生活就会变得不堪忍受。他不仅应该是一个学生，而且首先应该是一个有多方面兴趣、要求和愿望的人。**

英国著名科学家贝弗里奇也认为：**成功的科学家往往是兴趣广泛的人。他们的独创精神可能来自他们的博学……多样化会使人的观点新鲜，而过于长时间钻研一个狭窄的领域则易使人愚钝。**

所以，我们不要只让孩子学习书本知识，要保护孩子的好奇心。这不仅对学习和成长发展有益，而且也是孩子精神健康的象征。当一个人丧失好奇心的时候，他就会停滞不前，这也是心理衰老的象征。

4. 要求孩子死读书，会导致孩子没有未来。

【黑镜头】

东东出生在三线城市，家里条件不是很好，父母都是基层工人。从小父母就再三告诫他："你一定要努力考上好大学，如此才能出人头地，才能不再像我们这样过苦日子。你爹妈没本事，咱家全靠你了！你一定要为我们争气！"

东东从小学习就特别努力，每次考试都能考第一。课余时间或节假日，当小伙伴们找他玩的时候，东东父母都会严厉拒绝，禁止他出去玩，所以后来就没有小伙伴找他了。他自己更是从来没去找过同学玩。父母的教育，让他认为出去玩是可耻的，好好学习才是他唯一应该做的事情。

每天一放学，他就会立刻回家。如果因为和小朋友们一起玩回家晚了，父母二话不说，就会一顿痛揍。父母要求他要始终把学习放在第一位，最好除了学习，什么都别想。

就这样，他成绩始终都保持在全班前三名，但也始终没有一个朋友。高中的时候，他有了喜欢的异性。但只是偶尔发呆幻想一下对方，母亲就察觉了，然后又是一番批评训斥，说他早恋，就是对不起父母，对不起自己，更是自毁前程。母亲还以绝食逼他再三发誓，保证不早恋，不想任何女生，只一心学习。

他不负众望，以全市理科状元的身份，考入最顶尖的大学。那一刻，父母老泪纵横，感慨万千。苦尽甘来，出头的日子终于盼到了。从此，父母走路再也不是低着头，而是昂首阔步，满面荣光。

可是，到了大学，他开始不适应了，他惊讶地发现，他的同学们都比他有能耐。有的善于演讲，有的善于写作，有的记忆力超好，有的博览群书，有的朋友很多，有的是健身达人，有的歌唱得很好，有的在兼职做不错的工作……就连他一向引以为傲的学习，也感到力不从心了。他的成绩只能算中等，并不出色。同学们都成了无话不谈的朋友，他却被大家当成了空气。不过后来他想，也许是因为自己先习惯性地把别人都当作空气吧。晚上寝室的卧谈会，他从来没发过言，因为大家说的东西，他几乎都不知道。他只知道"学习"。

转眼，大学毕业了，他找了很久都没找到工作。好工作，要求的条件也高，他还达不到。一般的工作，又不敢要他这样的名校学生，何况他不擅长交流，学业也没有那么出色，更是不懂人心，所以屡遭挫折。最后好不容易进了一家一般的公司，工作了一个多月就遭到上司连连批评、同事的嘲笑和孤立，于是他干脆辞职回了老家。

他买了很多瓶瓶罐罐，宣称要搞一个发明，填补国内的某项技术空白，然后每天足不出户，自己待在家里闷头做实验……转眼三年过去了，他的同学来看他，发现已经无法和他交流了，他的精神已经出了很大的问题了。

假如他有朋友，哪怕只有一个，也可以在郁闷的时候，聊聊天，谈谈心，缓解一下心里的痛苦。可是他没有。他多年来的生活都只为了一个目的——考上好大学。可考上之后呢？没有人告诉他。

为了考个好大学，他付出的代价实在太大了，他的整个青春，乃至前半生，都是一片空白……

曾经的辉煌灰飞烟灭，只会死读书，没有前途，甚至无法在社会上立足，无法与人交流……可悲可叹！希望天下的家长们引以为戒，不让悲剧重演。

什么样的教育是好的？什么样的教育是糟糕的？能促进孩子生命力发展的教育是好的教育，导致孩子生命力萎缩、被压抑的教育是错误的教育。家长不该压抑孩子的内在需要，不该要求孩子只听话。家长应该给予孩子爱与自由，在孩子的事情上，多让孩子自己做主，鼓励孩子大胆去探索自己感兴趣的事情！鼓励孩子尽情绽放自己！

5. 缺少爱与尊重的孩子，会导致生命力被压抑。

儿童心理学家和教育学家的各种研究都表明：在学校容易受排挤、被霸凌的学生，往往是非常缺乏父母关爱的孩子。

如果孩子从父母那里得不到爱和尊重，就会很敏感，会在学校加倍地渴望得到爱和尊重，然后因为自我价值感低，很容易因为别人的批评崩溃。

【黑镜头】

冬冬向几个正在玩球的同学提出加入他们一起玩的请求，被拒绝了。

冬冬平时常被父母羞辱，骂他是废物，说没有人会喜欢他。所以，在被同学们拒绝后，他就理所当然地认为大家拒绝他，是因为瞧不起他、排挤他、讨厌他……于是，他陷入痛苦和愤怒中。

【白镜头】

北北向几个正在玩球的同学提出加入他们一起玩的请求，被拒绝了。

北北平时在家里能够得到父母足够的爱和尊重，有归属感，所以，他被拒绝后，不认为是大家讨厌自己，而是认为他此时加入的时机不对，等下次再加入好了，所以，他选择去玩别的了。

显然，北北不容易受到心灵创伤，容易和大家搞好关系；而冬冬不太容易和同学们玩到一起，他很敏感、很难被接纳，容易和大家发生激烈冲突。

冬冬和北北在学校的人际关系不同，所以情绪状态也不同，学习状态也会受影响。冬冬因为经常陷入痛苦和愤怒中，容易无心学习；而北北人际关系良好，所以容易沉下心来学习。

孩子的各种需求，如果在家里大都能得到充分的满足，那么在学校，孩子就不容易受欺负，即便偶尔遇到师德不好的老师，孩子也不太会在意。

因为他从父母那里得到了足够的爱和尊重，他有归属感和安全感，他的自我价值感很高，不会轻易因为老师的批评讽刺而自我怀疑。

♡四、你允许孩子攻击你吗？

1. 晴儿如何表达攻击性。

下面这篇文章摘自我的育儿日记。

晴儿（近五岁时）下午发了两次怒。

第一次，她和妈妈说话的时候，我也说了句话，无意间打断了她们（晴儿当天上午刚郑重地表达过，在她和妈妈说话的时候，我不能插话，不然她就会忘了说到哪里了）。

小家伙生气可不得了，我道歉也没用。

在我和妻子打羽毛球的时候，愤怒的晴儿，端着一个接满水的玻璃瓶，怒气冲冲地过来泼我。

我闪开了，继续和妻子打羽毛球。

晴儿又去接水，继续泼我。

如此泼了四次。每次我都闪开了。

第四次，她失手把玻璃瓶也扔到地上了，瓶子碎了一地。

晴儿跑了。

妻子去打扫，我到卧室，看到晴儿正在哭，就对她说：晴儿，你把玻璃瓶摔碎了，但我相信你不是有意的。我不会怪你的，妈妈也不怪你。刚才我无意间打断你说话，你很生气，是不是？

晴儿哼了一声，去另一个房间了。我回书房了，让妻子去安抚一下晴儿。

过了一会儿，晴儿竟然大哭着跑到书房了。

我把她抱起来，问她怎么了。

她说：妈妈刚才凶我了。

我问：妈妈为什么凶你？她说了啥？

晴儿说：我不知道她说了啥，我就看到她凶我了……

我安抚她了几句，然后邀请她下跳棋。她欣然应允。

玩了一会儿，又因为一些小事，晴儿又生气了。估计是妈妈刚才凶她，她心里还有气没释放。

她抱着玩具大象，照着我旁边一个纸箱踹了两脚，跑了。

跑了之后，她又空手回来了，奋力搬起那个很重的纸箱，不顾我阻拦，把纸箱翻了个跟头，东西掉出来了，她这才心满意足地跑了。

我觉得挺可爱的。

她很畅快地释放了她的攻击性，我不仅没有生气，还替她高兴。

妻子后来告诉我，她当时问晴儿，是不小心把瓶子摔了，还是故意摔的瓶子。

晴儿没说话，妻子就口气变重，又问了一遍。晴儿还没说话。

妻子怒了，又气势汹汹地质问了一遍。

晴儿就撒腿跑书房这边了。后来晴儿说是因为玻璃瓶上有水，太滑了，失手掉的，不是故意的。

之前我们告诉过她：如果妈妈发脾气了，就来爸爸面前。如果爸爸发脾气了，就去妈妈面前。如果爸爸妈妈都发脾气了，就跑到爷爷奶奶那边。

目前还没有后两种情况发生。

我允许晴儿生气，允许晴儿释放攻击性。我不怕把孩子惯坏，也相信她惯不坏。我不希望她这么小，就开始压抑很多负面情绪。

我很赞同武志红的说法：

精神分析将生命力称为"攻击性"，这个词很精准。当攻击性能在一个关系中表达时，其实就意味着，"我"的攻击性，被"你"接纳并允许了。当攻击性能给关系带来活力，导致双方都有愉悦和享受时，这就成了更为巨大的祝福。

2. 不允许孩子表达攻击性的家长。

有个同行，有不同看法，她说：我是绝不允许孩子对我表达攻击性的，我认为孩子这样是大逆不道，绝对不可以！

她举了个例子：

【黑镜头】

有一次，三岁的女儿气呼呼地冲到卧室，嘴里嘟囔着：我要打爸爸，我要打爸爸……

然后女儿找了个小扫帚，冲出去要找爸爸算账。没想到，爸爸见状大怒，随手操起一根握力棒，冲过来，做出要打死女儿的样子。

女儿吓得魂飞魄散瘫倒在地，扫帚掉了，都说不出话了，她呆呆的，也没有哭。

她见状就"教育"女儿：不管什么原因，绝不允许你打爸爸！这是大逆不道，听到没有？

她觉得女儿就应该这样教育，不能让孩子无法无天。

我说：

你女儿内心憋着一股气，本来是要释放出来的，结果受到这样的惊吓，憋回去了，对身心都不好吧？

她内心受到了惊吓，不但没有被安慰，还被教育，那她以后在这个家，就得察言观色，活得没有底气了吧？

孩子才三岁，就算打爸爸一下，也不会多疼，而且明显是爸爸先欺负她了，她才反击的。让孩子打一下，有什么大不了的？

你教育她不要打父母，但可能造成的结果就是，以后别人欺负她，她也不敢反抗了吧？

不过，她比较"传统"，认为我这是歪理邪说，认为绝对不可以攻击父母，哪怕是三岁的孩子。

做父母的，必须要容许孩子攻击自己。这样孩子才能发展出攻击性，才能有生命活力！而且也只有父母容许孩子攻击自己，孩子的身心才能茁壮成长。

【黑镜头】

十三岁的蓓蓓经常被父母打压控制，特别是爸爸，常常给她恶狠狠的感觉。所以，她就写了一篇对爸爸表达不满的日记。

后来，妈妈偷看她的日记时，发现了这一篇，就告诉了她爸爸。她爸爸就很生气地把那页日记撕下来，放到钱包，并恶狠狠地对蓓蓓说：我会永远记着这件事。我供你吃供你喝供你上学，你居然敢这样说我坏话……

后来，蓓蓓再也不写日记了，也不敢反抗父母。在十五岁的时候，她已经割腕三次了。

当孩子受到打压，却不容许孩子攻击父母时（连写日记表达愤怒，都不被允许），孩子就会转向攻击自身。

3. 比昂的容器理论。

容器的 α 功能：

儿童把自身无法处理的原始冲动和焦虑的"β 元素"投射给父母，父母通过"α 功能"，容纳、保留、吸收并净化这些被投射进来的带有毒素的"β

元素"，并将已经净化为无毒的"α元素"返还给儿童，儿童内化这些元素，吸收这些营养，进而形成儿童的心理结构。

这是英国著名精神分析学家比昂的容器理论：好的父母，会包容孩子的负面情绪，然后把这个负面情绪净化后，再还给孩子。孩子就是这样在爱与包容的环境下，逐渐形成坚实健康的人格。

而不被父母包容的孩子，只能发展出假自我！

只是在现实中，少有人做孩子的容器。别说孩子投射的负面情绪根本得不到父母的包容和净化，反过来，父母还往往会把自身的负面情绪投射给孩子。

孩子是一个天然的"好"容器，可以接纳父母的各种负面情绪，而不会去攻击父母；但是他们太小了，没有力量去分辨这些情绪，也没有能力去消化和净化这些情绪，他们只能把这些有毒的情绪都放到自己内心深处。

4. 我允许孩子攻击我。

【白镜头】

晴儿三岁多的时候，有一天，我带她到广场玩。回去的路上，我嫌她走得太慢，就对她说：小蜗牛，你快点。

她说：你再说一遍。

我又叫了一声小蜗牛。

然后她举着矿泉水瓶冲过来，杀气腾腾地说：我打死你……

我吓得赶紧跑，晴儿在后面奋力追赶。我只好慢下来，她拿空矿泉水瓶砸了我两下，不许我再叫她小蜗牛。

我向她道歉，并保证不再叫了。她的攻击性释放了，不再对我有怨气了，还让我帮她拿瓶子。

我最初没意识到她让我重复，是在警告我。我还以为她觉得小蜗牛好听，后知后觉呀！

我允许孩子攻击我，而不是反过来惩罚她。那将来别人取笑她的时候，

355

她就敢于去维护自己，而不是只会哭或忍气吞声。

还有不少事情，真的不是大人的错，是孩子自己的期望落空而已。但在这时候，我依然允许孩子攻击我。

【白镜头】

晴儿两岁多时，有一次我们坐高铁，过安检的时候，晴儿手里的一个小包，我们帮她放到安检机上了，然后晴儿大怒，哭闹起来，她原本想自己把小包放上安检机的。

她在地上哭闹，引起了不少人围观，不过在我们解释后，大家都散开了。我们只是在旁边看着，尽量安抚着，允许她哭闹。这样哭闹了二十多分钟，她才平静下来。

还有一次，她三岁多，出地铁时，我们怕通道门很快会关上，就直接把她抱起来快速通过了。晴儿又哭闹起来，她是想自己过的。她哭闹了二十多分钟，我们只在旁边守着她（在偏僻的地方，不算扰民），没有去指责她，哭完就好了。

5. 不允许孩子表达攻击性的危害。

我们没有因为晴儿哭，就觉得我们做父母太失败了，没有因此崩溃，也没有因此指责她。我们允许她哭闹，允许她愤怒，允许她攻击我们。

就像比昂所说：

如果母亲难以承受，选择退缩、垮塌、报复，幼儿就害怕充分的需要和使用客体，日后会成为抑制自己欲望的成人。

什么意思呢？举个例子。有一天，妈妈拒绝了孩子的某个要求，比如不给孩子吃糖或冰激凌，三岁的孩子生气地说：妈妈，你是个坏妈妈！

这个妈妈无法包容这句话，听到这话，她可能出现这三种反应：

（1）**退缩**。就是很颓废，有些心灰意冷，说：那我不管你了，你想干吗干吗吧，就当我不是你妈妈了。

孩子听到这话，就会很恐慌，不敢再对妈妈表达攻击性了。

（2）**垮塌**。比如妈妈为了照顾孩子，放弃工作，当起了全职主妇，天天在家做家务，陪伴孩子，一心想把孩子照顾好。结果婆婆就很瞧不起她，说她年纪轻轻就不去上班，天天在家，太懒了。老公也受影响，看不起不去工作的她。

她忍受着这些白眼，只为给孩子一个好的童年。没想到，孩子说"你是个坏妈妈"。听到这话，她就直接崩溃，那一刻，她觉得自己毫无价值，恨不得去死了。孩子看到妈妈情绪这么崩溃之后，就会吓着了，以后再也不敢随便说话，和妈妈说话就变得小心翼翼了。

（3）**报复**。就是孩子说妈妈是"坏妈妈"后，妈妈恼羞成怒，把孩子按到地上一顿痛打，并怒骂：我这么做，都是为你好，你居然对我说这样的话，你还有没有良心？

噼里啪啦把孩子揍一顿，孩子自然更恐惧了……

不管是退缩、垮塌，还是报复，或者其他非包容性行为，都会让孩子恐慌和压抑，从此再也不敢对妈妈毫无保留地表达心声，更不敢对妈妈表达愤怒了，也不敢理直气壮地对妈妈提要求了。

他会把自己的欲望压抑下来，憋着不说，长大以后，他想要什么东西，喜欢什么人，都不敢再轻易表达了，生怕出现他无法承受的后果。

所以，孩子很乖，并不一定是好事。可能只是缺乏一个抱持性环境，不得不压抑自己。

面对孩子的攻击，我不会退缩、垮塌和报复。

实际上，晴儿在两三岁、四岁多这两个阶段，都有很明显地排斥我的倾向，就是莫名地排斥我。她只要妈妈陪，不要爸爸陪，甚至不让我靠近，靠近就说我"坏爸爸""屁爸爸（跟一个动画片学的）"。面对这样的排斥，我也没有生气，允许她这样对我。这个阶段过去后，晴儿就变得很乐意与我合作了。

当然，允许孩子攻击我，并不是说，孩子无论怎样攻击，我都应该不闪不避。我会见机行事。一般的攻击，我都选择承受。毕竟她那时只是个三四岁的孩子。但破坏性大的攻击，我该躲就躲，该制止也会制止。但这个制止，不是喝止！比如她要打我的头，我会抓住她的手，说：头不能打，你可以打手或者胳膊。或者她要摔一个贵重物品，我会拦住，换一卷卫生纸或不怕摔的东西让她摔。

6. **活出攻击性，才能活出自己。**

心理咨询师黄玉玲说：

自我压抑，习惯性讨好，没有界限，拼命付出……

如果在以上现象里，你都能找到自己的影子，那么很可能是，你隐藏了自己的真实感受，将对外的不满转向了自身进行自我攻击，没有很好地活出自己的攻击性。

武志红也多次阐述过活出攻击性的重要性：

精神分析认为，自恋、性和攻击性，是人类的三种基本动力，但我们太多关于美德的逻辑是，反自恋，反性，反攻击性。

活出攻击性的人，关系是享受；

闷住攻击性的人，关系是累赘。

你在某一个领域活出了攻击性后，你在这一领域的效率，会非常惊人。

攻击性从"我"发出，以各种形式，伸展到"你"这儿，如果被"你"接住，即回应，就会变成生命力，可以想象它是白色或色彩缤纷的。当没有被接住，或被忽略，或被拒绝，都会变成破坏性，可以想象它是黑色的或各种冰冷。

活出自己，可以大致理解为自我实现。这个过程中，你要展开带着攻击性的生命力，最初恐惧被报复甚至被灭，初具力量后，又会因伤害他人而内疚。恐惧和内疚都能化解得 OK 后，生命力才得以自由流动。这个过程不易。

我愿意做接纳孩子攻击性的父亲，不让孩子因为释放攻击性而恐惧或内疚，从而成长为一个有创造力和生命力的人。

你呢？

7. 活出攻击性的孩子，不会无法无天，反而会情商高、生命力强。

当然，也有人说：你这样纵容孩子，孩子到社会上会不会也无法无天，去攻击别人？

我认为不会的。允许孩子表达攻击性，孩子的攻击性在家就释放出来了，所以到社会上，反而会很友善，而且也不软弱。

如果孩子的攻击性在家里被压抑住了，反而更容易在外面释放。那些爱打架的孩子，往往都是在家经常被父母打骂的孩子。当然，在家经常被父母打骂的孩子，到社会上，也可能会成为任人欺负的受气包。

爱与自由环境下长大的孩子，情商更高。不欺负别人，也不会被别人欺负。

亲密育儿法创始人西尔斯就有一个天生攻击性极强的女儿，他称之为高需求宝宝。西尔斯一共有八个孩子，只有这个女儿从小就攻击性很强。但西尔斯并没有因此用驯兽派的育儿法来管教孩子，依然用自己提倡的亲密育儿法，给孩子充分的爱与自由。

结果，他发现，随着年龄的增长，女儿变得安全感十足，与父母的关系更亲密，情绪稳定，同理心强，会体贴照顾人，创造力也很高，生命力也特别强。给予充分的爱与自由，孩子才会变得自信又有勇气。

图书在版编目（CIP）数据

爱与自由：父母必修的16堂课 / 张宏涛著． -- 北京：
作家出版社，2023.7

ISBN 978-7-5212-2335-4

Ⅰ. ①爱… Ⅱ. ①张… Ⅲ. ①亲子关系－家庭教育
Ⅳ. ①G78

中国国家版本馆CIP数据核字（2023）第102212号

爱与自由：父母必修的16堂课

作　　者：张宏涛
责任编辑：郑建华　李　雯
装帧设计：连鸿宾　朱文宗
出版发行：作家出版社有限公司
社　　址：北京农展馆南里10号　　　　邮　　编：100125
电话传真：86-10-65067186（发行中心及邮购部）
　　　　　86-10-65004079（总编室）
E-mail:zuojia@zuojia.net.cn
http://www.zuojiachubanshe.com
印　　刷：唐山嘉德印刷有限公司
成品尺寸：165×240
字　　数：399千
印　　张：24
版　　次：2023年7月第1版
印　　次：2023年7月第1次印刷
ISBN　978-7-5212-2335-4
定　　价：68.00元